AF281938

Stefan Michaeli

Placebo-Glaube

Stefan Michaeli

Placebo-Glaube
Die evangelikale Mogelpackung

Hanse diteur

Autor:

Stefan Michaeli ist Theologe und war Gemeindepastor in mehreren freikirchlichen Gemeinden im südlichen Deutschland. Er ist verheiratet und hat zwei erwachsene Kinder. Er publiziert zum Selbstschutz unter einem Künstlernamen.

Der Autor steht gerne für Predigten, Referate, Schulungen oder Autorenlesungen zur Verfügung. Gerne kann mit dem Autor Kontakt aufgenommen werden unter: *stefan.michaeli@gmx.de* oder über seine Webseite: *www.stefanmichaeli.com*. Über die Webseite können auch weitere Bücher des Autors bestellt werden.

Von Stefan Michaeli liegen bisher vor:

»Erbärmliche Gemeinden« (2005/2020)
»Leib Jesu« (2020/2025)
»Hundertachtzig Grad verkehrt« (2020)
»Jesus provoziert!« (2021)
»Weihnachten, wie's im Buche steht« (2023)
»Nur die Bibel!« (2023)
»Placebo-Glaube« (2025)

ISBN: 978-3-7693-1335-2
2. Auflage 2026 / © 2026 Stefan Michaeli / Alle Rechte beim Autor
Lektorat: S. Johnston / K. Pfau
Verlag: BoD · Books on Demand GmbH, Überseering 33, 22297 Hamburg, bod@bod.de
Druck: Libri Plureos GmbH, Friedensallee 273, 22763 Hamburg
Umschlaggestaltung: Autor / Bildnachweis Cover: pixabay.com
Bibliografische Information der Deutschen Nationalbibliothek: Die Deutsche Nationalbibliothek verzeichnet diese Publikation in der Deutschen Nationalbibliografie; detaillierte bibliografische Daten sind im Internet über dnb.dnb.de abrufbar.
Die automatisierte Analyse des Werkes, um daraus Informationen insbesondere über Muster, Trends und Korrelationen gemäß §44b UrhG („Text und Data Mining") zu gewinnen, ist untersagt.

*„Es sei denn,
dass ihr umsonst gläubig geworden wärt!"*

Paulus an eine seiner Gemeinden,
deren Glaubensentwicklung ihm Sorgen bereitete
(1. Korinther 15,2)

*„Was nennt ihr mich aber »Herr!«, »Herr!«
und tut nicht, was ich euch sage???"*

Frustrierter Ausruf Jesu am Ende einer längeren Predigt
angesichts eingebildeter Frömmigkeit
(Lukas 6,46)

Inhalt:

1. Ende der Wohlfühlzone!

Hier hört der Spaß bereits auf.

Dieses Buch zu lesen macht keine Freude. Seine Lektüre löst weder Wohlbehagen noch Beruhigung aus und bringt auch keine gute Laune. Vielleicht vermiest es sogar streckenweise die Lust am Weiterlesen.

Gut möglich auch, dass meine Ausführungen an manchen Stellen wie der Ausfluss eines Kritiksüchtigen wirken oder wie die arrogante Selbstüberschätzung eines notorischen Besserwissers, der es „*mal allen zeigen*" will.

Sei's drum. Das alles lässt sich eben nicht vermeiden bei diesem Thema. Das Risiko muss ich eingehen; umso mehr Desinteresse, Ablehnung oder sogar Gegenwind sowieso jeder Schriftsteller einkalkulieren muss, wenn er es wagen sollte, kein Blatt vor den Mund zu nehmen. Wer unangenehme Themen ungeschminkt auf den Punkt bringen will, weiß natürlich, dass es genau dort - „*auf dem Punkt*" - auch weh tun kann. Das ist dann nicht nach jedermanns Gusto.

Hier passt das geflügelte Wort „*den Finger in die Wunde legen*" bestens: Wenn der Arzt zur Einleitung heilender Maßnahmen erst mal die Wunde freilegen und untersuchen muss, dann tut das oft weh. Die gründliche Feststellung des „Ist-Zustands" ist jedoch unerlässlich, damit anschließend die geeigneten Maßnahmen zur Heilung bestimmt und eingeleitet werden können.

Den „*Finger in die Wunde legen*" ist also der erste, aber unabdingbare Schritt. Er ist noch nicht Heilung, noch nicht die Behebung des Problems, sondern nur dessen Konstatierung, dessen Feststellung. Da man aber gegen ein Problem, einen Missstand oder eben eine „*wunde Stelle*" nur dann wirkungsvoll angehen kann, wenn man den vorliegenden Schaden erkannt und korrekt analysiert hat, muss genau da angesetzt werden: Erst mal analysieren!

Genau das ist auch die Intension dieses Buchs: *Erst mal analysieren!*

Und weil dieses Buch Probleme analysieren will und Probleme per Definition unangenehm sind, ist dies hier kein schönes Buch und bietet keine erbauliche Lektüre.

***

Natürlich: Problemanalyse kann uns durchaus auch Spaß bereiten! Nämlich immer genau dann, wenn wir die Probleme anderer analysieren. Über die Missstände bei Drittpersonen, über Schäden und „Eiterstellen" von Abwesenden lässt sich ganz vortrefflich und mit Hochgenuss herziehen. Solange es nicht uns selbst betrifft, fühlen sich solche Schadensanalysen inklusive hypothetischer Ursachenforschung und daraus resultierender Behebungsvorschläge völlig schmerzfrei an; ja zuweilen sind sie sogar mit regelrechten Lustgefühlen verbunden.

Aber nicht, wenn es darum geht, unsere eigenen Schäden und Missstände aufzudecken und zu analysieren.

Da hört der Spaß dann schlagartig und anhaltend auf.

Womit wir wieder bei diesem Buch hier wären. Denn darin geht es um unsere eigenen Probleme, unsere höchst persönlichen Eiterstellen. Zumindest sofern wir uns als Christen dem evangelikalen Lager zurechnen.

Mit „*evangelikal*" meine ich diejenigen Gemeinden, die sich in der Regel am Glaubensbekenntnis der Evangelischen Allianz orientieren, ob sie sich nun als „charismatisch", „pietistisch", „brüdergemeindlich" oder einfach nur als „bibelgläubig" oder wie auch immer verstehen; ob sie nun freikirchlich, gemeinschaftlich oder gar landeskirchlich organisiert sein mögen. Von Gemeinden dieser Prägung spreche ich, wenn ich nachfolgend von „*wir*", von „*uns*" oder von „*den Gemeinden*" schreibe - oder eben den Sammelbegriff „*Evangelikale*" verwende, der sich für diesen Glaubensstil seit den 70-er Jahren im deutschen Sprachraum etabliert hat.

Dieser „*evangelikalen*" Frömmigkeitsrichtung gehöre ich auch selber an, und diese - also „*unsere*" - Schieflage will ich in diesem Buch analysieren.

Was ich übrigens für ein völlig biblisches, also ur-christliches Vorgehen erachte. Denn selbst die Behebung des Problems „*Getrennt sein von Gott*" (also das wohl größte Problem der Menschheit überhaupt) startet bekanntlich nicht mit „*Erlösung*", sondern mit „*Buße tun*"! Auch hier ist der erste Schritt das Erkennen der Problematik, denn „*Buße tun*" basiert immer auf dem persönlichen Erkennen, „*wo mein Hund begraben liegt*", also wo genau denn nun mein Schaden zu verorten ist.

Problemanalyse ist also auch hier die Voraussetzung für nachfolgende Heilung. Erst wenn mir bewusst wird und wenn ich verstanden habe, dass ich von Gott getrennt bin, dass das für mich nicht dienlich ist und dass ich selbst verantwortlich, ja sogar selbst daran schuld bin (eine Erkenntnis, die natürlich ebenfalls schmerzt!), dann erst kann der zweite Schritt angegangen werden: Ich darf (und soll!) Jesus um Erlösung bitten.

Erst mal tut's aber weh, wenn der Heilige Geist penetrant und so lange den Finger in meine Wunde namens „*Gottlosigkeit*" legt, bis ich meinen verlorenen Zustand erkenne (und hoffentlich dann auch anerkenne)!

Auch hier also, schon beim Start eines Lebens in der Nachfolge Jesu, wird es erst mal ausgesprochen unangenehm! Aber das ist unausweichlich notwendig, denn Selbsterkenntnis ist eben unverzichtbare Voraussetzung für eine bewusste Besserung meines Zustands.

Und damit starten wir jetzt unsere Selbst-Analyse betreffend unseres derzeit aktuell gelebten evangelikalen „Glaubens".

Weil diese Analyse unverzichtbar notwendig ist.

2. Kritik am Tabu

Es geht ums Ganze.

Wer beim Lesen des Buchtitels vielleicht gemeint haben sollte, es würde in diesem Buch lediglich um das schräge Glaubensverständnis von ein paar versprengten frommen Schäflein gehen, die's nicht so ganz kapiert haben, den muss ich enttäuschen.

Ich meine uns alle.

Es geht mir um den generellen Glauben, der sich, ausgehend von Jesus und den von ihm unterwiesenen Aposteln, im Verlauf der „Alten Kirche" herausgebildet hat, im Zuge der Reformation eine Runderneuerung erfuhr und aus dem dann – in unserem Kulturkreis wesentlich geprägt durch den Pietismus – unser heutiges „evangelikales" Glaubensverständnis entstanden ist. Es geht mir um unseren heutigen Glaubensvollzug, der sich aus dieser historischen Entwicklung heraus konstituiert hat. Also um das, was wir heute unter *„Christsein"* verstehen und wie wir unseren *„Glauben"* im Alltag leben.

Die Art des Glaubensvollzugs, also auf welche Weise jemand „christliches Leben" oder „Jesusnachfolge" umsetzt, hat zwar durchaus unterschiedliche Facetten, je nachdem, welchem Lager man sich zurechnet: konservativ, bekenntnisorientiert, pietistisch, charismatisch-pfingstlerisch, strenggläubig - oder wie auch immer. Aber selbstverständlich – und da gleichen wir uns dann wieder an - glauben wir durchs Band weg immer *„bibelorientiert"*:

Die Bibel ist unsere gemeinsame Basis, denn sie gilt bei uns allen als Gottes „*geoffenbartes Wort*" und ist uns damit Normgeber, Richtschnur und gegebenenfalls Korrektiv unseres Glaubens.

Und noch in einem anderen Punkt sind wir uns alle absolut gleich: Wir sind alle felsenfest überzeugt von der Richtigkeit und Authentizität unseres Glaubens! Die Art und Weise, wie wir glauben, ist sozusagen „*die Richtigste von allen*". Nur so, wie wir das glauben und leben, funktioniert das wahre Christentum, nur so ist es tatsächlich bibel- und christusgemäß, nur entsprechend unserem Glaubens-Verständnis kann Gott und sein Wille richtig interpretiert und umgesetzt werden.

An dieser Überzeugung darf keiner rütteln; hier darf keinesfalls hinterfragt werden. Wer das versucht, gehört nicht zu uns. Er ist dann offensichtlich kein „Rechtgläubiger" und damit kein „Evangelikaler".

Von der Richtigkeit unseres Glaubensverständnisses sind wir alle, ohne Ausnahme, restlos überzeugt. Diesbezüglich sind wir absolut kritikresistent.

***

Ich meine damit natürlich nicht, dass bei unsereins nicht kritisiert würde. Beileibe nicht – auch Punkto Kritik sind „geben und nehmen" bei uns Alltag! So werden wir als „bibelgläubige" Christen natürlich gerne und manchmal auch recht hart kritisiert! „Die Welt" oder auch andere Religionen stellen immer wieder unseren Glauben in Frage, gerne auch kritisch nachhakend.

Aber gleichzeitig teilen wir auch reichlich aus, und zwar nicht nur gegen andere Religionen oder Philosophien: Auch innerhalb der Christenheit, also untereinander, wird laufend kritisiert.

Unser Lager beispielsweise verweist ganz gerne und durchaus kritisch auf die Evangelische Landeskirche Deutschlands (EKD) mit ihrer inzwischen außerordentlich „liberal" gewordenen Theologie oder auf ihre aktuell sehr

„ungeistliche" und politikorientierte Weltverbesserer-Verkündigung, durch die sie sich dem zeitgeistigen Mainstream anzubiedern versucht. Oder wir kritisieren die Katholiken, indem wir deren Marienverehrung und Heiligenanbetung, das „unnötige" Zölibat und die jegliche Neuorientierung blockierenden Dogmen als „Irrlehren" brandmarken und die in katholischen Reihen derzeit vermehrt zu Tage tretenden Missbrauchsvorfälle geißeln.

Es wird also durchaus kritisiert – in alle Richtungen. Und wir kritisieren fröhlich mit. Manchmal möglicherweise sogar zu Recht.

Aber eines tun wir nicht: Wir kritisieren uns selbst nicht. Zumindest nicht, was die Art und Weise unseres Glaubens angeht. Das ist ein absolutes Tabu, daran kann und darf nicht gerüttelt werden.

Keiner von uns tut das. Zum einen, weil wir vollkommen von der Richtigkeit unseres evangelikalen Glaubensverständnisses überzeugt sind: *„Ist doch absolut biblisch, wie wir glauben – noch biblischer geht's doch gar nicht!"*, und zum anderen, weil wir auch absolut keine Notwendigkeit dazu verspüren oder gar erkennen können.

Wobei das allerdings noch etwas eingegrenzt werden muss: In einem Bereich kritisieren wir uns sehr wohl selbst: Wenn wir unseren persönlichen, individuellen Glaubensvollzug hinterfragen. Dazu sehen wir uns nämlich immer wieder gezwungen, und zwar durch unsere unvermeidbar periodisch auftretenden Glaubenskrisen. Wenn es um unseren persönlichen, alltäglichen Glauben geht, dann sind wir durchaus kritikoffen. Der christliche Büchermarkt widerspiegelt das deutlich; es gibt massenweise fromme Literatur, die den tatsächlichen oder vermeintlichen Defiziten unseres individuellen Glaubens auf die Sprünge helfen will. Dazu lassen wir uns dann auch gerne kritisch hinterfragen.

Aber eben nur hier, wo es um die Umsetzung des persönlichen, des eigenen, des individuellen Glaubens für unseren Alltag geht.

Nicht aber, wenn es um unser gemeinsames Glaubensverständnis generell, um die Basics, die Wurzeln unseres Glaubens geht. Wir Evangelikalen glauben „*biblisch*" und damit richtig! Basta und Ende der Diskussion. So einfach und klar ist das. Da braucht nicht kritisch nachgefragt zu werden, denn das ist völlig unnötig.

Tabu eben.

***

Aber genau dieses Tabu muss durchbrochen werden. Jetzt und hier.

Denn dazu gibt es inzwischen eine ganze Reihe von Gründen, warum wir das (eigentlich längst schon!) tun sollten. Die eben benannten persönlichen „Glaubenskrisen" gehören beispielsweise dazu.

Unsere Büchertische mit ihren unzähligen Ratgebern zur Vorbeugung oder Behebung von Glaubensschwierigkeiten widerspiegeln unsere immer wiederkehrenden Glaubenszweifel, Glaubenskrisen oder gar Glaubensverluste. Dass diese unzähligen Bücher immer ihre Abnehmer finden, erstaunt erfahrene Christen nicht. Wer nicht selbst zumindest streckenweise immer wieder seiner eigenen Glaubensstabilität verlustig geht, hat mit ziemlicher Sicherheit zumindest in seinem christlichen Umfeld stets einige „*Brüder und Schwestern im Herrn*", deren Glaube aktuell erschüttert oder gar verlorengegangen ist.

Woher kommts?

Natürlich betreiben wir immer wieder Ursachenforschung und meinen, eine ganze Reihe von Gründen benennen zu können, warum Menschen in ihrem persönlichen Glauben verunsichert werden.

Aber Glaubenskrisen in dieser Häufigkeit, wie sie derzeit in unseren Breitengraden auftreten? Es mutet fast schon wie eine „evangelikale Seuche" an, wenn wir mal genauer hinschauen, wie viele unter uns latent oder wiederkehrend mit existentieller Glaubensunlust oder gar einem Glaubensunvermögen zu kämpfen haben. Deren wahre Anzahl steht uns ja nur deswegen nicht klar und offen vor Augen, weil natürlich kaum einer gerne darüber spricht und wir es deshalb in der Regel nicht wirklich überblicken, wer in unseren Reihen gerade seines Glaubens alles andere als sicher ist. Wer sich jahrzehntelang in unseren christlichen Kreisen und Gemeinden bewegt hat, will natürlich sein soziales Umfeld wegen einer Glaubenskrise nicht verlieren und posaunt deswegen seine Glaubenszweifel nur ungerne lauthals in die Runde. Dadurch bleibt er mitsamt seinen Glaubensanfechtungen mitten unter uns, wie er es gewohnt ist. Und keiner ahnt, wie instabil sich sein persönlicher Glaube aktuell präsentiert.

Wir sollten deshalb davon auszugehen, dass sich Glaubenskrisen viel häufiger in unseren frommen Kreisen und Gemeinden tummeln als vermutet. Wäre es folglich nicht sinnvoll, endlich einmal etwas grundsätzlicher darüber nachzudenken, woher das wohl kommt?

Hier allerdings geht es nun ans Tabu!

Könnte es nämlich sein, dass genau das unser Grundproblem und somit der eigentliche Auslöser unserer permanenten persönlichen Glaubenskrisen ist: Dass wir „biblischen Glauben", so wie Jesus sich das vorstellt und von seinen Nachfolgern eigentlich erwartet, gar nicht wirklich verstanden haben? Könnte es sein, dass wir das Level von echter „Jüngerschaft", so wie sie uns biblisch bezeugt wird, trotz aller „Bibelgebundenheit" noch längst nicht erreicht haben, sondern auf tiefem – viel zu tiefem! – Niveau stehen geblieben sind, ohne es wirklich zu realisieren?

Und könnte es vielleicht sein, dass wir Evangelikalen unser mangelhaftes, ungenügendes Glaubensverständnis deshalb nicht erkennen, weil wir allesamt – also flächendeckend! - unseren Glauben auf demselben bescheidenen geistlichen Tiefstand leben und unsere Art zu glauben folglich als „*Normalzustand*" betrachten?

Wenn das so wäre, dann würden wir unsere aktuellen Glaubenskrisen auf dem Hintergrund eines Glaubensverständnisses zu beheben versuchen, das in sich noch völlig unausgereift und somit weitgehend untauglich ist!

Basieren vielleicht unsere bisherigen Glaubensanalysen also samt und sonders auf einem degenerierten Glaubensmodell, innerhalb dessen wir echten, jesusgemäßen Glauben gar nicht verstanden bzw. noch nicht – vielleicht sogar noch nicht mal ansatzweise! - zu leben begonnen haben?

Dann wäre es allerdings in höchstem Maße uneffektiv, ja sogar ziemlich sinnlos, unseren individuellen „christlichen" Lebensstil zu bearbeiten und möglichst wieder auf einen guten Stand bringen zu wollen, obwohl wir de facto gar keinen „christlichen Lebensstil" kennen, sondern lediglich einen „Placebo-Glauben", der noch längst nicht dem entspricht, was Jesus sich eigentlich unter „Glauben" vorstellt und von uns wünscht!

***

Womit das titelgebende Stichwort hiermit gefallen ist: „Placebo-Glaube".

Was ist damit gemeint? Pflegen wir Evangelikalen tatsächlich einen Glauben, der nur „Placebo"-Effizienz besitzt?

Ein starker Vorwurf, wenn man sich vor Augen führt, was unter einem „Placebo" zu verstehen ist: Der Begriff kommt aus der Medizin und bezeichnet ein sogenanntes „Scheinmedikament", also eine Arznei oder ein Heilmittel, das keinerlei relevanten Wirkstoff beinhaltet und somit eigentlich auch keine Wirkung ausüben kann. Verabreicht man jedoch dieses an sich wirkungslose Scheinmedikament an nicht eingeweihte Patienten, also an solche, die meinen, statt des inhaltsleeren „Placebos" ein Medikament voller Wirkstoff erhalten zu haben, kann unter Umständen der sogenannte „Placebo-Effekt" ausgelöst werden: Heilung findet trotzdem statt! Aber nun natürlich nicht aufgrund der verabreichten Medizin (die das „Placebo" ja eben nicht enthält), sondern ausschließlich auf Grund der Erwartungshaltung des Patienten. Denn dieser geht ja davon aus, dass er jetzt gesunden werde, weil doch sein Medikament wirksame Heilungsstoffe enthalte!

Voraussetzung ist aber stets, dass der Patient auf keinen Fall eingeweiht werden darf; dass also seine Umgebung (Arzt, Klinikpersonal, Besucher, Familie) ihn keinesfalls darüber aufklären, dass er anstelle des Medikaments nur ein Scheinmedikament, eben ein „Placebo", erhalten hat. Der Patient muss davon überzeugt sein, dass er ein richtiges Heilmittel, eines mit medizinischen Wirkstoffen, erhalten habe!

Übertragen bedeutet das also, dass ein „Placebo-Glaube" ein Glaube absolut ohne Wirkstoff ist; ein „Scheinglaube", der sich präsentiert wie echter Glaube, dem jedoch jegliche Wirksubstanz fehlt. Entscheidend ist dabei, dass der „Glaubende" absolut davon überzeugt ist, den „echten" Glauben zu haben; dass also niemand aus seinem Umfeld ihn darauf hinweist, dass sein Glaube lediglich ein „Placebo" ist. Seine Erwartungshaltung an die Wirksamkeit seines Glaubens muss aufrecht erhalten bleiben – und dann kann sich unter Umständen möglicherweise auch hier der eine oder andere „Placebo-Effekt" einstellen.

Haben wir Evangelikalen einen „Placebo-Glauben"? Und könnte es zudem sein, dass wir gleich alle, durchs Band hinweg, fälschlicherweise diese Art von Glauben für das Normale, also für den „richtigen" Glauben halten?

Falls das tatsächlich der Fall sein sollte, dann hätten wir zumindest diesen einen konstituierenden „Placebo"-Faktor bereits erfüllt: Keiner weist uns darauf hin, dass das, was wir in unseren Kreisen mit innerster und äußerster Überzeugung als „wahren Glauben" pflegen, in Wirklichkeit lediglich ein „Placebo", also ein Scheinglaube sein könnte. Denn wir Evangelikalen sind uns ja alle, übereinstimmend und ohne Ausnahme, absolut sicher: „Biblischer" - also „richtiger" - wie wir kann man nicht „glauben"!

Diese Grundüberzeugung auch nur anzutasten wäre bereits ein absoluter Tabubruch – da wagt sich keiner ran!

Dass unser Glaube „der Richtige" ist, gilt eben - wie bereits erwähnt – innerhalb evangelikaler Kreise als gesetzt und ist deshalb unumstößlich!

***

Im nächsten Kapitel werden wir einige Missstände in unserem evangelikalen Lager betrachten, die uns Anlass geben könnten, vielleicht doch mal über einen möglichen *Placebo-Effekt* hinter unserem Glaubensverständnis und unserem Glaubensvollzug nachzudenken. Aber zuvor will ich noch kurz darauf hinweisen, dass die grundsätzliche Kritikverweigerung betreffend unserer evangelikalen Glaubensart immens gefährlich sein kann.

Das gab es nämlich schon mal in der Kirchengeschichte, dass sich wirklich bibeltreue und ernstmeinende Gläubige genau deswegen – wegen ihres ernsthaften und aufrichtigen Bibelglaubens! – völlig ins Abseits schossen. Und zwar ausgerechnet in einer absolut entscheidenden Phase der Christenheit: Während Jesu Aufenthalt auf unserer Erde.

Das Neue Testament berichtet uns wiederholt von den *„Pharisäern und Schriftgelehrten"*, also von den damals maßgeblichen Theologen und geistlichen Volksvertretern in Israel.

Wir sind es gewohnt, in diesen Gruppierungen immer automatisch die damaligen Gegner Jesu zu sehen und reflexartig sofort deren Blindheit und deren Unverständnis gegenüber dem vor ihnen stehenden Sohn Gottes zu missbilligen.

Ja, es stimmt: Sie haben Jesus nicht erkannt, ihn als Bedrohung ihres Glaubens eingestuft und ihn nicht nur abgelehnt, sondern auch noch mit allen erlaubten und unerlaubten Mitteln bekämpft.

Das kann und soll keinesfalls schöngeredet werden. Aber wenn man diese religiösen Gruppierungen einmal neutral analysiert, dann stellt man durchaus fest, dass sie – auf der positiven Seite – Gott absolut ernst nahmen und sehr viel dafür einsetzten, seinen Willen im Alltag und Lebensvollzug umzusetzen. Die waren nicht etwa „lau", sondern ganz im Gegenteil: Höchst engagiert als Gläubige und willig, dafür auch einiges einzusetzen.

Und zudem waren sie konsequent „bibelgläubig": Der ihnen vorliegende Teil der Bibel, das Alte Testament, war ihnen vollumfänglich „Gottes Wort" und wurde von ihnen sogar so ernst genommen, dass sie zusätzliche Regeln und Gebote einhielten, um nur ja nicht etwas zu tun oder zu lassen, was Gottes offenbartem Willen nicht entsprochen hätte. Sie waren als „Gläubige" also weder ketzerisch noch abtrünnig und auch nicht sektiererisch, sondern konsequent auf Gottes Wort ausgerichtet. Zudem waren sie ja auch nicht etwa dumm oder naiv-gläubig; und selbst wenn Jesus ihnen zuweilen Geldgier, Ruhm- und Machtsucht oder Heuchelei vorwerfen musste: Sind das nicht menschliche Schwächen, vor denen auch heute noch ansonsten rechtgläubige Christen nicht ganz gefeit sind? In alledem wollten sie es trotzdem Gott nach bestem Wissen und Gewissen recht machen. Das hat sie durchaus auch einiges gekostet – aber das war's ihnen wert.

Und trotzdem: Sie lagen völlig daneben!

Erschreckend dabei ist, dass die bei ihnen gut feststellbare „bibelgegründete Rechtgläubigkeit" haargenau auch auf uns zutrifft! Mit denselben Begriffen, mit denen ich eben die positive Seite am „Glauben" dieser Schriftgelehrten und Pharisäer umschrieben habe, könnte man genauso unsere evangelikale *„bibelgegründete Rechtgläubigkeit"* und den darauf aufbauenden Glaubensstil beschreiben: *„Gottes Wort als sein geoffenbarter Wille ernst nehmen", „darauf ausgerichtet sein", „es ihm recht machen wollen, selbst wenn's was kosten sollte ..."* – das passt doch alles auch in unser evangelikales Glaubensverständnis hinein, oder?

Die damals lagen genau damit jedoch völlig daneben!

Sind wir uns bewusst, dass es durchaus möglich sein könnte, dass wir ebenso *„bibelgläubig"* sind und trotzdem *„völlig daneben"* liegen?

Genau das gab's schon einmal!

3. Bestandsaufnahme

Was also läuft schief in unseren evangelikalen Gemeinden und Gemeinschaften? Was könnte auf eine mangelhafte Glaubenspraxis, basierend auf einem durchgängigen *„Placebo-Glauben"* in unseren Reihen, hinweisen?

Wenn ich nachfolgend einige Fehlentwicklungen oder Alarmzeichen aufliste, macht das weiterhin keinen Spaß. Unser spontaner Impuls, Widerwärtiges, Unangenehmes oder vielleicht sogar Selbstverschuldetes postwendend beiseite zu schieben, sozusagen „wegzudrücken", ist manchmal durchaus dem Selbsterhaltungstrieb unserer Seele zuzuordnen. Das ist einerseits nicht von Vornherein falsch, denn wer den Blick zu stark und penetrant auf das Negative, Belastende und Entmutigende richtet, riskiert Niedergeschlagenheit und Depression. Nicht umsonst rät Paulus in Römer 12,2, dass ein Christ *„durch Erneuerung seines Sinnes"* das *„Gute und Wohlgefällige und Vollkommene prüfen"*, also vorwiegend über Positives und Erbauendes nachsinnen sollte.

Zu einer ernsthaften Prüfung und Analyse jedoch gehört andererseits, dass Defizite ungeschminkt aufgedeckt und benannt werden. Nur dann kann sinnvoll abgewogen und beurteilt werden. *„Seht sorgfältig darauf, wie ihr euer Leben führt!"*, legt Paulus in Epheser 5,15 der Christenheit ans Herz. Genau das sollten wir tun, auch wenn es möglicherweise bei den nachfolgend aufgedeckten Missständen auch um solche geht, die wir eigentlich lieber nicht wahrhaben wollen; die wir deshalb bisher nicht aktiv zur Kenntnis nahmen oder erfolgreich verdrängt haben.

Aber jetzt gehören sie auf den Tisch.

***

Wo also liegen unsere Defizite?

Eines haben wir bereits benannt: Unsere Glaubenskrisen. Wobei das nicht ganz korrekt ist: Es handelt sich bei der übermäßigen Anzahl an persönlichen Glaubensproblemen unter uns evangelikal Glaubenden weniger um ein Defizit im Sinne eines verursachenden Mankos, sondern wohl eher um eine Auswirkung, um ein Symptom der Krankheit unseres Glaubens. Eine solche Massierung von Glaubenskrisen ist sozusagen der Gradanzeiger eines offensichtlich schwachen oder sogar untauglichen Glaubens. Und nach meiner Einschätzung eine direkte Auswirkung des bei uns grassierenden *„Placebo-Glaubens"*.

Nachfolgend nun also einige weitere, alarmierende Defizite. Da ich mich als Pastor schwerpunktmäßig seit langem mit dem Thema *„Gemeindeaufbau und Gemeindeentwicklung"* befasse, starten wir mit zwei typischen Gemeinde-Defiziten:

3.1 Defizit „fehlendes Gemeindewachstum"

Weltweit wachsen Gemeinden. Das ist auch gut und richtig so, und zwar nur schon deshalb, weil Wachstum grundsätzlich Gottes Wesen entspricht.

Auf Wachstum basiert ja alles Leben auf dieser Erde, egal ob pflanzlich, tierisch oder menschlich; die gesamte Natur, an der bekanntlich Gottes Schöpferkraft und Allmacht erkannt werden kann (vgl. dazu Römer 1,20), ist stets auf Wachstum angelegt. Wachstum ist also ein zentrales Charakteristikum, ist der unverwechselbare Stil des Wirkens Gottes, ist das allem innewohnende Muster seiner Kreativität. Wachstum gehört untrennbar zur göttlichen Wesensart und zum Konzept fast all seiner Schöpfungen. Gott ist ein Gott, der wachsen lässt.

Und dies widerspiegelt sich eben nicht nur in der Natur, sondern auch im geistlichen Bereich. Denn auch der entspricht – logisch! - genau Gottes Art! Deshalb weisen uns das Neue Testament und darin insbesondere Jesus immer wieder darauf hin, dass auch das *„Reich Gottes"* in unserer Welt auf Ausbreitung gemäß diesem göttlichen Wachstumsprinzip angelegt ist.

So schildert Jesus beispielsweise seinen Zuhörern im Markusevangelium gleich dreimal hintereinander das Wachstumspotenzial, das sich im *„Reich Gottes"* beziehungsweise schon in seinem *„Wort"*, sofern dieses eine Manifestation des Reichs Gottes innerhalb unserer Welt auszulösen hat, enthalten ist: Nachdem er in Markus 4,1-9 das Gleichnis vom Sämann erzählt, der sein Saatgut auf unterschiedlichen Boden sät und dementsprechend unterschiedlichen Erfolg erntet, und dieses Gleichnis anschließend den Jüngern auch noch erklärt (Markus 4,13-20), vertieft er den Gedanken des Wachstums gleich noch mit dem Gleichnis vom „Wachsen der Saat" (Markus 4,26) und anschließend auch noch mit dem Beispiel vom „Senfkorn" (Markus 4,30-32).

Während er im ersten Gleichnis die Unterschiedlichkeit sowie die Ursachen von erfolgreichem oder eben missglückendem Wachstum darstellt, liegt der Schwerpunkt beim zweiten Gleichnis auf dem Wechselverhältnis zwischen menschlichem Tun und göttlichem Beitrag zu gelingendem Wachstum, und am Beispiel des Senfkorns stellt er dann noch das schier unglaubliche Wachstumspotential, das Gott in unscheinbare Anfänge hineinlegen kann, ins Zentrum. Drei unterschiedliche Wachstumsaspekte also; die jedoch alle in einem Punkt übereinstimmen: Wachstum ist bei Gott stets zu erwarten; Wachstum ist das Normale!

Im Matthäusevangelium, in dessen 13. Kapitel das Gleichnis vom Sämann ebenfalls zu finden ist, fügt Jesus sogar noch zwei weitere Gleichnisse an: Das Gleichnis vom „Unkraut unter dem Weizen" (Matthäus 13,24-30) und dasjenige vom „Sauerteig" (Matthäus 13,33). Auch diese Gleichnisse setzen wie selbstverständlich voraus, dass Wachstum stattfindet. Und das ist tatsächlich auch selbstverständlich – weil Wachstum eben genuin zum Wesen Gottes, zu seinem Naturell, zu seinem zugrundeliegenden Konzept gehört und durchgängig seine Schöpfungstaten kennzeichnet.

Um diesen selbstverständlichen Wachstumsprozess des Reiches Gottes in dieser Welt anzustoßen, legt Jesus nun das „Wort" als dessen Auslöser in die Hände seiner Mitarbeiter, der Jünger. Er übergibt ihnen die Verantwortung, das „Saatgut" seiner Gleichnisse – eben sein „Wort"- gleichsam als „Zündfunke" für die Ausbreitung des „Reiches Gottes", um es auszustreuen.

Das ist erklärter Wille Jesu. Genau dazu sollen seine Nachfolger beispielsweise „Zeugen" sein: Als „Licht", das wahrgenommen wird, sowie als „Salz", welches seine Umgebung würzt. Außerdem hat Jesus seinen Jüngern (und allen nachfolgenden Christengenerationen, also auch uns!) gleich mehrere Sendungsbefehle ausgestellt: „Geht hin und macht zu Jüngern alle Völker ..." (Matthäus 28,19); „Ihr werdet [sollt] meine Zeugen sein ..." (Apostelgeschichte 1,8); „Siehe, ich sende euch ..." (Matthäus 10,16 und Lukas 10,3); „Geht hin in alle Welt und predigt ..." (Markus 16,15); „Seid ... Zeugen!" (Lukas 24,48) oder auch „... so sende ich euch!" (Johannes 20,21).

Durch seine Jünger soll das Reich Gottes sozusagen „ausgestreut" und „eingepflanzt" werden, um sich anschließend ausbreiten zu können.

Dieser mehrfach erteilte Sendungsauftrag wurde nach Jesu Himmelfahrt beziehungsweise unmittelbar nach Ausgießung des Heiligen Geistes an Pfingsten sofort in Angriff genommen, und zwar dergestalt, dass sich als allererstes und noch am selben Tag eine erste Gemeinde, die sogenannte „Urgemeinde" in Jerusalem, bildete.

Warum sofortige Gemeindegründung? Weil natürlich die Apostel, die Ohren- und Augenzeugen Jesu, nach jahrelanger Ausbildung an seiner Seite ganz genau gewusst haben, was ihrem Herrn und Meister vorgeschwebt hat und welche Strategie sie nach seinem Weggang umzusetzen hatten. Bis heute zeigt uns ja das gesamte Neue Testament überdeutlich, dass das Christentum im Kern eine „Gemeinschaftsreligion" darstellt; Gemeindegründung und -aufbau sind deshalb absolut folgerichtig. Auf der anderen Seite kann es übrigens - aus demselben Grund - niemals Gottes Willen oder Jesu Absicht entsprechen, wenn ein Nachfolger sich erlauben sollte, sich von seinen *„Geschwistern im Herrn"* abzukapseln und mutterseelenallein durchs Leben zu wandeln. Dazu später mehr.

Zusammenschluss zu lebendigen Jesusnachfolger-Gemeinden ist also das völlig Normale in der Christenheit, wobei der Nachweis der Lebendigkeit nicht etwa durch deren emsige Wuseligkeit, ein breitgefächertes Angebot für jedermann oder aufwändige Inszenierung ihrer Anlässe erbracht wird, sondern durch das bestätigende Wirken Gottes und den Segen Jesu innerhalb sowie auch in der Außenwirkung dieser Gemeinden.

Genau diese Bestätigung Gottes wird postwendend schon in der ersten Gemeinde, die uns zu Beginn der Apostelgeschichte durchaus als Vorbild dargestellt wird, so beschrieben: *„Der Herr aber fügte täglich zur Gemeinde hinzu, die gerettet wurden!"* (Apostelgeschichte 2,47).

Wachstum findet statt! Logisch – ist ja typisch bei Gott!

Wobei der Fokus des hier stattfindenden Gemeindewachstums eindeutig auf *„Der Herr fügte hinzu"* liegt, und nicht etwa auf erfolgreichem Gemeindemanagement oder schlüssigem Evangelisationskonzept! Denn das wäre ja dann weniger *„Bestätigung Gottes"* als vielmehr *„Bestätigung menschlicher Strategien"*.

Erkenntnis also schon am Vorbild des allerersten konstituierenden Zusammenschlusses der Jünger Jesu nach dessen Weggang: Gemeinden werden bewusst und nach Jesu Plan gegründet und deren anschließendes Wachstum ist eine völlig normale Begleiterscheinung solcher Gemeinden. Denn dadurch entsprechen sie nicht nur Gottes Art und Charakter, sondern sie verkörpern gleichzeitig auch noch Gottes Willen insofern, als dieser ja bekanntlich *„will, dass alle Menschen gerettet werden und zur Erkenntnis der Wahrheit kommen!"* (1. Timotheus 2,4). Wenn dieser Gotteswillen sich also durchsetzt – und zwar ausgeführt durch die ausdrücklich dazu berufenen Nachfolger seines Sohnes, also durch uns! – dann gibt es laufend neue Christen. Und selbstverständlich dadurch wachsende Gemeinden!

Das hat damals bestens funktioniert: Auch in den nächsten Gemeinden, die entstanden, erfolgte die Umsetzung dieses Gotteswillens nach demselben Schema, etwa in Antiochia: Als dort *„eine große Zahl gläubig wurde und sich zum Herrn bekehrte"*, ergänzt Lukas dazu noch ausdrücklich, dass eben *„die Hand des Herrn mit ihnen* [den Evangelium predigenden Christen] *war"* (Apostelgeschichte 11,21). Gott will gerettete Menschen und sorgt deshalb höchstpersönlich dafür, dass Evangelisation gelingt!

Folge: Die jeweiligen Gemeinden wachsen! Genau nach Jesu Vorstellungen und Gottes Plan. Weil eben Wachstum zu Gottes Wesen, zu seiner Art, seinem Charakter gehört. Und der widerspiegelt sich – logisch! – dann auch im Wachstum seiner Gemeinden, die ja immerhin den *„Leib seines Sohnes"* darstellen und der Welt die Wirksamkeit und Kraft des Heiligen Geistes vordemonstrieren sollen. Deswegen sind sie so sehr mit der göttlichen Wesensart verbunden und verquickt, dass sie gar nicht anders können, als zu wachsen!

Das tun die Gemeinden auch. Auch heute noch. Weltweit.

Nur nicht bei uns.

Es geht mir an dieser Stelle jetzt nicht um den (bedauerlichen) Mitgliederschwund der evangelischen und katholischen Volkskirchen in unserem Land, sondern es geht, da wir ja das evangelikale Gemeindespektrum anschauen wollen, schwerpunktmäßig um die Wachstumszahlen unserer freikirchlichen Gemeinden.

Ich kann mir hier die Auflistung konkreter Zahlen oder das Zitieren von publizierten Untersuchungen vertrauenswürdiger Organisation zum Thema „weltweites Gemeindewachstum" sparen, denn es werden im evangelikalen

Bereich laufend neue Statistiken dazu veröffentlich, viele davon sind auch im Internet abrufbar. Wir kennen sie, und allesamt kommen solche Erhebungen stets zu demselben erfreulichen Ergebnis: Die „bekennenden" Christen vermehren sich weltweit, die bibel- und jesuszentrierten Gemeinden wachsen. In Latein- und Mittelamerika genauso wie in Afrika, in Asien, Australien und wo auch immer: Überall Gemeindewachstum.

Ausnahme: Die „westliche Welt", insbesondere Westeuropa. Und da liegt Deutschland nicht nur mittendrin, sondern bei der Statistik „fehlendes Gemeindewachstum" in einer Spitzenposition.

Da wird die erfreuliche Statistik für uns dann plötzlich ernüchternd.

***

Mir ist die Umfrage einer Freikirche zum Thema „Gemeindeentwicklung" in bleibender Erinnerung. Bei dieser Erhebung wurden Fragebögen von allen Gemeindevorständen im gesamten Land Baden-Württemberg, in dem eine ganze Reihe von Gemeinden dieser Freikirche beheimatet ist, ausgefüllt. Eine der Fragen lautete: „*Wie viele Menschen haben sich in Eurer Gemeinde in den letzten zwei Jahren bekehrt, und wie viele davon haben sich anschließend Eurer Gemeinde angeschlossen?*"

Die Auswertung ergab folgendes Ergebnis: *Total zwei!*

In Zahlen: „2"!

Und das in allen baden-württembergischen Gemeinden dieser Freikirche – und das sind nicht wenige! – während zwei Jahren zusammengezählt!

Dass dieses Umfrageergebnis nicht an die große Glocke gehängt wurde, ist nachvollziehbar. Der Freikirchenbund verwies stattdessen lieber auf trotzdem beobachtbares Wachstum bei einigen ausgewählten Gemeinden, welches allerdings fast ausnahmslos auf „*Mitgliedertransfer*" (mehrheitlich Landeskirchler, die frustriert zur Freikirche wechselten) sowie „*Eigen-*

nachwuchs" (Kinder von Gemeindegliedern, die als junge Erwachsene dann ebenfalls Mitglieder werden) zurückzuführen war.

Als langjähriger freikirchlicher Pastor, der ich unter anderem auch in Baden-Württemberg tätig war, hat mich dieses Ergebnis nicht wirklich überrascht, aber doch ziemlich ernüchtert und in seiner Deutlichkeit dann auch erschüttert. Denn damit hatte ich jetzt den „geistlichen Effizienznachweis" typisch evangelikaler Gemeinden schwarz auf weiß in den Händen.

Aber man braucht es hierzulande nicht schwarz auf weiß. Es genügt, wenn man sich in der freikirchlichen Landschaft etwas umschaut und ein paar Gemeinden davon kennt. Dann ist ohne Mühe beobachtbar, wie „erfolgreich" unsere evangelistischen Bemühen (sofern denn überhaupt *„bemüht"* wird) tatsächlich sind und wo Gott dieses Bemühen durch Gemeindewachstum bestätigt.

Als Begründung für unsere fruchtlosen Evangelisationsversuche und fehlendes Gemeindewachstum wird bei solchen Überlegungen immer ganz schnell mit *„harter Boden hierzulande"*, *„eine Folge der Aufklärung"* oder *„der Wohlstand bei uns verhindert geistlichen Aufbruch"* argumentiert.

Ich wäre mir da nicht allzu sicher, ob das wirklich als Begründung taugt. Solche Argumentationen bewegen sich stets gefährlich nahe am Abgrund fauler Ausreden!

Denn mal Hand aufs Herz: Sind wir wirklich der Meinung, dass unsere westliche Kultur, also der hierzulande vorherrschende „weltliche" Zeitgeist und die derzeitige Mentalität und Weltanschauung unserer Mitmenschen, ernsthaft Gottes Wille, *„dass alle Menschen gerettet werden"* (nach 1. Timotheus 2,4) und ein daraus resultierendes *„Der Herr aber fügte täglich zur Gemeinde hinzu"* (nach Apostelgeschichte 2,47), ausbremsen könnte? Sollte Gott tatsächlich kein Rezept, kein Mittel finden, die Hemmschwellen unserer aktuellen westlichen Kultur zu durchbrechen?

Paulus, der Vorzeigeevangelist schlechthin, geht selbstverständlich davon aus, dass *„das Evangelium ... in aller Welt Frucht bringt und wächst"* (Kolosser 1,5+6), was doch nichts anderes bedeutet, als dass nach seinem Verständnis durchaus an allen Orten Gemeinden wachsen könnten und auch sollten.

Auf seiner 2. Missionsreise schien allerdings auch Paulus einmal auf *„harten Boden"* zu treffen: In Apostelgeschichte 16 wird berichtet, wie er wochenlang und offenbar ohne jeglichen evangelistischen Erfolg durch das vorderasiatische Inland, der heutigen Zentraltürkei, irrte. Offensichtlich schien die kulturelle Disposition der dortigen Bevölkerung ebenfalls nicht übermäßig „evangelisationsoffen" gewesen zu sein – vermutlich also eben *„harter Boden".*

Wie regierte Paulus?

Nicht durch resigniertes Schulterzucken mit anschließendem „Hände in den Schoß legen", sondern der Heilige Geist führte ihn und sein Team durch konkrete Handlungsanweisungen zielgerichtet nach Philippi und dort zu einer Frau namens Lydia, der *„der Herr das Herz auftat"* und in deren Haus anschließend eine Gemeinde entstand (Apostelgeschichte 16,6-15).

Wir können dabei davon ausgehen, dass der Heilige Geist ihn deshalb wirkungsvoll zu dieser Lydia führen konnte, weil Paulus Jesu Sendungsbefehl ernst nahm und um jeden Preis Menschen mit dem Evangelium erreichen wollte. Und Gott war sehr wohl bereit, seine Dienste anzunehmen und ihn bei nächstbester Gelegenheit wieder so einzusetzen, dass er weiterhin *„Herzen auftun"* konnte. Der *„harte Boden"* hat den Heiligen Geist also absolut nicht daran gehindert, Paulus seinem Auftrag gemäß wirkungsvoll einzusetzen.

Kann der Heilige Geist das heute, bei uns, nicht mehr? Kann er uns auf unserem *„harten Boden"* nicht mehr so einsetzen, dass Gott an den Herzen von Menschen wieder zum Zuge kommt? Und das schon seit vielen Jahrzehnten und flächendeckend nicht mehr?

Es ist offensichtlich, dass der Heilige Geist bei uns kaum mehr erwecklich aktiv werden kann. Wann fand denn eigentlich zum letzten Mal hierzulande ein größerer geistlicher Aufbruch statt, den man zu Recht als *„Erweckung"* hätte bezeichnen können? Während meiner Lebzeit – und ich bin auch nicht mehr der Jüngste - wurde mir keine bekannt. Fakt ist: Man muss in unseren Geschichtsbüchern schon sehr weit zurückblättern, um diesbezüglich fündig zu werden.

Nein, wir erleben nur noch in seltenen Ausnahmefällen, dass sich wenigstens einzelne Menschen tatsächlich noch „bekehren", dass sie also eine bewusste Hinwendung zu Jesus aufgrund der Erkenntnis ihrer Schuldhaftigkeit vor Gott und der daraus resultierenden persönlichen Verlorenheit vollziehen. Sie kommen offenbar nicht an diesen Punkt, an dem Gott ihnen *„das Herz auftun"* könnte. Genau dies allerdings wäre die Basis eines gesunden und geistlichen Gemeindewachstums, denn Bekehrungen nach erfolgter Buße sind laut Jesus das Konzept, aufgrund dessen Gott *„zur Gemeinde hinzutut"*.

Und das funktioniert selbstverständlich auch heute noch: Durch solche Bekehrungen, bei denen Menschen bewusst einen lebensverändernden Schnitt vollziehen und eine deutlich erkennbare „Umkehr" stattfindet, wachsen Gemeinden in allen Regionen der Welt.

Außer bei uns. Hierzulande kommt Gott nicht mehr zum Zuge. Bei uns bekehrt sich höchst selten noch jemand.

Warum funktioniert's bei uns nicht?

Könnte es sein, dass uns die geistliche Qualifikation eines Paulus und seiner Gefährten irgendwie abhandengekommen ist, so dass Jesus nun hier, bei uns, seine geistlich qualifizierten Mitarbeiter, die nichts weniger als *„Glieder seines Leibes"* sein sollten und damit also seine *„ausführende Organe"* (denn das sind *„Glieder"* nämlich gemäß funktioneller Definition!), fehlen? Und dass uns deshalb der Heilige Geist nicht zielgerichtet so führen kann, dass es immer wieder zu echten, geistgewirkten Bekehrungen kommt?

Falls der „*harte Boden*" also tatsächlich nicht nur eine Ausrede sein sollte, dann dürfte uns vermutlich genau dieses Manko anhaften: „*Fehlende qualifizierte Glieder seines Leibes*"! Jesus fehlen die Mitarbeiter, die noch genügend geistliches Format haben, um Menschen so nahe an Jesus heranzuführen, dass Gott ihnen „*das Herz auftun*" kann.

Und könnte diese „*fehlende Qualifikation*" nun genau daher rühren, dass die Beziehung dieser Mitarbeiter zu ihrem Herrn und Meister lediglich auf einem „*Placebo-Glauben*" beruht?

***

Nun trösten wir uns vielleicht mit dem Gedanken: „*Ja, mag schon sein. Aber es gibt doch auch bei uns immer noch etliche Gemeinden, die durchaus wachsen. Also kann man doch nicht von »fehlendem« Gemeindewachstum sprechen! Wir könnten höchstens beklagen, dass es eben »zu wenige« wachsende Gemeinden gibt!*"

Das klingt auf den ersten Blick tatsächlich tröstlich. Und es stimmt: Es gibt durchaus auch in unserem Umfeld noch Gemeinden, die wachsen. Darüber freuen wir Christen uns natürlich, und ich freue mich selbstverständlich mit!

Aber trotzdem erlaube ich mir den Luxus, auch hier etwas genauer hinzusehen. Als Pastor mit Schwerpunkt „Gemeindeaufbau und Gemeindeentwicklung" scheint mir das ohnehin unerlässlich zu sein.

Um den Unterschied zwischen wachsenden und stagnierenden oder schrumpfenden Gemeinden zu erkennen, liegt es nahe, einfach mal die Gemeinden zu vergleichen, und zwar anhand der Frage: „*Was haben wachsende Gemeinden, was denjenigen ohne Wachstum fehlt?*" oder „*Wo liegt der Unterschied, der offenbar das Wachstum ausmacht?*"

Damit lassen sich einige immer wiederkehrende typische Faktoren erkennen, die offensichtlich bei uns den „Erfolg" in Form von Gemeindewachstum ausmachen. Beispielsweise die folgenden:

- Wachstum durch Hochglanz-Ambiente:

  Durch aufwendige Bühnenshows mit rhetorisch gekonnter Moderation, in modern gestylten Gemeindehauskomplexen inklusive hochwertiger technischer Ausstattung, unterstützt durch professionelle Social-Media-Auftritte und flankiert von gezielten Werbemethoden zu jedem Anlass können vor allem größere Gemeinden erfolgreich Publikum anlocken. Kommt dazu, dass deren Mitglieder auch durchaus motiviert in solche Gemeinden einladen, denn sie können (zu recht) stolz sein auf das, was „ihre" Gemeinde anzubieten hat.

Um es gleich vorwegzunehmen: Ich bin ein penetranter Verfechter von Qualität und Seriosität bei uns Christen, und das muss sich selbstverständlich in unseren Gemeinde-Auftritten widerspiegeln. Deswegen mag ich „gute" Gottesdienste und sie dürfen durchaus auch aufwendig gestaltet werden. Außerdem: Qualität mit Stil steht nicht nur großen, sondern auch kleineren Gemeinden gut an, sofern dies Ausdruck einer angemessenen Atmosphäre für den *„Herrn und König"* - der laut unserem Verständnis ja persönlich anwesend ist! - darstellt sowie auch die aufmerksame Gastgeber-Liebe zu unseren Gästen widerspiegelt. Deswegen freue ich mich über schöne und ansprechende Gemeindeveranstaltungen! Diese dürfen zur Ehre Gottes auch durchaus aufwendig sein – das nötige Kleingeld dazu ist hierzulande ja reichlich vorhanden.

Aber: Dass in unserer Gesellschaft, die jedes Wochenende hochstehende und anspruchsvolle kulturelle Anlässe zu Hauf besuchen kann und tägliche Fernsehunterhaltung mit brillanten Entertainern auf höchstem Niveau gewohnt ist, eine Gemeinde punkten kann, die ebenfalls ein dementsprechendes Programm und Ambiente anbietet, könnte durchaus auch ein soziologisch generierter und nicht ein *„geistlich gewirkter"* Erfolg sein. Hier stellt sich also die Frage: Ist Gemeindewachstum dank Hochglanz-Ausstrahlung geistgewirkt - oder ganz einfach kulturrelevant und damit als erwartbare menschliche Honorierung erklärbar?

- Wachstum durch brillante Verkündiger

    Dieser Aspekt des Gemeindewachstums ist zumeist eng mit dem eben geschilderten *„Wachstum durch Hochglanz-Ambiente"* verwandt. Auch in unseren Gemeinden ist zuweilen beobachtbar, dass sich Menschen offensichtlich durch außergewöhnlich begabte Verkündiger anlocken lassen, deren Bühnenpräsenz sowohl optisch wie auch rhetorisch genau auf den Gusto unserer unterhaltungsverwöhnten Mitmenschen abgestimmt ist. Manche dieser Kanzelrhetoriker verstehen es perfekt, durch Ausstrahlung und Überzeugungskraft zu punkten und sich dadurch einen stetig zunehmenden Bekanntheitsgrad zu erarbeiten. In deren Kielwasser entsteht dann oft so etwas wie eine „Fangemeinde", die voll und ganz auf „ihren" Prediger ausgerichtet ist.

    Und der Erfolg gibt diesen Verkündigern dann scheinbar recht! Selbst wenn der Inhalt ihrer Verkündigung nicht wirklich biblisch fundiert und die vermittelten Botschaften keinen geistlichen Tiefgang aufweisen sollten: Wer wagt schon Kritik zu üben, wenn die Massen strömen?

    Hiervon sind auch wir Evangelikalen nicht gefeit!

    In den Neunzigerjahren des letzten Jahrhunderts predigte ein gewisser Peter Wenz in Stuttgart derart erfolgreich, dass viele Christen von weither anreisten, um ihn zu hören. Es entwickelte sich daraus nach und nach eine große Gemeinde, die jahrzehntelang und teilweise bis heute von der Person und Ausstrahlung dieses Verkündigers begeistert war und ist.

Seine Bühnenpräsenz in Kombination mit seiner damals ziemlich aufsehenerregenden Art des Predigens war durchaus faszinierend. Wen kümmerte es da, dass dieser Peter Wenz in jungen Jahren ganz offen ein „Heilungsevangelium" auf der Basis der Behauptung „*Wenn du recht glaubst, wirst Du niemals krank!*" predigte (inzwischen hat er sich meines Wissens allerdings von dieser Theologie weitgehend distanziert)?

Ich konnte mir damals, als junger Pastor, noch keinen richtigen Reim darauf machen, warum dieser Verkündiger trotz inhaltlich sehr fragwürdiger Botschaft einen solchen Zulauf hatte. War das darauf basierende Wachstum seiner Gemeinde etwa doch ein Nachweis von Gottes Segen?

Heute sehe ich das etwas nüchterner, nachdem ich verstanden habe, dass ein brillanter Redner bei guter Vermarktung in unserer Kultur stets die Chance hat, Menschen in großer Zahl anzulocken. Sowohl in der medialen Unterhaltungskultur wie auch in frommen Kreisen, und zwar nach denselben vermarktungstechnischen Kriterien und Prinzipien.

Wem eine solche überdurchschnittliche Rede-Begabung gegeben ist, der kann und soll als Verkündiger des Evangeliums diese innerhalb seines geistlichen Dienstes natürlich auch einsetzen. Allerdings funktioniert es genauso auch ohne „*geistlich*"! Und wenn sich dann Erfolg einstellt und bei jedem seiner Auftritte Massen an Zuhörern den Saal stürmen, die ihm allesamt auch noch vollmundig „*Vollmacht*" attestieren – wer mag dann noch widersprechen?

Gegenbeispiel: In meiner Gemeinde gab es einen geistlich gereiften Mitarbeiter, der – meines Erachtens zu Recht! - bei jedermann großen Respekt und Anerkennung genoss. Allerdings hatte er das Handicap, dass er beim Reden etwas stotterte und sich deshalb für Predigten nicht zur Verfügung stellen wollte.

Aus beruflichen Gründen - er war Beamter - musste er dann wegziehen. Seine neue Gemeinde, in der er schon bald in den Leitungskreis berufen wurde, bat ihn, eine kleine Tochtergemeinde in einer ländlichen Gegend zu betreuen. Es handelte sich um eine Dorfgemeinde, die in sich teilweise zerstritten war; die wenigen noch engagierten Mitarbeiter hatten die Hoffnung auf ein Überleben ihrer Gemeinde schon ziemlich aufgegeben.

Der Mitarbeiter nahm diese neue Aufgabe ernst und widmete sich, zusammen mit seiner Frau, vorbildlich und engagiert dieser kleinen Gemeinde; er führte insbesondere viele Gespräche und baute Gesprächskreise auf, in denen wieder Vertrauen zueinander wachsen konnte. Und er begann nun doch zu predigen. Und siehe da: Jedermann kam ausgesprochen gerne zu den Predigten dieses „Stotterers" ohne Redebegabung! Aber er hatte geistlich viel mitzuteilen, und genau das war seinen Zuhörern wichtig! Ihr Glaube wuchs stetig durch seine Verkündigungsdienste.

Ganz offensichtlich war es nicht seine Brillanz auf der Kanzel oder seine ausgefeilten Predigt- und Vortragstechniken, die seine Verkündigung „erfolgreich" machten. Aber die Gemeinde festigte sich, erhielt neuen Mut und riskierte bald auch wieder Auftritte in der Öffentlichkeit. Und sogar ein kleines Wachstum stellte sich ein, durchaus ungewöhnlich für eine sehr überschaubare dörfliche Gemeinde.

Und nun vergleiche ich den Erfolg dieses „unbegabten" Verkündigers mit dem Erfolg von Rednern der Kategorie „junger Peter Wenz". Nur bei einem der beiden bin ich mir sicher, eindeutig das Wirken des Heiligen Geistes und den offensichtlichen Segen Gottes darin erkennen zu können! Nur bei einem von beiden könnte man deshalb von *„vollmächtiger Verkündigung"* sprechen, allerdings wurde ausschließlich immer der andere mit dieser vermeintlich geistlichen Auszeichnung geadelt.

Wenn man nun die Wachstumsfaktoren „Hochglanz-Ambiente" und „brillante Verkündiger" zusammennimmt, weil sie bei uns oft Hand in Hand gehen, und diese Art der Gottesdienste mit denen der ersten Gemeinden, wie sie uns biblisch überliefert wurden, vergleicht, dann fällt sofort ins Auge, dass damals die Verkündiger durchaus nicht durch stylische Optik und professionellen Auftritt zu glänzen brauchten.

Wenn beispielsweise bei einer Predigt von Paulus in Troas sogar Zuhörer einschlafen und aus dem Fenster fallen konnten (Apostelgeschichte 20,7-9), dann deutet das durchaus nicht auf packende Performance und ausgefeilte Rhetorik eines Apostels hin.

Derselbe Paulus evangelisierte laut Eigendarstellung auch bei den Korinthern „nicht mit hohen Worten oder hoher Weisheit", sondern „in Schwachheit und mit Furcht und großem Zittern" und seine Predigten „geschahen nicht mit überredenden Worten der Weisheit, sondern in Erweis des Geistes und der Kraft!" (1. Korinther 2,1-4). Sein Ziel dabei war, dass der Glaube der Korinther „nicht stehe auf Menschenweisheit, sondern auf Gottes Kraft!" (1. Korinther 2,5), wie er abschließend erklärt.

Paulus lässt in diesem Statement durchblicken, dass es durchaus auch möglich wäre, dass reine „Menschenweisheit" eine Form von Glauben bewirken kann. Eine Glaubensform allerdings, die Paulus rundweg ablehnt. Vermutlich aus gutem Grund, denn es dürfte sich bei diesem Glauben dann wohl um einen „Placebo-Glauben" handeln ...

* <u>Wachstum durch Massenanziehung:</u>

Zuweilen wachsen natürlich auch kleinere Gemeinden, wenn sie Wert auf gepflegtes und seriöses Auftreten legen. Aber zumeist gilt eben doch: Je größer eine Gemeinde ist, oder genauer gesagt: Je besser deren Sonntags-Gottesdienste besucht werden (was durchaus nicht dasselbe ist!), desto höher ist die Wahrscheinlichkeit, dass noch mehr Leute dazu stoßen.

Warum ist das so?

1.) Masse zieht an: *„Wenn alle hingehen, muss da wohl was Interessantes sein!"*;

2.) groß wirkt seriös und weniger klüngelhaft oder sektiererisch: *„So viele können doch wohl nicht irren!"*;

3.) je größer der vorhandene Pool an Gemeindegliedern ist, desto mehr begabte Mitarbeiter für eine hochwertige Programmgestaltung und -darbietung lassen sich finden;

4.) bei größeren Gemeinden kann mehr Geld zusammengelegt werden für aufwendigere Technik, Raumgestaltung oder auch Werbung.

Dass schlichte Größe durchaus ihre eigene Anziehungskraft besitzt, könnte schon bei der ersten Gemeinde in Jerusalemer durchaus ein Faktor gewesen sein. Immerhin startete diese Gemeinde aufsehenerregend allein schon durch ihre Masse: Quasi „über Nacht" formierte sich eine Gemeinschaft von gleich mal rund dreitausend Gläubigen (Apostelgeschichte 2,41), zu denen dann Gott noch *„täglich hinzufügte"* (Apostelgeschichte 2,47), so dass schon wenige Tage später *„die Zahl der Männer auf fünftausend stieg"* (Apostelgeschichte 4,4); anschließend *„wuchs die Zahl derer, die an den Herrn glaubten"* durch die Wundertaten der Apostel dann noch weiter an, so dass uns die Bibel ausdrücklich von *„einer Menge Männer und Frauen"* (Apostelgeschichte 5,14) berichtet.

„Massenanziehung" als Gemeindewachstumsfaktor gabs also vermutlich schon zu biblischen Zeiten. Aber ist Massenanziehung nicht ein simples gruppendynamisches und damit erneut kein genuin geistliches Geschehen?

Die beiden bisher genannten Wachstumsermöglicher „*Professionalität*" und „*Massenanziehung*" können natürlich durchaus auch echte geistliche Erweckungen sinnvoll unterstützen. Man muss diese Faktoren nicht unbedingt negativ bewerten. Sie sind beispielsweise derzeit im deutschsprachigen Raum typische wachstumsfördernde Stärken von „ICF"-Gemeinden, wobei dann dort zuweilen auch die beiden nächsten, leider eher negativen Faktoren, ebenfalls beobachtbar sind.

- <u>Wachstum durch geweckte Emotionen:</u>
Dieser Wachstumsfaktor ist überwiegend in Gemeinden mit sogenanntem „charismatischem" Frömmigkeitsstil beobachtbar, wenn sich deren Gottesdienste nicht nur warmherzig und einladend präsentieren, sondern – vor allem im sogenannten „*Lobpreis*" - sehr gefühlsbetont ausgerichtet sind. Oftmals sind dann evangelistische „Erfolge" zu beobachten bei Menschen, die sich gerade in einer schwierigen Lebensphase befinden; sei es, dass sie sich momentan irgendwie „*entwurzelt*" fühlen oder gerade Schicksalsschläge verarbeiten müssen.

Man nennt solche Lebensphasen auch „*Rites des passage*" („*Übergangsrituale*") nach dem französischen Ethnologen Van Gennep, der damit die rituelle Bewältigung des Übergangs zwischen zwei Lebensstadien beschreibt. Er hat dazu ein „*Phasen-Modell*" entwickelt, das auf der grundlegenden Erkenntnis basiert, dass Menschen sich in dieser Phase in einem „*ungeschützten, weil undefinierten Zwischenzustand*" befinden. Dass sich dieser „*ungeschützte*" und „*undefinierte*" Zustand ganz wesentlich auf die seelische Stabilität auswirkt, liegt auf der Hand. Mit anderen Worten: Der Mensch in einer solchen „*Übergangsphase*" ist zumeist emotional erschüttert und seelisch labil.

Eine ganze Reihe namhafter christlicher Seelsorger weist auf die Möglichkeiten, aber auch auf die Gefahren der Missionierung von Menschen hin, die sich in einer solchen „*Rites-de-passage*"-Lebensphase befinden. Dass solche Gemeindebesucher emotional ansprechbar und offen sind, sich auf Neues einzulassen, kann evangelistisch genutzt, aber eben auch ausgenutzt werden.

Der Grat ist schmal!

Wo er überschritten worden ist, zeigt sich in aller Regel immer erst dann, wenn die Wohlfühl-Atmosphäre in der Gemeinde einmal fehlen sollte, wenn also keine gute Stimmung mehr herrscht, Krisen durchstanden und Glaubenshindernisse geschwisterlich ausgehalten werden müssen. Dann zeigt sich, dass ein ausschließlich gefühlsbasierter Glaube, dem bibelfundiertes Wissen und darauf aufbauende rationelle Erkenntnis fehlen, nicht standhält. Frustriert verlassen solche „Gläubige" dann unsere Gemeinden und sagen oftmals auch gleich noch dem Christentum insgesamt ab.

Gemeindewachstum also durch Stimmungsmache, Betonung von Gefühlen und künstlich hervorgerufene Emotionen zu generieren und dabei auch noch die seelische Labilität oder Notsituation von Menschen in einer „Übergangsphase" auszunützen, ist mehr als fragwürdig; auf solcher Basis entwickeln sich höchst ungesund wachsende Gemeinden mit mangelhaftem geistlichem Tiefgang und geringen Überlebenschancen.

- Wachstum durch Versprechungen:

Die Versuchung, Menschen in die Gemeinde hinein zu locken mit Versprechen, die bei genauerem Hinsehen nicht biblisch abgesichert beziehungsweise von Jesus nie gemacht wurden, besteht durchaus. Und zwar nicht etwa bei durchtriebenen und hinterlistigen „Scheinchristen", sondern durchaus bei wohlmeinenden, ernsthaften Nachfolgern, die jedoch ihrerseits einem gewissen Wunschdenken anheimgefallen sind und an Dinge glauben, die so in der Bibel nicht versprochen werden.

Zum Beispiel beim Thema „Heilungen": Natürlich weist die Bibel darauf hin, dass damals durch Jesus, und anschließend teilweise auch durch die Apostel veranlasst, körperliche Heilungen stattfanden. Und es sei unwidersprochen, dass Jesus auch heute noch heilen kann und Heilungswunder tatsächlich auch immer noch geschehen.

Aber wurden diese Wunder damals auch vorab versprochen oder gar als „Anreiz" zur Bekehrung eingesetzt? Und wie „verfügbar" waren diese Wunder?

Wenn beispielsweise bei uns „Heilungsgottesdienste" werbemäßig angepriesen werden, oftmals sogar mit dem Hinweis, dass dort Christen mit der Gabe der Heilung auftreten werden, dann sind größte Bedenken angebracht. Die Verlockung für leidende Menschen, dort endlich ihre Krankheit los zu werden, ist enorm. Wie viele dieser Angelockten aber wünschen sich schlicht und einfach eine Befreiung von ihrem innerweltlichen Leiden, sind aber gleichzeitig nicht ernsthaft interessiert an einer Bereinigung ihrer Beziehung zu Gott?

Das zweitere wäre aber, geistlich gesehen, die Hauptsache! Und es dürfte auch Jesus bei seinen Wunderheilungen primär immer genau darum gegangen sein. Das machen uns die biblischen Schilderungen der Heilungen durch Jesu immer wieder deutlich, insbesondere, wenn man die Begleitumstände oder die Auswirkungen dieser Wunder genauer betrachtet. Heilungswunder waren bei Jesus und auch bei den Aposteln nicht Selbstzweck, sondern immer Darstellung und Proklamierung der Anwesenheit Gottes! Und in der damaligen israelitischen Kultur und aufgrund der religiösen Prägung des gesamten Volkes war die durch erlebte Wunder hervorgerufene Erkenntnis der Anwesenheit Gottes ziemlich automatisch verbunden mit *„Das ist also dann der echte Gott, an ihn muss geglaubt werden!"*

Genau darum ging es Jesus bei seinen Wundern: Das Erkennen des echten und wahren Gottes. Das war seine vorrangige Absicht dabei!

So wünschenswert also körperliche Heilung, beispielsweise eben durch ein Wunder, ist, weil sie uns das Leben erleichtert – Jesus will vor allem „Heilungen", die uns das Sterben erleichtern! Die Gottesbeziehung muss wieder hergestellt werden, der Mensch soll sein „Heil" erlangen – das ist die „Heilung", die bei Jesus immer im Fokus steht. Ein körperliches Heilungswunder durch Jesus hat sich deshalb immer diesem übergeordneten Interesse unterzuordnen; es steht immer im Dienst des göttlichen Heils für den Betroffenen, oder aber zuweilen auch dem Heil des direkten Umfelds des Kranken!

Kann ein kranker, aber noch nicht gläubiger moderner Mensch das einordnen, wenn ihm ein „Heilungsgottesdienst" angeboten wird?

Es muss auch gar kein Gottesdienst sein. Manche übereifrigen Christen versprechen leidenden Menschen zuweilen ziemlich schnell, dass Jesus sie durchaus heilen könne; meistens verbunden damit, dass sie dazu lediglich „richtig glauben" müssten. Was dieses „glauben" dann beinhaltet und wie ein „Ungläubiger" sich vorstellt, wie er also Glauben dann „richtig" umzusetzen habe, dürfte allerdings ziemlich weit entfernt sein von dem, was die Bibel tatsächlich unter „glauben" versteht!

Unter dem Strich wird also auch da wieder ein Versprechen gegeben, das auf äußerst wackeligen Füßen steht!

Falsche Versprechungen werden aber nicht nur punkto „Heilungswunder" gemacht. Der einladend gemeinte Satz „Mit Jesus wird dein Leben gelingen!" beispielsweise lässt sich mit Jesu Ankündigungen „In der Welt habt ihr Angst" (Johannes 16,33), „Ich bin nicht gekommen, Frieden zu bringen" (Matthäus 10,34), oder „Wer mir nachfolgen will, der verleugne sich selbst und nehme sein Kreuz auf sich" (Matthäus 16,24) durchaus nicht stromlinienförmig harmonisieren. Wohlgemerkt: Solche - und noch viele weitere vergleichbare – Lebensaussichten kündigt Jesus nicht „der Welt", sondern seinen

Nachfolgern an! Also denen, die sich tatsächlich zu ihm bekehrt haben, den Gliedern seiner Gemeinde. Können wir also dazu einladen mit *„Dein Leben wird mit Jesus gelingen?"*

Da hilft als Ausrede dann auch nicht, dass der einladende Christ womöglich noch selber glaubt, dass sein Versprechen stimmt. Mit Irrlehren einzuladen ist immer falsch, denn der so Eingeladene wird unter *„gelingendem Leben"* ja mit Sicherheit etwas Falsches verstehen, also erst mal *„irren"*!

Ähnliches gilt beispielsweise auch für eine Einladung mit *„Komm zu Jesus, dann wird alles gut!"*. Was glauben wir, welche Hoffnungen ein Mensch, der Jesus oder „Christsein" noch gar nicht kennt, in *„alles wird gut"* hineininterpretiert?

Natürlich gibt es noch weitere ähnliche, durchaus unangemessene Versprechen, die uns Christen allzu leicht und unreflektiert über die Lippen kommen. Und viel zu oft habe ich erleben müssen, dass solche gewagten Versprechungen dann auch noch mit riskanten Bibel-Zitaten untermauert werden. *„Riskant"* insofern, als dass solche biblischen „Zusagen" zuweilen ohne Berücksichtigung des Kontextes oder auch anderslautender Bibelstellen aus dem Zusammenhang gerissen vorgetragen werden.

Oder man zitiert aus dem Alten Testament und unterschlägt dabei, dass nicht alle Weisheitssprüche im ersten Teil der Bibel unkommentiert einfach in den neuen Bund, den Jesus begründet hat, transportiert werden können. Wer beispielsweise Werbung für ein gottgefälliges Leben betreiben möchte mit der Weisheit *„Der Lohn der Demut und der Furcht des HERRN ist Reichtum, Ehre und Leben!"* aus dem alttestamentlichen Buch der Sprüche (22,4), der sollte schon gleichzeitig auch kenntlich machen, dass dies für die beiden Komponenten *„Reichtum"* und *„Ehre"* seit Jesu Kommen höchstens noch im übertragenen, geistlichen Sinne, nicht jedoch innerweltlich erwartet werden sollte!

Oftmals kann ich mich auch des Gefühls nicht erwehren, dass die im Umfeld allzu vollmundiger Versprechen angeführten Bibelstellen nicht etwa fundierter Bibelkenntnis, sondern vielmehr eigenem Wunschdenken entspringen. Gerade eben habe ich im Rahmen eines mehrwöchigen Glaubensgrundkurses einer *„Jesus-heilt-noch-heute!"*-Veranstaltung beigewohnt, auf der eine übermotivierte Referentin behauptete, dass der Heilungsauftrag *„das Reich Gottes zu predigen und die Kranken zu heilen"*, den Jesus den 12 beziehungsweise 72 ausgesandten Jünger mitgegeben hat (z.B. in Lukas 9,2 und 10,9), noch immer gültig sei, da dieser Auftrag von Jesus *„bis heute nicht widerrufen"* (wörtliches Zitat) worden sei.

Irrtum! Denn in Lukas 22,35-37 widerruft Jesus genau diesen Auftrag ausdrücklich! Er verdeutlicht seinen Jüngern sehr wohl, dass seine damalige Aussendungsintension eine einmalige Angelegenheit war und diese sich so nicht mehr wiederholen wird!

Warum behauptet die Referentin trotzdem das Gegenteil? Ich kann mir das nur so erklären, dass ein übermäßiger Heilungswunsch diese Dame zu einer derart krassen Falschaussage verleitet hat, umso mehr sie beteuerte, sich schon seit vielen Jahren und intensiv anhand der Bibel mit dem Thema „Heilungen" zu beschäftigen. Dann hätten ihr aber innerhalb ihres vollmundig behaupteten intensiven Bibelstudiums nicht nur die eben genannte Lukas-Bibelstelle irgendwann mal begegnen müssen, sondern sie hätte sich auch fragen müssen, warum eigentlich die Apostel nach Jesu Himmelfahrt die damalige „Aussendung", von der sie ja nach Lukas 10,17 regelrecht begeistert zurückkamen, nicht einfach wiederholten? Denn obwohl gleich 72 Jesus-Nachfolger noch vor kurzem selbst erlebt hatten, wie toll das funktioniert, und obwohl ihnen Jesus, wie bereits erwähnt, etliche Sendungsbefehle wie eben *„Gehet hin ...", „Siehe, ich sende euch ..."*

oder „*Seid Zeugen …*" mitgegeben hat, hat keiner der Apostel je versucht, diesen Sendungsauftrag Jesus nochmal wie damals, gemeinsam zu zweit durch die Gegend ziehend, zu erfüllen! Auch nicht die in Apostelgeschichte 13,2+3 erwähnten „Zweierteams" Paulus/Barnabas oder später Barnabas/Markus und Paulus/Silas (Apostelgeschichte 15,36-40), denn zum einen waren diese bei genauerem Hinsehen gar nicht zu zweit unterwegs, sondern immer mit noch etlichen weiteren Begleitpersonen, und zum anderen setzten diese Teams eben nicht mehr den Auftrag „*Reich Gottes predigen und Kranke heilen*" wie damals während Jesu irdischer Anwesenheit um, sondern sie sahen ihren Auftrag vielmehr in Gemeindegründung und Gemeindeaufbau. Außerdem kommt noch hinzu, dass auch körperliche Heilungen sowie Wunder insgesamt in dieser Phase der Apostelgeschichte sehr bald nur noch eine untergeordnete Rolle spielten.

Kann man das übersehen? Hierzu trotzdem ganz platt zu behaupten, diese spezielle Aussendungsform der 12 beziehungsweise der 72 mit ausdrücklichem Heilungsauftrag sei „*nie widerrufen*" worden und dabei noch auf profunde Bibelkenntnis hinzuweisen, ist dann schon ziemlich dreist!

Derartige übergeistlich klingende Tatsachenverdrehungen stoßen mir auch deshalb sauer auf, weil auch diesem Vortrag wieder mehrere Dutzend Menschen beiwohnten, die noch keine profunden Bibelkenntnisse hatten und somit diese Behauptung nicht als falsches Versprechen entlarven konnten. Ob es wenigstens irgendeinem der verantwortlichen Mitarbeiter aufgefallen ist?

Vermutlich war ich wohl der Einzige, der diesen Missgriff erkannte, denn die Referentin war derart eifrig zu Gange und von ganzem Herzen erfüllt von ihrer Mission, dass ihr der Saal förmlich an den Lippen hing. Unsachgemäßes Anführen von Bibelstellen ist jedoch auch dann schädlich, wenn einem Christen dies im Überschwang seiner Gefühle „versehentlich" unterläuft. Man tut Jesus keinen Gefallen, indem man ihn überinterpretiert!

Wenn wir Menschen dadurch zu Jesus oder zu einer „Bekehrung" einladen und unsere Gemeinden dann durch solche, mit falschen Versprechungen angelockte Neumitglieder wachsen, dann brauchen wir uns nicht wundern, wenn unsere Gemeinden recht schnell nicht mehr Hoffnung, Gottvertrauen und Geborgenheit, sondern Verunsicherung, Frust und Rechthaberei ausstrahlen oder in Gesetzlichkeit abdriften statt geistlich aufzublühen. Gesunde Gemeinden können nicht aus ungesundem Wachstum entstehen!

Warum aber tappen wir trotzdem immer wieder in die Falle übertriebener Versprechen?

Vielleicht auch deswegen, weil „Erfolglosigkeit" nun mal frustrierend ist und wir dann eben Bekehrungen und Gemeindewachstum erzwingen wollen.

Keine gute Idee!

***

Vermutlich findet also in den meisten wachsenden Gemeinden nicht etwa ein „*geistliches*" Wachstum statt, sondern vielmehr ein „*soziologisches*", weil die konstituierenden Wachstumsfaktoren problemlos und logisch nachvollziehbar erklärt werden können. Solches Wachstum wird durch rein menschliche, soziale Interaktionen (eben „*soziologisch*") generiert. Zu dessen Verständnis braucht man auch keinerlei geistliche Erklärungshilfen. Vielmehr dürften sie mit Logik, Menschen- und Kulturkenntnis wesentlich besser und zutreffender analysiert sein als mit einer „*geistlich-bewirkt*"-Hypothese!

Somit basiert dann diese Art von Wachstum auch nicht auf dem Wirken des Heiligen Geistes und kann auch nicht als Bestätigung Gottes im Sinne von *„Der Herr aber fügte hinzu"* (nach Apostelgeschichte 2,47) oder *„die Hand des Herrn war mit ihnen"* (nach Apostelgeschichte 11,21) angesehen werden.

Wenn das aber zutrifft, dann sollte man sich an dieser Stelle ernsthaft der Frage stellen, ab welchem Stadium eine solcherart erfolgreiche Gemeinde der Kategorie *„Du hast den Namen, dass du lebst, und bist tot!"*, wie es Johannes als prophetische Beurteilung in Offenbarung 3,1 der Gemeinde in Sardes vorwerfen musste, zugeordnet werden sollte; oder aber in die Gruppe der Gemeinden gehört, die ähnlich der Gemeinde von Laodizea dem Irrtum *„Du sprichst: »Ich bin reich und habe genug und brauche nichts!« - und weißt nicht, dass du elend und jämmerlich bist; arm, blind und bloß!"* (Offenbarung 3,17) anheimgefallen sind.

Beunruhigend ist bei beiden geistlichen Missständen, dass die betroffenen Gemeinden, also Sardes und Laodicea, das selbst gar nicht bemerkt haben! Ihre Eigenwahrnehmung war offensichtlich so getrübt, dass sie sich selbst nicht mehr adäquat reflektieren konnten – genauso wie wir heute!

Schon damals gab es offenbar nicht nur einen persönlichen, sondern auch einen gemeindebezogenen *„Placebo"*-Effekt!

Ist dies bei uns heute undenkbar? Was macht uns so sicher, dass solche Gemeinde-Fehlentwicklungen nur damals bei einigen Einzel-Gemeinden in Kleinasien auftraten und bei uns heute nicht mehr vorkommen?

Und wenn dann Johannes in göttlichem Auftrag die Sardes-Gemeinde abmahnen muss mit *„werde wach"*, *„stärke, was sterben will"* und *„tue Buße"* und diejenige in Laodizea ähnlich lautend mit *„Sei nun eifrig und tue Buße!"*: Sollten dann nicht vielleicht auch manche unserer Gemeinden - möglicherweise trotz vordergründiger „Erfolge" - dringendst ihrer geistlichen Mangelhaftigkeit gewärtig werden und ihr Nachfolgeverständnis wieder ernsthaft an biblischen Vorgaben ausrichten?

Natürlich: Wenn erst einmal Wachstumserfolge auf breiter Basis gefeiert werden können, dann fällt genaueres Nachfragen schwer. Wer möchte sich schon anmaßen, durch kritisches Hinterfragen die durch gemeindliche Aufbruchstimmung ausgelöste allgemeine Feierlaune zu vermiesen ...

Aber war das damals in Kleinasien nicht genau dasselbe? Die Sendschreiben der Offenbarung machen allerdings darauf aufmerksam, dass vom Himmel her durchaus etwas genauer auf die geistlichen Grundlagen einer Gemeinde geschaut wird. Deshalb erhielt dann eben Johannes damals den folgerichtigen Auftrag, mit göttlicher Autorität in alle Schönheit hinein trotzdem Tacheles zu reden!

Insbesondere das kritische Verdikt, das Johannes dabei über Sardes und Laodizea zu fällen hatte, macht deutlich, dass „soziologisches Wachstum" keinesfalls als wohlfeiler Ersatz für mangelhafte geistliche Gemeindeentwicklung herhalten darf!

***

Dieser Problematik des „soziologischen Wachstums" musste ich mich als Pastor stellen, als ich mich in einer meiner Gemeinden zu einem vorläufigen „Evangelisationsstopp" veranlasst sah. Und zwar deshalb, weil ich zunehmend zur Kenntnis nehmen musste, was eigentlich in unseren Reihen mit Neubekehrten geschah.

Zusammen mit meinem Leitungsteam hatte ich mich stets darüber gefreut, dass unsere missionarischen Bemühungen der letzten Jahre immer mal wieder erfolgreich waren und einige Menschen neu zu unserer Gemeinde hinzukamen. Aber das war zu früh gefreut. Denn bei genauerem Hinschauen mussten wir entsetzt feststellen, dass keiner von ihnen mittelfristig im Glauben durchhalten konnte!

Die meisten kehrten schon nach kurzer Zeit unserer Gemeinde enttäuscht wieder den Rücken, und diejenigen, die blieben, entwickelten sich zusehends zu Unruhestiftern und Quertreibern, statt in einen Prozess der „Heiligung" einzutreten und geistlich zu reifen. Nur ein Einziger, der sich in unserem Umfeld bekehrt hatte, konnte sich seinen Glauben bewahren. Allerdings nur deswegen, weil er bald nach seiner Hinwendung zu Jesus seinen Wohnort wechselte und sich einer anderen Gemeinde anschloss.

Was geschah in meiner Gemeinde?

Eigentlich hätte sie wachsen können durch Neubekehrte. Trotzdem mussten wir unsere teilweise „erfolgreichen" Evangelisationsbemühungen vorerst auf Eis legen und unsere Wachstumserwartungen erst mal begraben. Und ich war gezwungen, ernsthaft über den Unterschied zwischen echtem, geistlich gewirktem Gemeindewachstum und offensichtlich nur menschlich generierten und damit kurzlebigen Wachstumserfolgen nachzudenken.

So habe ich nicht nur erkennen müssen, dass unsere Neubekehrten deswegen in unserer Gemeinde keine geistliche Heimat finden konnten, weil sie aus soziologischen statt aus geistlichen Gründen zu unserer Gemeinde „hinzugefügt" wurden. Der eigentliche Schaden lag sogar noch tiefer: Diese durchaus am Glauben und an Jesus Interessierten fanden unter den Mitchristen unserer Gemeinde kaum gereifte Glaubensvorbilder, an denen sie hätten Maß nehmen und geistlich wachsen können. Fakt war leider, dass bei der überwiegenden Mehrheit unserer inzwischen längst „etablierten" Gemeindeglieder ebenfalls seit ihrer Bekehrung kaum geistliches Wachstum zu erkennen war.

In der Gründungsphase dieser noch recht jungen Gemeinde waren nämlich – erfreulicherweise! - eine stattliche Anzahl durch Bekehrungen und nicht etwa einfach durch Gemeindewechsel neu dazugekommen, aber es war – bedenklicherweise! – ziemlich offensichtlich, dass schon diese bereits „soziologisch" zur Gemeinde gefunden hatten und nicht etwa „geistgewirkt" oder „vom Herrn hinzugefügt".

Es wurde mir immer klarer, dass meine Gemeinde schon seit jeher mehrheitlich durch „geweckte Emotionen" und/oder „Versprechungen" gewachsen war, denn „*Massenanziehung*" oder „*professionelle Ausstrahlung*" war bei dieser kleinen Gemeinde noch kein Faktor.

Wenig überraschend war dann auch die Beobachtung, dass sich die meisten während einer persönlichen, lebensverändernden Umbruchsphase bekehrt hatten, die Bekehrung war also wohl Bestandteil eben jener bereits genannten „*Rites de passage*", die einen Übergang in eine neue Lebenssituation charakterisieren. Durch die Hinwendung zu Jesus waren allerdings die zur Umbruchsphase dazugehörenden emotionalen und seelischen Instabilitäten bei den meisten nicht einfach automatisch und anhaltend überwunden.

Also offensichtlich „*soziologisches Gemeindewachstum*". Ergebnis: Die Gemeinde war krank.

Diagnose: „*Placebo-Glaube*"!

Und befallen davon war bereits die überwiegende Mehrheit.

***

Wir haben hierzulande also eine zweifache Krux: Die meisten Gemeinden wachsen nicht, sondern stagnieren oder schrumpfen sogar. Und diejenigen, die trotzdem noch wachsen, tun dies in aller Regel nicht etwa deswegen, weil Jesus das Wachstum seines „Leibes" segnend unterstützt, sondern auf der Basis ziemlich menschlich erklärbarer und auf simplen sozialen Wechselwirkungen basierender Evangelisations-„Erfolge".

So ist das bei uns.

Aber offenbar nur bei uns. Vermutlich sogar ausschließlich bei uns. Überall sonst auf der Welt findet durchaus echtes Gemeindewachstum statt.

Das müsste uns beunruhigen und wachrütteln.

Sind wir tatsächlich deswegen beunruhigt?

3.2 Defizit „Gemeindekrisen"

Inzwischen kann ich aufgrund meines Alters einige Gemeindeentwicklungen schon über mehrere Dutzend Jahre überblicken, die überwiegende Mehrzahl davon als ausgebildeter Theologe und praktizierender Pastor. Und es ist nichts anderes als erschreckend: Wohin man schaut, scheitern unsere Gemeinden!

Nach einigen Jahren dachte ich, ich hätte diesbezüglich schon das Meiste erlebt – aber weit gefehlt: Immer wieder werde ich eines Besseren belehrt. Die Liste an Beispielen von misslingendem Gemeindebau, die ich persönlich miterlebt habe oder die in meinem unmittelbaren Umfeld stattfanden, ist bereits beeindruckend lang. Wir schaffen es offenbar, immer wieder neue Formen von Gemeindecrashs zu entwickeln. Zuweilen übermannt mich das Gefühl, dass wir im Generieren von neuen Fettnäpfchen für unsere Gemeinden durchaus Weltspitze darstellen.

Und wenn ich als Überschrift zu diesem Abschnitt „Gemeindekrisen" gewählt habe, ist bereits diese Titelwahl schon im Ansatz ein Schönreden der wahren Problematik, denn viele der Gemeinden, die sich in eine Krise hineinmanövrieren, existieren wenige Jahre später gleich gar nicht mehr. Oder sie haben sich so gespalten, dass nur in Ausnahmefällen beide Teile längerfristig überleben. Viel zu selten erlebe ich, dass sich Gemeinden aus einer Krise wieder erholen und erneut aufblühen.

Hier sind wir gründlich: Wenn schon Krise, dann aber richtig! Wenn wir schon im Vollzug des Glaubens nicht klare Kante zeigen, dann sind wir zumindest in der Demontage unserer Gemeinden voll bei der Sache!

Selbst die Neugründung von Gemeinden funktioniert überproportional oft nicht: Nach anfänglicher kurzer Phase der Euphorie verkommen sie sehr oft innerhalb weniger Jahren zu unbedeutenden Klüngelkreisen, über denen dann noch ein barmherzig gemeintes „Niemand verachte den geringen Anfang" (nach Hiob 8,7) ausgerufen wird, bevor sie dann doch final kollabieren und wieder von der Bildfläche verschwinden.

Zuweilen meine ich zwar, mich zu erinnern, dass das doch in den jugendlichen Jahren meiner christlichen Karriere nicht so gewesen sei und ich damals die überwiegende Mehrzahl der Gemeinden als hoffnungsfroh, gut motiviert und durchaus aufbrechend erlebt hätte. Wobei ich mir dann allerdings wieder nicht ganz sicher bin, ob das bei mir inzwischen einem altersspezifisch senilen *„Früher-war-immer-alles-besser!"*-Grundraster entspringt oder ob ich vielleicht im damaligen jugendlichen Optimismus einfach die Schattenseiten mancher Gemeinden nicht wahrgenommen habe. Möglicherweise entsprießen solche vermeintlichen Erinnerungsfragmente aber auch lediglich meiner sehnsüchtigen Hoffnung, dass es doch auch hierzulande mal bessere Zeiten gegeben habe und diese vielleicht wieder anbrechen könnten.

Wie auch immer: Die Gegenwart jedenfalls stimmt alles andere als froh! Nachfolgend einige Beispiele von Gemeinden, denen ich so nahestand, dass ich höchstpersönlich die Gründe ihres Scheiterns ziemlich adäquat nachvollziehen konnte:

- „Leitungsversagen" steht ganz hoch im Kurs. Eine gut aufgestellte Gemeinde, die ich seit Jahrzehnten begleite, hat sich durch eine Gruppe von zwar wohlmeinenden, aber ziemlich gesetzlichen Christen sozusagen *„unterwandern"* lassen. Diese Gruppierung mit ihren strikten Glaubensvorstellungen war zuvor in einer anderen Freikirche der Region umtriebig, wurde dort aber gebeten, diese wieder zu verlassen. Nun fanden sie ein neues Zuhause in dieser Gemeinde, die sich über den Zuwachs freute, allerdings ohne nachzufragen, warum sie nicht in der bisherigen Freikirche geblieben seien. Es wurde dann recht bald offensichtlich, dass diese zwar eifrigen Christen leider den bisherigen Werten und der Prägung der neuen Gemeinde nicht entsprachen. Einige langjährige und treue Gemeindeglieder gingen daraufhin. Je stärker diese Gruppierung daraufhin wurde, je penetranter sie der Gemeinde ihre enge Sicht der Bibelauslegung aufzwangen, indem sie beispielsweise Lobpreislieder zensierten und für einige Gastpastoren ungefragt Predigtverbote durchsetzten, desto deutlicher trat zu Tage, dass der Leitungskreis in seinem Amt überfordert war. Es stellte sich heraus, dass die Leiter unter sich selbst nicht einig waren, wie sie mit dieser Situation umgehen und darauf reagieren sollten. Deshalb taten sie einfach: nichts. Keiner hatte den Mut oder das geistliche Format, dieser Gruppe beispielsweise mit der hier angebrachten Jakobus-Weisung *„Nicht jeder von euch soll ein Lehrer werden!"* (Jakobus 3,1) entgegenzutreten.

Die Folge: Immer mehr treue Mitglieder verließen frustriert die Gemeinde. Inzwischen sind auch die überforderten Leiter zurückgetreten; Neuwahlen fanden jedoch nicht statt, die Gemeinde ist seither de facto führungslos - ein Eldorado also für die Anhänger der „gesetzlichen" Richtung!

Da ich ziemlich verbunden war mit dieser Gemeinde und auch einige Hintergründe kenne, würde ich hier durchaus von einer *„feindlichen Übernahme"* sprechen. Sollte diese Gemeinde überleben, kann man inzwischen nur noch warnen vor ihr!

Glauben diese übereifrigen und besserwisserischen Christen nun *„geistlich"* oder eher doch *„Placebo-mäßig"*, wenn ich mir diese Auswirkungen auf eine bisher blühende Gemeinde – immerhin auch ein *„Leib Jesu"*! – betrachte?

- Ebenfalls Leitungsversagen, aber in anderer Ausprägung, habe ich in einer kleinen Landgemeinde miterlebt: Zweimal versuchte die durchaus überschaubare Gemeinde, einen eigenen Pastor einzustellen, zweimal scheiterte das Unterfangen. Und zwar nicht etwa deswegen, weil die beiden jeweiligen Pastoren unfähig oder mittelfristig mit der ziemlich kärglichen Pastorenentlöhnung unzufrieden waren; beide waren nämlich aufgrund der kleinen Mitgliederzahl durchaus bereit, auf einen Teil ihres Gehalts zu verzichten.

Das Problem bestand vielmehr in der Gründergeneration dieser Gemeinde und vor allem in dem Ehepaar, dass maßgeblich und an vorderster Front diese Gemeinde aufgebaut hatte. Diese waren sich zwar bewusst, dass ein berufener und eingestellter Pastor natürlich auch leiten oder zumindest „mitleiten" sowie neue Akzente setzen würde. In der Aufgabenbeschreibung der Pastorenstelle war sogar ausdrücklich festgehalten, dass die Gemeinde sich durch einen Pastor neuen Aufschwung erhoffe und *„neu ausgerichtet"* werden solle.

In der Praxis stellte sich dann recht schnell heraus: Die Gemeinde, die im Kern immer noch aus den damaligen Gründungsmitgliedern bestand, lehnte jede Veränderung kategorisch ab und wurde darin vom obengenanntem, weiterhin richtungsweisenden Gemeindeleiter-Ehepaar auch noch darin bestärkt. Allerdings nicht öffentlich, sondern nur hinter vorgehaltener Hand, unter Nutzung „interner Kanäle" und damit am Pastor vorbei.

Warum? Das Problem war vermutlich seelsorgerlicher Art: Der Mann dieses Leiterpaars war Geschäftsführer und sich in dieser Position gewohnt, fast alle relevanten Entscheidungen für seine Firma selbst zu fällen und mit seinen Angestellten umzusetzen. Genauso hatte er dann als Gemeindeleiter auch die pastorenlose Gemeinde geführt.

Nun wusste er natürlich – und hatte dies auch offen gesagt! – dass ein zusätzlich eingestellter Pastor die Gemeinde dann auch führen sollte - und nicht mehr er im Alleingang.

Aber er konnte nicht aus seiner Haut!

Ergebnis: Pro forma hat er dann den Pastor immer bis zu dem Punkt, an dem etwas tatsächlich konkret umgesetzt werden sollte, durchaus machen lassen, aber parallel dazu, zusammen mit seiner Frau und deren internen Kanälen hinter den Kulissen, stets dafür gesorgt, dass schlussendlich jede Neuerung durch die Mehrheit der Gemeindeglieder postwendend wieder abgelehnt wurde.

Ich hege allerdings den Verdacht, dass ihm selbst seine Fehldisposition nicht wirklich bewusst war. Aber unter dem Strich bleibt auch hier: Gemeinde in der Krise, weiterhin pastorenlos und inzwischen schon seit vielen Jahren immer kurz vor dem Kollaps, weil entwicklungsunfähig.

Der Leitungsstil dieses frommen Leiterehepaars im Zusammenspiel mit diesen ebenfalls frommen Gemeindegliedern, die sich solche Leitung gefallen lassen: Deutet das nun eher auf *„geistlich gewirkt"* oder auf *„typisch Placebo-Glauben"* hin?

- Nochmals Leitungsversagen: Eine Gemeinde spaltete sich, weil deren hauptverantwortlicher Gemeindeleiter ganz offensichtlich ein *„falscher Prophet in Schafskleidern"* und *„inwendig ein reißender Wolf"* (nach Matthäus 7,15) war. Das war eigentlich klar zu erkennen an den Früchten, die seine Wirksamkeit in „seiner" Gemeinde laufend trug.

Die anderen Mitglieder der Gemeindeleitung trauten sich aber nicht, das zu tun, was Jesus ihnen klar und deutlich nach Matthäus 7,20 für solche Fälle befohlen hat: *„An ihren Früchten sollt ihr sie* [nämlich die „Wölfe im Schafpelz"] *erkennen!"* und den *„Wolf"* in ihren Reihen folglich aus der Leitung, wenn nicht sogar ganz aus der Gemeinde, zu verweisen. Stattdessen tolerierte man sämtliche Unverfrorenheiten des höchstwahrscheinlich an Minderwertigkeitsgefühlen leidenden, aber wortgewaltigen „Bruders" und ließ ihn quasi im Alleingang alle relevanten Entscheidungen für die Gemeinde treffen bis dahin, dass er beispielsweise den Jugendpastor so lange verleumdete, bis sich dieser auf der Straße wiederfand. Da derselbe *„Wolf"* kurz zuvor schon dafür gesorgt hatte, dass auch der Hauptpastor das Weite suchen musste, war er nun der unumstrittene Alleinregent, was die Gemeinde unausweichlich in die Spaltung führte. Der mit dem neuen Hauptpastor aus dem Gemeindehaus flüchtende Teil überlebte nicht; einige verloren dabei gleich ganz ihren Glauben. Das Unwesen im zurückbleibenden Rest dieser Gemeinde hörte erst auf, als der *„Wolf* *im Schafspelz"* in eine andere Gemeinde wechselte, die allerdings dann ebenfalls durch ihn sehr bald in Schwierigkeiten geriet.

Das, was Jesus uns betreffend solcher *„Wölfe"* klar und deutlich befohlen hat – wir *„sollen"* diese an ihren Früchten erkennen! - und was Paulus später den Gemeindeleitern in Ephesus nach Apostelgeschichte 20,28-30 ebenfalls sehr deutlich ans Herz legte, weil *„reißende Wölfe, die die Herde nicht verschonen werden"* unvermeidbar immer wieder auftauchen, das tun wir heute nicht mehr. Bei uns werden landauf, landab, keine *„Wölfe im Schafspelz"* enttarnt. Ich habe während meines ganzen Christenlebens nie davon gehört, geschweige denn es miterlebt, dass eine Gemeinde so auf einen offensichtlichen Gemeindezerstörer reagiert hätte.

Eigenartig: Wir machen immer wieder gerne „Gabentests", aber niemals einen „Früchtetest". Letzteres hat uns Jesus befohlen, ersteres nicht. Das scheint aber niemanden hierzulande zu kümmern.

Mich kümmert es schon, unter anderem deswegen, weil ich in meinem Leben bereits mehrere *„Wölfe im Schafspelz"* persönlich erlebt habe. Teilweise haben mich diese Begegnungen dann auch meine Arbeitsstelle sowie meinen guten Ruf gekostet. Enttarnt werden durften sie nicht, denn wer es wagen würde, in unseren christlichen Kreisen auf so etwas hinzuweisen, würde sofort wegen *„Schlechtredens"* geistlich disqualifiziert. Und als direkt Betroffener ist es erst recht ratsam, zu schweigen, um nicht final abgekanzelt zu werden. Unser Tabu ist stärker als Jesu Befehl, Wölfe seien zu enttarnen, und setzt sich immer durch.

Warum verweigern wir an dieser Stelle konsequent Jesu klare Anweisung, obwohl wir dadurch überaus bittere Früchte ernten und sehenden Auges unsere Gemeinden ins Messer laufen lassen?

Würde sich „*reifer Glaube*" eine derart sture Ignoranz von Jesu klar und unmissverständlich ausgesprochener Anweisung erlauben? Erlaubt uns der Heilige Geist so etwas?

- Eine Gemeinde, in der ich längere Zeit mitgearbeitet hatte, befasste sich aus aktuellem Anlass mit der Frage der Homosexualität. Es lag eine Anfrage vor, ob diese Gemeinde eventuell die Trauung eines schwulen Ehepaars durchführen würde. Die Gemeindeleitung legte das Thema den Gemeindegliedern vor und bat um Rückmeldungen, um ein Meinungsbild der eigenen Mitglieder zu erhalten. Zusätzlich wurden Diskussions- und Austauschabende organisiert, denn es war abzusehen, dass diesbezüglich innerhalb der Gemeinde unterschiedliche Meinungen herrschen würden.

In der Tat. Es bildeten sich zunehmend zwei Lager: die eher „Konservativen", die eine solche Trauung grundsätzlich ablehnten, und die eher „Liberalen", die sich das durchaus vorstellen konnten.

Es stellte sich dann bald – und durchaus nicht überraschend! - heraus, dass die beiden unterschiedlichen Ansichten einem grundsätzlich unterschiedlichen Bibelverständnis entsprangen. Diese Erkenntnis vereinfachte nun aber die Situation nicht, ganz in Gegenteil. Der Graben wurde immer tiefer, und schlussendlich verließen nach und nach die eher Konservativen die Gemeinde, weil nicht nur die Mehrheit der Gemeindeleitung, sondern auch deren Pastor und der übergeordnete Freikirchenbund insgesamt eher zur liberalen Richtung tendierten.

Die gleichgeschlechtliche Trauung fand schlussendlich dann doch nicht statt, aber die Gemeinde ist inzwischen um mehr als die Hälfte geschrumpft. Es hatte sich gerächt, dass in dieser Gemeinde nie starken Wert darauf gelegt wurde, wie oder was deren Mitglieder tatsächlich „glauben". Jeder war so willkommen, wie er war; jede Ansicht, jedes Bibelverständnis und jede theologische Ausrichtung wurde toleriert; die Gemeindeleitung gab diesbezüglich keine klar erkennbare Linie vor.

„Liberal" oder *„konservativ"* glauben: Das sind natürlich nur Schlagworte. Aber sie deuten an, wie breit das Spektrum des *„Glaubens"* bei uns ist. Im vorliegenden Fall so breit, dass man genau ab dem Augenblick, als man plötzlich gezwungen war, einmal grundsätzlich über seinen Glauben zu reflektieren, nicht mehr zusammenbleiben konnte.

Sind diese unterschiedlichen Ausprägungen individuellen Glaubens dann wirklich noch vom Heiligen Geist gewirkt, biblisch gegründet und so jesuszentriert, wie sich Gott das vorstellt?

Selbstverständlich behauptet jede Fraktion, dass genau dies der jeweils anderen Fraktion abgeht - natürlich nur hinter vorgehaltener Hand, so etwas darf ja keinesfalls öffentlich geäußert werden. Trotzdem könnte sich der Verdacht aufdrängen, dass es vielleicht für beide Seiten sinnvoll wäre, mal darüber nachzudenken, ob ihr Glaubensverständnis tatsächlich bereits voll ausgereift ist oder ob auch in den eigenen Reihen noch reichlich *„placebohaft"* geglaubt wird.

Immer wieder finde ich mich auch in Gemeinden wieder, die zusehends einer frömmelnden Form des „Gutmenschentums" verfallen.

Das Stichwort *„Gutmenschen"* stammt ursprünglich nicht aus christlichen Kreisen, sondern ist in unserer westlichen Kultur verankert und bezeichnet Menschen, die mit moralisch aufpolierten Grundeinstellungen die Welt verbessern zu können glauben. Diese (Un-)Kultur schwappt auch in unsere Gemeinden hinein.

Sie kann aber allein schon deshalb nicht weiterhelfen, weil sie der Bibel in einem entscheidenden Punkt diametral widerspricht: Das „Gutmenschentum" geht nämlich davon aus, dass „das Gute" grundsätzlich bereits im Menschen schlummere und bloß geweckt werden müsse – dann werde im Prinzip „alles gut".

Irrtum, belehrt uns bespielweise Paulus, der selbst als aufrechter Christ bekennen muss: *„Das Gute vollbringen kann ich nicht; denn das Gute, das ich will, das tue ich nicht, sondern das Böse, das ich nicht will, das tue ich ...“* (Römer 7,18+19), nachdem er zuvor schon festgestellt hatte: *„Da ist keiner, der Gutes tut, auch nicht einer!“* (Römer 3,12).

Gefährlich ist das „Gutmenschentum" für unseren Glauben insbesondere aber deshalb, weil sich der ihm zugrunde liegende Impuls des *„Man sollte es besser machen!“* auch in unserem christlichen Denken wiederfindet und das kulturbedingte Gutmenschentum oft auf ganz ähnliche moralische und ethische Werte wie das Christentum pocht. Aber der Ansatz ist eben falsch: Nicht *„das Gute in uns"* hilft uns dabei, sondern *„das Gute"* kann ausschließlich aus einem durch Jesus erneuerten Herzen und entsprechend neuer Gesinnung erwachsen. An Gott vorbei wird eben nichts wirklich *„gut"*.

Vorsichtig sollte man diesbezüglich meiner Meinung nach auch in Gemeinden sein, in denen vorwiegend oder ausschließlich „Themenpredigten" gehalten werden. Denn dabei – und jetzt spreche ich als Pastor, der seit über vier Jahrzehnten selbst regelmäßig predigt – ist die Versuchung besonders groß, dass Lieblingsthemen, eigene Ansichten und (unmerklich) übernommene schräge Weltanschauungen mit einfließen. Das geschieht sogar bei Predigten, die durchaus mit einer Fülle von Bibelzitaten garniert werden!

Kommt am Ende einer solchen Themenpredigt dann als Schlussappel ein *„Lasst uns also alle etwas besser werden, damit dies oder jenes besser wird!“* oder ähnlich Lautendes, dann werde ich sehr hellhörig, indem ich frage: Wird hier etwa wieder unreflektiert an *„das Gute im Menschen"* appelliert und soll erneut durch moralisch hochwertiges Verhalten die Welt verbessert oder gar gerettet werden?

Ich selbst predige deswegen vorwiegend Bibeltexte. Wenn man nämlich anstelle einer Themenpredigt einen biblischen Text auslegt und sich dazu in der Vorbereitung richtig in die Bibel „hineinarbeiten" muss, tauchen plötzlich Wahrheiten, Zusammenhänge und Hintergrund-Einsichten auf, die sich oft diametral von gerade herrschenden Zeitgeist-Apellen unterscheiden. Man bewahrt durch seriöse Bibelauslegung seine Gemeinde vor belanglosen Richtigkeiten und gutgemeinten Binsenweisheiten, die zwar einleuchtend klingen mögen, in Wirklichkeit aber den Glauben der Zuhörer unterwandern statt ihn zu fördern. Mit Predigten über biblische Wahrheiten hingegen ist man wesentlich besser gefeit gegen Gutmenschen-Gefasel.

Hilfreich hierzu ist, sich immer wieder ins Bewusstsein zu rufen, dass ja unser Vorbild Jesus auch stets alles andere als „stromlinienförmig" gepredigt hat!

Trotzdem: Die Grenze zu einer „Gutmenschen-Ethik" ist ganz schnell überschritten, und perfiderweise merkt man das oftmals gar nicht. Aber die Folgen sind dramatisch: Der Glaube wächst nicht, wenn menschlich statt geistlich gepredigt wird, und die Gemeinde wird stagnieren, weil die „christliche Prägung" der Gemeindeglieder zunehmend belanglos und langweilig werden wird. Für einen *„Placebo-Glauben"* mag das zwar ausreichen – aber sollten wir diesen fördern?

Oder ist vielleicht dies die Wahrheit: In viel zu vielen Gemeinden können wir menschliches und geistliches Predigen nicht mehr voneinander unterscheiden, weil wir uns alle längst mit einem „Placebo-Glauben" zufriedengegeben haben?

Wen wunderts, wenn solche Gemeinden nicht nur wachstumsresistent werden, sondern laufend von Krisen und zwischenmenschlichen Spannungen heimgesucht werden?

Wo Gottes Geist nicht mehr herrschen kann, da menschelts dann eben.

***

Es ist leider offensichtlich: Viel zu viele unserer Gemeinden scheitern. Sei es, dass sie gleich ganz aufgegeben werden müssen; sei es, dass sie von einer Krise in die nächste taumeln.

Das kann nicht Jesu Wille sein. Bei etlichen unserer Gemeinden ist das Wirken des Heiligen Geistes ganz offensichtlich gehemmt, wenn nicht sogar gänzlich blockiert. Und weil evangelikale Gemeindekrisen fast schon die Regel und flächendeckend beobachtbar sind, kann man diese nicht mehr als Ausnahmen deklarieren, sondern muss sie eher als Regelfälle ansehen.

Das allerdings bedeutet, dass wir offensichtlich kein punktuell auftretendes, sondern ein grundsätzliches Problem haben. Ein gemeindeübergreifendes, gemeinsames Problem.

Vielleicht *„Placebo-Glauben"*?

3.3 Defizit „fehlende Gebetserhörungen"

Hier greife ich wieder mitten in ein Tabu-Thema hinein und bin mir durchaus im Klaren, dass ich damit möglicherweise erneut Widerspruch provozieren werde.

Eins gleich vorab: Hauptursache mangelnder Gebetserhörungen dürfte sicherlich sein, dass sich die Erhörungsquote drastisch reduziert, wenn wir als Nachfolger Jesu egozentrisch beten. Warum sollte sich Gottes Arm bewegen, wenn unsere Gebete lediglich unser persönliches Wünschen und Hoffen abbilden, aber nicht Gottes Willen, seine Ziele und seine Absichten priorisieren?

Jesus ruft uns auf: *„Trachtet zuerst nach dem Reich Gottes!"* (Matthäus 6,33), Paulus ermahnt uns: *„Gebt euch selbst Gott hin!"* (Römer 6,13), und *„Gott zu dienen"* ist gemäß dem Hebräerbrief schlicht unsere Berufung (Hebräer 9,14 und 12,28).

Damit sind uns klare Prioritäten für unseren Glaubensalltag und unseren Lebensvollzug gegeben. Widerspiegelt sich das nicht in unseren Fürbitten, dann wird sich die Anzahl unserer Gebetserhörungen mit Sicherheit drastisch reduzieren.

Beten wir denn egozentrisch statt jesus- und auftragsorientiert?

Leider ja, und das ist durchgängig beobachtbar. Auf die unter uns grassierende Ichbezogenheit, die uns glattweg den Sendungsauftrag Jesu vergessen lässt, werde ich später noch ausführlicher zurückkommen. Aber dass ein übersteigertes „Sich um sich selber drehen" unmittelbare Auswirkungen für unsere Gebetspraxis nach sich zieht, ist einleuchtend. Wer nur immer seinen eigenen Bauchnabel im Blick hat, die übergeordneten Interessen Gottes und den Auftrag Jesu für seine Jünger aber vernachlässigt, der wird vorwiegend auch nur für sich selbst und seine eigenen Wünsche beten.

Wenn somit also fast nur noch unsere persönlichen Ziele, nicht aber diejenigen Gottes in unserem Gebetsfokus stehen, dann dürfte sich auch Gott betreffend Gebetserhörungen weitestgehend zurückziehen.

Das wäre dann wohl die absolute Hauptursache mangelnder Fürbitten-Erhörungen.

***

Weil wir das nun aber nicht wahrhaben wollen (weil auch für Placebo-Gläubige natürlich „nicht sein kann, was nicht sein darf"), bedienen wir uns viel zu oft winkelzugsmäßigen Hilfskonstruktionen, mit denen wir dann trotzdem auf eine ausreichende Anzahl von Erhörungen pochen können.

Beispielsweise mit dieser: Könnte es sein, dass viele unserer (vermeintlichen) Gebetserhörungen weniger direktes Eingreifen von oben in unseren Alltag darstellen, sondern vielmehr einfach glückliche Zufälle oder auch einfach nur eine Wendung zum Guten darstellen, wie sie jedem Menschen, egal wie fromm er sei, widerfahren?

Eine Beobachtung, die ich laufend mache, lässt mich diese These ernsthaft in Erwägung ziehen: Geschilderte Gebetserhörungen werden überaus oft mit Beisätzen wie *„Jesus erhört eben auch im ganz normalen Alltag!"* oder *„Diese Erhörung ist jetzt nicht spektakulär, aber für mich war es trotzdem Gottes Eingreifen ..."* oder so ähnlich garniert. Das klingt dann – sorry – immer im Unterton etwas entschuldigend im Sinne von *„Auch kleine Erhörungen sind doch Erhörungen, oder?"*, also so, wie wenn der Erzähler irgendwo im Unterbewusstsein ahnen würde, dass „echte" Gebetserhörungen eigentlich eine andere Dimension, eine irgendwie eindrücklichere Gottesmacht-Demonstration, aufweisen sollten.

Nun könnte man natürlich argumentieren, dass genau dies, eben eine vielleicht eher unspektakuläre „Wendung zum Guten", oft Gottes Art der Gebetserhörung darstelle. Gottes Eingreifen müsse ja durchaus nicht immer in Form eines Wunders, also in Form einer offensichtlichen Durchbrechung geltender Naturgesetze, geschehen!

Andererseits sollten wir uns nicht davor scheuen, einfach mal denkerisch doch etwas weiter auszuholen, um eine simple Vergleichsanalyse, basierend auf statistischer Numerik oder prozentualer Wahrscheinlichkeit, anzustellen: *„Erlebt mein »weltlicher« Nachbar, der mit Glauben nichts am Hut hat und dem deshalb nie eine Gebetserhörungen widerfahren wird, weniger »Wendungen zum Guten« als ich, der ich täglich meine Anliegen vor Gott bringe?"*

Dazu muss man natürlich einmal von seiner gewohnten geistlichen Interpretation aller persönlichen Geschehnisse Distanz nehmen und „Wahrscheinlichkeit" abstrakt, also ohne jegliche Wertung, zu denken versuchen: Bewirken meine Gebete tatsächlich anzahlmäßig mehr positive Erlebnisse und Erfahrungen gegenüber einem „normalen" Lebensvollzug?

Falls man sich tatsächlich traut, diese Analyse zu machen (auch wenn sie uns irgendwie wie ein Verrat am eigenen Glauben erscheinen mag), und sollte man dabei zum Ergebnis kommen, dass in Wirklichkeit nicht die

Anzahl der sich zum Guten wendenden Ereignisse in meinem Leben ein Hinweis auf Gottes Wirken ist, sondern nur die geistliche Interpretation, die ich diesen Geschehnissen beimesse: Dann wäre meine kritische Eingangsthese, dass uns vielleicht nicht laufend *„Eingreifen von oben"* widerfährt, durchaus berechtigt.

Und wer sich dann getraut, noch einen Schritt weiter zu denken, der kommt möglicherweise zu dieser Frage: *„Wenn das nun tatsächlich bei mir so ist, könnte es dann vielleicht auch sein, dass in meiner Jesus-Beziehung und in meinem persönlichen Glauben grundsätzlich noch etwas nicht ganz ausgereift ist?"*

„Placebo"-Glaube?

Okay, was ich hier betreibe, könnte man als *„Zweifel säen"* apostrophieren und deshalb rundweg ablehnen. Aber ist diese Ablehnung sinnvoll, wenn wir durch solche Gedanken tatsächlich veranlasst würden, endlich mal grundsätzlich über unseren gelebten Glaubensalltag nachzudenken?

Nur mal angenommen: Wenn es dazu höchste Zeit wäre, dann kann unser Nachdenken darüber ja nur dadurch angeregt werden, indem wir uns selbst in Frage stellen. Und zwar grundsätzlich, weil es eben um Grundsätzliches geht, das wir klären sollten.

Dazu aber, um sich selbst in Frage zu stellen, muss man ein gewisses Maß an kritischer Selbstreflexion zulassen. Und dabei lässt sich wohl eine Portion (Selbst-)Zweifel leider nicht gänzlich umgehen.

Vielleicht eben sogar Zweifel daran, ob alle meine Gebetserhörungen auf „Wunder"-same Art direkt von oben inszeniert werden ...

***

Noch ein Beispiel, das mich zunehmend ins Nachdenken bringt: Immer wieder erhalte ich den wertvollen Tipp, doch ein sogenanntes *„Gebets-*

tagebuch" zu führen. Viele, die das tun und ihre Gebetswünsche schriftlich festhalten, berichten anschließend mit ziemlicher Begeisterung, dass sie erst dadurch so richtig erkannt hätten, wieviel Gutes doch Gott in ihrem Leben dank ihrer Gebete bewirke.

Ich bin hier allerdings etwas gespalten: Ist das Führen eines Gebetstagebuchs wirklich ein *„wertvoller Tipp"*?

Gegenthese: Mir will fast scheinen, dass diese gutgemeinte „Gebetsanliegen-Buchhaltung" möglicherweise auf der Kehrseite auch ein Ausdruck ansonsten fehlender Gebetserlebnisse darstellen könnte. Statt dass wir, wie selbstverständlich, immer wieder Gott in unserem Alltag durch erhörte Gebete erleben (wie es eigentlich sein sollte), führen wir nun Buch darüber, damit wir es uns selber möglichst schwarz auf weiß beweisen können, dass Gott (*„eben doch!"*) auf unsere Gebete reagiert!

Brauchen wir das wirklich, oder ist dies bei genauerem Hinsehen vielleicht bloß ein Trick, mit dem wir unsere Gebete dadurch schönreden, dass wir damit möglichst viele unserer gelingenden Alltags-Begebenheiten und „Wendungen zum Positiven" in den Rang von *„Gebetserhörungen"* erheben können?

Die Apostel zumindest hatten das nicht nötig! Die erlebten Gebetserhörungen, ohne dass sie sich einige Tage später nur noch mit Hilfe von (Gebetstagebuch-)Notizen erinnern konnten, genau dafür doch auch gebetet zu haben!

Mir scheinen die biblisch geschilderten Gebetserhörungen, also diejenigen zu Jesu Zeiten und während den ersten Gemeinden, durchaus einer anderen Kategorie angehört zu haben. Einer Kategorie, die ohne „Gebetstagebücher" eindrücklich genug waren, um langfristig in Erinnerung zu bleiben, Gottes Wirken zweifelsfrei zu dokumentieren und sich somit der Wirkkraft seines persönlichen Glaubens versichert zu wissen.

***

Und dann sollten wir uns noch einer bestimmten Kategorie von Gebeten zuwenden, die vordergründig als „mutig" erscheinen: Wenn wir uns nämlich nicht nur getrauen, um einen gelingenden Alltag, sondern gleich für ein echtes Wunder zu beten!

Weil es sich dabei in unseren Kreisen sehr oft um Heilungsgebete für Kranke handelt, schauen wir uns diese etwas genauer an.

Um es gleich vorwegzunehmen: Ich selbst habe in den bisher fast fünf Jahrzehnten meines aktiv gelebten Glaubens kaum nachweisliche Wunderheilungen aufgrund von Heilungsgebeten erlebt. Es sei denn, man stilisiert auch Genesungen zu Wundern hoch, sobald die Heilung etwas überraschend oder unerwartet eintritt, aber durchaus noch medizinisch oder durch die Selbstheilkräfte des Körpers erklärt werden kann. Diese Kategorie der Heilungen nicht als „Wunder" einzustufen erlaube ich mir deswegen, weil die Wunder, die uns das Neue Testament überliefert, nie in eine solche eventuell auch rational, medizinisch oder durch „glückliche Fügung" erklärbare Kategorie fielen, sondern ausschließlich als übernatürliches Einwirken Gottes, eindeutig erkennbar an der Durchbrechung von geltenden Naturgesetzen, interpretiert und verstanden werden mussten. Der neutestamentliche „Wunder"-Begriff in Bezug auf Heilungen ist dadurch klar definiert!

Wendet man aber diese biblische Definition von Wundern auf unsere Gebetserhörungs-Heilungen an, so reduziert sich die Anzahl an Heilungswundern drastisch. Obwohl sie in unseren Kreisen laufend proklamiert werden, finden sie also nur selten tatsächlich statt.

Um das definitiv klarzustellen: Das betrifft auch von Gebeten begleitete Heilungen, die entgegen ärztlicher Prognose eintreten. Eine solche unerwartete Genesung dieser Kategorie habe ich selbst erlebt. Trotzdem sollte man sehr vorsichtig sein, dies als „Wunder" zu bezeichnen, weil auf entsprechende Nachfrage in den meisten Fälle die Medizin hinterher durchaus rational nachvollziehbare Erklärungen anbieten kann; beispielsweise:

„Dieser günstige Krankheitsverlauf kommt sehr selten vor!" (das war die Rückmeldung zu meiner Genesung) oder *„Die Selbstheilungskräfte des Körpers waren ungeahnt stark"* oder sogar *„Die damalige Prognose beruhte leider auf einem unvollständigen medizinischen Befund!"* Auch in diesen Fällen liegt also kein Wunder gemäß biblischer Definition vor, sondern ein zwar nicht erwarteter, aber doch rational erklärbarer Krankheitsverlauf. Und bei Licht betrachtet erleben solche unerwarteten Heilungsverläufe genauso oft auch Nichtchristen - ohne jegliche Heilungsgebete.

Natürlich sollen und dürfen wir immer außerordentlich dankbar sein, wenn Gott heilt. Und wenn er aufgrund unserer Gebete heilt, dann sind das Gebetserhörungen. Selbstverständlich! Daran soll auch gar nicht gerüttelt werden. Aber es sind eben keine Wunder! Gott heilt unter uns durchaus. Aber zumeist nicht durch Heilungswunder. Und schon gar nicht in dem Ausmaß wie zu Jesu Erdenzeit.

Warum ist das so?

Es gibt nach meiner Erkenntnis zwei einleuchtende Faktoren, die dies erklären können:

Erstens waren Wunder bei Jesus immer Anwesenheitsbeweise Gottes! Wenn Jesus also ein Wunder tat, sollte damit die Echtheit seiner messianischen Sendung und seine Gottessohnschaft erwiesen werden: *„Hier ist der wahrhafte Messias Gottes!"*

Und das hat damals funktioniert: Wenn das Volk bei Jesus ein Wunder erlebte, wurde jeweils immer automatisch geschlussfolgert: *„Wenn der das kann, dann muss er mit Gott im Bunde sein! So etwas kann doch nur Gott – er muss also ein Gesandter Gottes sein. Das Wunder, das wir hier erleben, ist sein Echtheitsnachweis!"*

So funktioniert das heutzutage leider nicht mehr. Denn wir leben momentan in einer Kultur, die sich an ganz entscheidender Stelle von der damaligen jüdischen Kultur unterscheidet: Uns fehlt das damals allgegenwärtige Gottesbewusstsein! Damals ging jedermann selbstverständlich von der Existenz eines Gottes aus, heute kaum noch jemand.

Geschah damals ein Wunder, gingen deshalb alle Beteiligten davon aus: *„Das muss mit Gott zu tun haben!"* Bei jedem Wunder wurde automatisch die Gottesfrage gestellt; ein derart außernatürliches Ereignis wurde immer auf die Kraft und das Wirken Gottes zurückgeführt, weil damals eben jedermann selbstverständlich von der Existenz eines Gottes ausging. Es stellte sich zu Jesu Lebzeiten jeweils lediglich die Frage, welcher aller möglichen Götter sich jetzt durch dieses Wunder offenbare.

Dieses selbstverständliche Gottesbewusstsein haben wir hierzulande, im Zuge der durch die Aufklärung provozierten Säkularisierung, flächendeckend verloren. Folge: Passiert in unserer Kultur ein Wunder, dann wird das nicht auf einen Gott zurückgeführt, sondern wir feiern das Wunder als solches, loben den Wundertäter und versuchen sofort, das Außergewöhnliche medial und finanziell zu vermarkten. Es steht also bei einem Wunder nicht mehr Gott im Mittelpunkt, sondern das Spektakel, das Überraschungsmoment und der Unterhaltungswert. Und vielleicht noch der Wundertäter, wobei uns allerdings auch bei ihm nicht so sehr interessiert, wieso er das kann und woher er die Fähigkeit dazu erhalten hat. Wir vermuten sowieso einen Trick dahinter, und wie der funktioniert, ist uns letztlich nicht so wichtig. Wichtiger wäre uns, dass er es möglichst wiederholt und uns weiterhin damit bespaßt! *„The Show must go on!"*, und wenn sich das alles obendrein auch noch gut vermarkten lässt: Umso besser!

Dass jedoch ein Wunder etwas mit Gott zu tun haben könnte – darauf käme hierzulande keiner!

Damit ist übrigens auch erklärt, warum Jesus schon damals öfters abwinkte, wenn bestimmte Kreise ihn aufforderten, sich durch Wunder „auszuweisen". Sobald Jesus erkannte, dass ein solches Wunder von seinen Gesprächspartnern nicht als Anwesenheitsbeweis Gottes beziehungsweise als Echtheitserweis seiner Messianität akzeptiert werden würde, hat er sich verweigert. An einem Show-Effekt war Jesus schon damals nie interessiert – und ist es auch heute nicht!

Dass fehlendes Gottesbewusstsein ein wesentlicher Grund ist, warum wir hier in Deutschland kaum Heilungswunder erleben, wurde mir bei einem Gespräch mit einem Pastorenkollegen bestätigt, der sehr oft in Kamerun tätig ist. Dort erlebt er so viele Heilungswunder aufgrund seiner Gebete, dass er inzwischen davon ausgeht, auch selbst die „Gabe der Heilung" zu haben.

„Allerdings", so erklärte er mir, *„habe ich diese Gabe nur in Kamerun, hier in Deutschland funktioniert sie nicht!"* Hierzulande biete er deshalb auch keine „Heilungsgottesdienste" an, wie er sie in Kamerun immer wieder abhalte. Es erstaunte mich dann auch nicht, dass er erwartungsgemäß erzählte, dass durch solche Heilungswunder in Kamerun viele Menschen angelockt würden und diese dann tatsächlich nicht nur geheilt würden, sondern oft dadurch auch zum Glauben an Jesus fänden.

Was ist der Unterschied zwischen Kamerun und Deutschland? Die Kameruner besitzen – wie damals die Israeliten – ein natürliches Gottesbewusstsein. Für die meisten von ihnen ist die Existenz eines Gottes (oder auch von mehreren) eine Selbstverständlichkeit; es geht lediglich noch um die Frage, welcher Gott nun der Bessere beziehungsweise „der Wahre" sei. Erlebt ein Kameruner also ein (richtiges) Wunder, dann stellt er quasi automatisch die Gottesfrage; das Wunder dient dann primär der Verdeutlichung, wer der echte Gott ist.

Durchaus nachvollziehbar also, dass Gott in Kamerun durch Wunder auf seinen Sohn hinweisen kann, bei uns derzeit aber weitgehend auf diese Evangelisationsmöglichkeit verzichten muss!

*** *

Und dann gibt es noch diesen zweiten Grund, warum in unserer Kultur nicht allzu viele Heilungswunder geschehen: Bei Jesus steht nicht die Heilung im Mittelpunkt, sondern das Heil!

Uns geht es in aller Regel vorwiegend darum, einfach nur gesund zu werden. Jesus geht es aber vorrangig nicht so sehr um unser Wohlbefinden, um unser angenehmes Leben und um die Beseitigung all unserer Probleme, sondern es geht ihm um unsere Beziehung zu Gott! Deswegen sind auch Heilungswunder für ihn zweitrangig. Menschen müssen vor allem „geistlich" gesunden, nicht körperlich! Die Beziehung zu Gott muss wieder in Ordnung kommen, weswegen möglichst viele Menschen ihn als Herrn und Heiland in ihr Leben aufnehmen und dadurch „Kinder Gottes" werden sollen.

Das hat immer Priorität! Wunder haben sich diesem übergeordneten Interesse stets unterzuordnen.

Auch heute noch. Wird also jemand durch ein Heilungswunder gesund, dann soll dadurch sein Glaube gestärkt und möglichst auch seine Umgebung, die das miterlebt, zum Glauben an Jesus ermutigt werden.

Sollte aber die kranke Person – vielleicht sogar trotz vieler und intensiver Heilungsgebete – nicht gesund werden, dann sollten dadurch ebenfalls Menschen für Jesus gewonnen werden. Beispielsweise zeugnishaft dadurch, wie ein echter Jesus-Nachfolger mit seiner Krankheit umgeht. Das gilt auch, wenn er sogar aufgrund seiner Krankheit versterben sollte. Oder aber er stirbt, weil Jesus diesen Jünger vor weiterer irdischer Mühsal bewahren will und ihn deshalb umgehend zu sich in den Himmel holt.

Ein Heilungswunder aber einzig und allein deshalb, damit es einem seiner Nachfolger besser geht, ist gemäß biblischem Zeugnis eher unwahrscheinlich.

Deshalb hat auch Paulus, trotz mehrfachem Gebet, an sich selbst kein Heilungswunder betreffend seiner „*Schwachheit*" erlebt, sondern sich „*an seiner Gnade genügen*" lassen müssen (2. Korinther 12,9). Und am Teich von Bethesda wird nur ein einziger Mensch von Jesus geheilt (Johannes 5,9), damit dieser anschließend als Zeuge Jesu vor der jüdischen Elite in Jerusalems auftreten kann. Andererseits ist Jesus dann über das fehlende Gottesbewusstsein der neun geheilten Aussätzigen, die trotz ihres soeben selbst erlebten Heilungswunders nicht automatisch Gott dankten (Lukas 17,17), ausdrücklich enttäuscht. Denn auch bei diesen Neun hätte der Sinn jedes Wunders greifen müssen: *„Gott die Ehre!"*

Sowohl Heilungswunder wie auch die „Nicht-Heilungen" Jesu lassen sich in aller Regel gut nachvollziehen, wenn man verstanden hat, dass es Jesus immer primär um das Heil der Menschen und nicht so sehr um deren körperliche Heilung geht.

Heilungswunder haben immer im Dienst des Heils zu stehen!

***

Es gibt somit also zumindest zwei einsichtige Gründe, warum wir heutzutage nicht mehr so viele echte Wunder erleben wie zu biblischen Zeiten: Unserer Kultur fehlt das Gottesbewusstsein und unser Seelenheil ist wichtiger als unser persönliches Wohlergehen durch Wunder.

Das zu erkennen und zu akzeptieren ist sowohl biblisch als auch realistisch. Und deshalb sollten wir den Mut aufbringen, uns dazu zwei kritischen Fragen zu stellen:

Erstens: Dass Gott nur wenige Wunder tut, weil wegen fehlendem Gottesbewusstsein in unserer Kultur dadurch keine evangelistische Wirkung erzielt werden kann, das verstehen wir nun. Aber er könnte sie doch trotzdem tun, nämlich für uns! Weil doch dadurch der Glaube seiner „Kinder", sowohl der persönliche Glaube des einzelnen Jesus-Nachfolgers sowie gleichzeitig auch derjenige seiner Gemeinde enorm gestärkt würde, oder?

Tut er aber nicht. Oder zumindest höchst selten.

Wieso?

Wäre es denkbar, dass für Gott „Glaubensstärkung" derzeit kein Thema bei uns ist, weil er keinerlei Interesse daran hat, unsere *placebomäßige* Art des Glaubens auch noch zu stärken?

Und die zweite Frage ist mindestens genauso dringend zu stellen: Warum eigentlich gestehen wir uns die weitgehende Abwesenheit echter Wunder unter uns nicht einfach ein? Warum pochen stattdessen dermaßen viele Fromme dauernd und penetrant darauf, dass „*trotzdem*" und „*laufend*" Heilungswunder passieren würden, transformieren möglichst viele Gebetserhörungen auf das Niveau von Wundern und hausieren mit ganz tollen Storys, wie „*wundersam*" Gott in ihrem Leben oder in ihrer Gemeinde am Wirken sei?

Haben wir das nötig? Was wollen wir dadurch aufpolieren? Wessen wollen wir uns vergewissern? Was wollen wir uns gegenseitig, unserer Umwelt und insbesondere uns selbst damit versichern?

Könnte es sein, dass wir uns damit ein geistliches Format zusprechen wollen, dass eigentlich mehr unserem Wunschdenken entspringt als real erlebter Jesus-Nachfolge?

Gibt es so etwas wie „*geistliche Wichtigtuerei*"?

Und falls ja: Kann man damit nicht nur seine fromme Umwelt, sondern auch gleich noch sich selbst erfolgreich und zutiefst beeindrucken?

Wer laufend und künstlich Wunder generieren muss, der sollte sich im Klaren sein, dass dies nicht immer nur erhöhte Aufmerksamkeit hervorruft, sondern dass man sich dadurch auch verdächtig machen kann. Denn es wäre ja denkbar, dass solches Verhalten Auswuchs einer frommen Abwehrhaltung ist, die um jeden Preis verhindern will, dass auch nur der geringste Verdacht eines „*Placebo-Glaubens*" aufkeimen könnte ...

3.4 Defizit „Abwesenheit Gottes"

Das nächste Tabu-Thema.

Trotzdem wage ich es, dazu hier eine rein rhetorisch-denkerische Frage zu stellen: *„Mal angenommen, Gott wäre tatsächlich bei einer unserer Gemeinden gar nicht mehr anwesend, sondern komplett abwesend – wie könnte er das dieser Gemeinde deutlich machen?"*

Und: *„Würde diese Gemeinde das überhaupt bemerken?"*

Man mag bei dieser Frage zurückzucken, weil auch hier nicht sein kann, was nicht sein darf. Und man kann mir sofort und ohne Umschweife vorwerfen, dass dies ja sämtlichen neutestamentlichen Verheißungen der Kategorie *„Siehe, ich bin bei Euch alle Tage!"* (Matthäus 28,20), *„Wo zwei oder drei versammelt sind in meinem Namen, da bin ich mitten unter ihnen!"* (Matthäus 18,20) oder *„Niemand wird sie aus meiner Hand reißen!"* (Johannes 10,28) usw. widersprechen würde und deshalb eine solche Frage erst gar nicht gestellt werden dürfe.

Also völlig undenkbar?

Allerdings gab es den „abwesenden Gott" schon einmal. Zu Zeiten des Propheten Amos nämlich. Durch diesen Propheten ließ Gott der frommen Festgemeinde in Bethel, wo sich damals das zentrale Heiligtum des nördlichen Israel befand, ausrichten: *„Ich hasse und verachte eure Feste und mag eure Versammlungen nicht riechen ... und an euren Speisopfern habe ich kein Gefallen, und euer fettes Schlachtopfer sehe ich nicht an. Tu weg von mir das Geplärr deiner Lieder; denn ich mag dein Harfenspiel nicht hören!" (Amos 5, 21-23).*

Nicht nur, dass Gott deren Versammlungen also *„hasst"* und *„verachtet"*, sondern er erklärt ausdrücklich, dass er die gottesdienstlichen Aktivitäten weder *„riechen"* noch *„sehen"* noch *„hören"* mag.

Was nichts anderes bedeutet, als dass Gott folglich mit sämtlichen Sinnen abwesend ist!

Und das, obwohl sie *„fette"* Dankopfer brachten und ihren Anbetungs-
gesang mit Harfen veredelten – also durchaus aufwendige und durchgestylte
Gottesdienste feierten. Die Gottesdienste waren den Israeliten offensichtlich
einiges wert und sie wurden durchaus hochwertig gestaltet! Trotzdem
musste der Prophet ihnen die Abwesenheit Gottes verkünden.

Warum muss Gott ihnen dazu extra einen Propheten senden?

Offensichtlich deshalb, weil sie es selbst nicht merkten! Tolle Gottesdienste, gut vorbereitet, aufwendig ausgestattet und professionell darge-
boten: Es muss eine wahre Freude gewesen sein, diesen „geistlichen Versammlungen" beizuwohnen. Erbauung pur!

Aber Gott selbst wohnte nicht bei. Er war komplett abwesend!

Und keiner merkt's …

Ähnliches lässt Gott auch den gottesdienstlichen Versammlungen im
Tempel von Jerusalem durch den Propheten Jesaja ausrichten: *"Wenn ihr
kommt, zu erscheinen vor meinem Angesicht – wer fordert denn von euch,
dass ihr meine Vorhöfe zertretet? Bringt nicht mehr dar so vergebliche
Speisopfer! Das Räucherwerk ist mir ein Gräuel! Neumond und Sabbat,
den Ruf zur Versammlung – Frevel und Festversammlung – ich mag es
nicht! Meine Seele ist feind euren Neumonden und Jahresfesten; sie sind
mir eine Last, ich bin's müde, sie zu tragen. Und wenn ihr auch eure Hände
ausbreitet, verberge ich doch meine Augen vor euch; und wenn ihr auch
viel betet, höre ich euch doch nicht …"* (Jesaja 1,12-15).

Auch hier die klare Ansage Gottes, dass er der vollumfänglich Abwesende
sei: *„vergeblich"*, *„ein Gräuel"*, *„mag es nicht"*, *„bin feind"*, *„sind eine Last"*,
„bin's müde", *„verberge meine Augen"* und *„höre nicht"* – der Prophet wird
nicht müde, immer noch weitere Abwesenheits-Statements Gottes zu
deklarieren, um unmissverständlich klarzustellen: *„Mit Gott braucht hier
wirklich keiner zu rechnen! Der ist nicht da!"*

Und das, obwohl sie nach Vers 11 ihrem Gott durchaus *„eine Menge"* und
„fette" Opfer darbrachten. Offensichtlich hat das Gott absolut nicht beein-

druckt. *„Was soll das?"* fragt er stattdessen und muss seinen Propheten beauftragen, ihnen endlich die Augen zu öffnen über ihre sinnlosen Gottesdienstfeiern. Denn ohne Gottes Teilnahme sind sie genau das: sinnlos!

Aber keiner merkt's ...

Ist das nur alttestamentlich, oder könnte das auch heutzutage wieder passieren: Tolle Gottesdienste – aber Gott ist nicht da?

Und keiner merkt's?

Natürlich kann das genauso auch bei uns wieder stattfinden!

Im Römerbrief schildert Paulus die zu seiner Zeit stattfindende *„Verstockung"* des Volkes Israel so: *"Gott hat ihnen einen Geist der Betäubung gegeben; Augen, dass sie nicht sehen, und Ohren, dass sie nicht hören ..."* (Römer 11,8). Er schildert damit erneut ziemlich genau das Problem, das sie ganz ähnlich schon zu Zeiten des Amos und des Jesaja hatten: Wieder nimmt Israel die Abwendung und mögliche Abwesenheit Gottes nicht wahr. Ihre Organe (*„Augen"*, *„Ohren"*) sind nicht in der Lage, Gott noch wahrzunehmen, weder sehen noch hören sie irgendetwas von ihm. Ist er überhaupt noch da, ist er noch bei ihnen, mit ihnen?

Und noch schlimmer: Es kommt ihnen trotzdem nicht in den Sinn, sich diesbezüglich mal kritisch zu hinterfragen. Dies ist auch zu Paulus' Zeiten wieder ein absolutes Tabu!

Und genau deswegen, erklärt uns Paulus anschließend, sind die Israeliten auch als *„Zweige"* am heilsgeschichtlichen *„Ölbaum"* ausgebrochen worden und wir, die Christen aus heidnischen Völkern, konnten an deren Stelle in den Baum *„eingepfropft"* werden (Römer 11,17).

Und dann überträgt er das auf unsere neutestamentliche Zeit und auf uns „heidenchristliche" Gottesfürchtige, indem er warnt: *„Sei nicht stolz, sondern fürchte dich: Hat Gott die natürlichen Zweige* [die Israeliten] *nicht verschont, so wird er dich* [als heidnischer Christ] *doch wohl auch nicht verschonen!"* (Römer 11,20+21) und warnt gleich im darauffolgenden Vers unmissverständlich, man möge unbedingt bei Gottes Güte bleiben: *„Sonst wirst du auch abgehauen werden!"*

Womit Paulus also die Parallele zieht: Wir genauso wie einst Israel! Wenn sie damals (beispielsweise eben bei Amos oder Jesaja) Gottes Abwendung nicht wahrhaben wollten und seine Abwesenheit nicht erkannt, weder *„gesehen"* noch *„gehört"*, haben, dann kann das auch uns passieren – inklusive der Folge, dass wir von Gott ausgesondert und fallengelassen werden.

Bitte gut aufmerken an dieser Stelle: Wir werden als Zweige an Gottes „Heilsbaum" abgehauen, wenn wir nicht wahrhaben können oder wollen, dass Gott sich durchaus auch abwenden und dann abwesend sein kann! Hier sind also auch Christen gefährdet, ihr Heil zu verspielen! Darum warnt uns Paulus an dieser Stelle ausdrücklich mit *„Sei nicht stolz, sondern fürchte dich!"* – was doch nur so interpretiert werden kann, dass wir keinesfalls denselben Fehler machen sollten: Nämlich vollmundig darauf beharren, dass Gott selbstverständlich stets an unserer Seite sei – womöglich noch mit selbstgefälligem Zitieren von *„Ich-bin-bei-Euch"*-Sprüchen Jesu! Und wir sollten auch nicht zu stolz sein, die von uns laufend proklamierte Anwesenheit Gottes immer auch mal wieder zu hinterfragen, statt jede Reflexion darüber zur Tabuzone zu erklären. Denn es wäre wortwörtlich *„fürchterlich"*, wenn uns dasselbe wie den Israeliten damals passieren würde!

Die Frage nach einer eventuellen Abwesenheit Gottes muss deshalb zwingend und immer wieder aufs Neue gestellt werden! Und zwar im nüchternen Bewusstsein, dass die Abwendung Gottes eben auch unmerklich vollzogen werden kann: Die Israeliten haben ja damals auch fröhlich Gottesdienst um Gottesdienst gefeiert und waren sich sicher, dass Gott jedes Mal mitfeiere! Selbstverständlich!

Was für ein krasser Irrtum! Ein Irrtum, der ihnen laut Paulus die Zugehörigkeit zum Himmelreich gekostet hat.

***

Deshalb wiederhole ich also hier die Frage: *„Wie könnte Gott einer Gemeinde klar machen, dass er abwesend ist?"*

Ich habe in meiner Laufbahn als Pastor mehre freikirchliche Gemeinde-Neugründungen hauptamtlich betreut. Und ich habe meinen Auftrag, den Aufbau eines geistlich gesunden „Leibes Jesu", immer nach bestem Wissen und Gewissen ernst genommen und in die jeweilige Gemeindearbeit mein ganzes Herz gesteckt: Zeit, Geld und persönliches Engagement.

Und Gebet. Abgesehen davon, dass in „meinen" Gemeinden ein regelmäßiger wöchentlicher Gebetsabend immer selbstverständlich war, habe ich zweimal sogar extra für den jeweiligen Gemeindeaufbau sogenannte „Gebetsteams" ins Leben gerufen: Einmal ca. vierzig, bei einer anderen Gemeinde sogar über siebzig treue Beter, die von mir regelmäßig durch Rundbriefe über aktuelle Entwicklungen und Gebetsanliegen informiert wurden und treu für das Gelingen einer gesunden, geistlichen Entwicklung dieser neuen Gemeinden gebetet haben.

Aber vergeblich. In jeder Gemeinde hat es sich wiederholt: Weder mein ernsthaftes Engagement noch viel Gebet haben jemals gefruchtet. Weder sind die von mir betreuten Gemeindeglieder geistlich gewachsen, noch haben sich irgendwelche Menschen bei unseren evangelistischen Bemühungen bekehrt. Und bis auf ganz wenige Ausnahmen sind auch keine weiteren Christen zu uns gestoßen. Meine Arbeit und auch die vielen Gebete waren sowohl nach innen (geistliches Wachstum meiner Gemeindeglieder) wie auch nach außen (evangelistische Erfolge) offensichtlich unwirksam.

Lag's an meiner Verkündigung? Meine Predigten und Bibelarbeiten wurden allgemein gelobt. Nicht nur, wenn ich in anderen Gemeinden als Gastprediger unterwegs war, sondern in aller Regel auch von meinen eigenen Gemeindegliedern. Und zwar egal, ob ich eher anspruchsvoll verkündigte oder – was mir streckenweise sehr angebracht erschien - eher *„Milch statt fester Speise"* (nach Hebräer 5,12-14 oder 1. Korinther 3,2) predigte.

Lag's an falschen Strategien? Ich habe alle gemeindeverändernden Maßnahmen stets vor Einführung nicht nur mit den Brüdern meiner jeweiligen Gemeindeleitung durchgesprochen, sondern immer auch die Erfahrungen von reiferen Pastoren angezapft sowie mir vorab „grünes Licht" von meinen überregionalen Leitern geholt.

Leider fruchtet alles nichts, meine Arbeit blieb in sämtlichen Gemeinden weitestgehend wirkungslos. Jahrelang saß ich täglich in meinem Gemeindebüro oder bei meiner „Stillen Zeit" und habe Gott gebeten, ob er nicht doch mal ein Zeichen setzen könnte und uns vielleicht irgendwo eine Tür öffnen würde, die der Entwicklung meiner Gemeinde Vorschub leistet. Es bewegte sich nichts. Keine Reaktion Gottes. In keiner meiner Gemeinden. *

* Viele Beispiele des „fruchtlosen Wirkens" in solchen Gemeinden habe ich in meinem Buch *Erbärmliche Gemeinden* (siehe Anhang) geschildert.

Bis ich schlussendlich gezwungen war, genau unsere Frage zu stellen: *„Wie könnte Gott einer Gemeinde klar machen, dass er gar nicht anwesend ist?"*

Oder, in meinem Fall, noch präziser: *„Wie könnte Gott dem verantwortlichen Pastor einer Gemeinde klar machen, dass er gar nicht anwesend ist?"*

Gott hat bei mir Jahrzehnte gebraucht, bis ich mich traute, diese Möglichkeit ernsthaft in Erwägung zu ziehen. Aber inzwischen gehe ich davon aus, wenigstens diese Lektion endlich begriffen zu haben: *„Die Frage muss gestellt werden!"* Gottes Anwesenheit kann in unseren Gemeinden nicht als selbstverständlich vorausgesetzt werden!

Denn nur noch so lässt sich die Frage nach einem Sinn hinter meiner jahrzehntelangen Gemeindearbeit und den fehlenden „Früchten", die mein Wirken und die vielen ernsthaften Gebete doch eigentlich hätte bringen sollen, beantworten. Wie sonst hätte Gott mich darauf aufmerksam machen können, dass wir nicht automatisch mit Gottes Anwesenheit und Wirksamkeit rechnen können und sollten?

Gott musste mir dazu seine Abwesenheit demonstrieren.

Jahrelang. Jahrzehntelang.

Kein schöner Prozess. Aber offenbar notwendig, um mir endlich die Augen zu öffnen.

***

Es glaube nun aber keiner, dass nicht in allen meinen Gemeinden, wie allerorten üblich, selbstverständlich und durchgehend immer wieder Gottes Gegenwart proklamiert, für seine Anwesenheit gedankt und sein Wirken im Alltag stets aufs Neue „bezeugt" und „gepriesen" wurde. Das gehört einfach zu unserem pietistisch-evangelikalen Glaubensverständnis dazu; es ist sozusagen „integraler Bestandteil" unseres geistlichen Frömmigkeitsvollzugs und damit eine Selbstverständlichkeit. So selbstverständlich, dass nie jemand auch nur auf den Gedanken kommen könnte, dies – wenigstens mal ganz zart und vorsichtig andeutend - trotzdem zu hinterfragen.

So haben wir also die Situation, dass Gottes Anwesenheit laufend proklamiert wird. Was aber laufend proklamiert wird, das glauben dann irgendwann tatsächlich auch alle.

Das ist absolut kein geistlicher Vorgang, sondern gerade in unserer Kultur lächerlich einfach zu verstehen. Wir können es täglich beobachten, denn unsere Werbefachleute genauso wie unsere Politiker demonstrieren uns das laufend vor: Sowohl ein Produkt wie auch eine bestimmte Sicht- oder Denkweise lässt sich dem breiten Publikum problemlos und nachhaltig dadurch unterjubeln, dass man penetrant und über möglichst viele mediale Kanäle einfach etwas behauptet. So lange, bis es jedermann glaubt: *„Dieses Produkt ist besser als alle anderen!"*, *„Diese Sichtweise ist die allein Richtige!"*, *„Diese Politik hilft uns allen wieder auf die Beine!"* oder *„Genau dieses Projekt muss unbedingt unterstützt werden!"*

Man muss es nur oft genug proklamieren, dann wird es zur allgemein akzeptierten „Wahrheit". Denn erschreckend bald lässt sich nach diesem simplen Muster gleich eine absolute Mehrheit so sehr überzeugen, dass keiner mehr nachfragt. Objektivität wird überflüssig, subjektive Überzeugung mutiert zum alleinigen Maßstab. Ab diesem Zeitpunkt ist außerdem dann jedes Hinterfragen höchst unwillkommen, da ruhestörend.

Genauso funktioniert das leider auch mit unserer Überzeugung der selbstverständlichen Anwesenheit Gottes. Wir proklamieren sie dermaßen penetrant und mit hoffnungsseliger Selbstverständlichkeit, dass keiner auf die Idee käme, hier auch mal nachzufragen.

Ist diese „*Selbstverständlichkeit*" aber auch begründet?

***

Mit derselben Selbstverständlichkeit wird übrigens auch laufend auf den Heiligen Geist verwiesen, mit dem wir im Augenblick unserer Bekehrung doch nach Epheser 1,13 „*versiegelt*" worden seien. Folglich sei doch alles im grünen Bereich: Gott ist in unserer Gemeinde anwesend und jeder von uns hat seinen „göttlichen" Heiligen Geist in sich.

So proklamieren wir das, so glauben wir das, und das ist nicht hinterfragbar.

Allerdings wäre betreffend des Heiligen Geistes folgendes anzumerken: Zwar wird er jedem Christen nach Epheser 1,13 gegeben, allerdings heißt das nach Epheser 5,18 noch lange nicht, dass er auch zur Wirksamkeit gelangt: Dort müssen nämlich dieselben Epheser, denen Paulus im ersten Kapitel seines Briefes noch ihre „*Versiegelung mit dem Heiligen Geist*" bestätigt hat, von ihm ermahnt werden; „*Lasst euch vom Geist erfüllen!*"

Den Heiligen Geist zu haben heißt also noch lange nicht, dass er auch in uns wirksam wird. Wir müssen uns auch von ihm „*erfüllen lassen*"!

Wenn mein Auto einen Motor hat, dann heißt das noch lange nicht, dass ich auch fahre! Mein Auto fährt nämlich nur, wenn der Motor auch brummt und sein dadurch erzeugtes Drehmoment über Kupplung, Getriebe und Räder auf die Straße bringt! Ein Auto mit einem Motor nur zu „haben" bringt mich nicht von A nach B!

„Haben" wir nur den Heiligen Geist oder „brummt" er tatsächlich bei uns? Bringt er sein Drehmoment auch wirklich auf unsere fromme Lebensstraße?

Mir scheint, diesbezüglich hapert's gewaltig in unserem Christsein. Wo zeigen sich denn eindeutige, sicht- und spürbare Auswirkungen des Heiligen Geistes in unserem christlichen Alltag oder in unserem Gemeindeleben?

Nochmals – beispielhaft – der Epheserbrief dazu: „Stärkt" uns der Heilige Geist so, wie es Paulus beispielsweise in Epheser 3,16-19 schildert, indem wir „kräftig werden am innwendigen Menschen", indem wir „in der Liebe eingewurzelt und gegründet" sind, indem wir derart „begreifen" und „erkennen", dass wir regelrecht „erfüllt werden mit der ganzen Gottesfülle"? Gibt uns der Geist nach Epheser 1,17 seine „Weisheit" und die „Offenbarungs-Erkenntnis", durch die man Gott als „Vater der Herrlichkeit" zu erfassen beginnt? Werden wir nach Epheser 2,22 mehr und mehr „zu einer Wohnung Gottes miterbaut" und erleben wir in unseren Gemeinden zunehmend „die Einigkeit im Geist durch das Band des Friedens" nach Epheser 4,3? Führt uns der Geist nach Epheser 6,18 zunehmend zum „allezeit beten mit Bitten und Flehen ... mit aller Beharrlichkeit und Flehen für die Heiligen"?

Denn all das will der Heilige Geist. In diese Richtung führt er echte Gläubige. Das sind Eckpunkte des Lebensstils, zu dem der Geist im Prozess der „Heiligung" nicht nur ermutigt, sondern auch ertüchtigt.

Macht er das bei uns? Erleben wir das? Ist das zunehmend die Prägung unseres christlichen Lebens, im persönlichen Alltag genauso wie in der gesamten Gemeinde?

Es mag vielleicht beim einen oder anderen noch eine punktuelle Entwicklung in Richtung Vertiefung und Stärkung des persönlichen Glaubens stattfinden. In der Fläche hingegen, was also die große Masse unserer Glaubensgeschwister anbelangt, muss wohl eher konstatiert werden, dass solche Auswirkungen des Heiligen Geistes unter uns Evangelikalen kaum noch beobachtbar sind. Zumindest nicht in der Kategorie, wie sie uns Jesus verheißen hat und Paulus es bei all seinen brieflesenden Mitchristen (nicht nur den Ephesern!) erwartet.

Unsere Dankbarkeit, dass wir den Heiligen Geist haben, mag durchaus angebracht sein. Allerdings: Wenn er keine Auswirkungen zeitigt, was nützt dann diese laufend geäußerte Dankbarkeit, die wir seiner Anwesenheit zollen? Und wie ernstgemeint werden von Gottes Seite aus unsere permanenten Freudigkeitsbekundungen zur Präsenz des Heiligen Geistes in unserem Leben wohl eingeschätzt?

Natürlich kann man hier ganz schnell argumentieren, dass doch der Heilige Geist in uns sehr wohl immer wieder wirksam werde: Etwa wenn uns ein Bibelvers plötzlich berührt, wenn uns eine Predigt stark anspricht oder wenn uns im Lobpreis das Herz aufgeht ...

Aber auch hier: Getrauen wir uns, auch dies einfach mal ganz ehrlich zu hinterfragen? Dann müssten wir uns vielleicht eingestehen, dass uns ein kluges Bonmot ebenso ins Nachdenken bringen kann wie ein zutreffendes Bibelwort, dass uns ein gutgemachter Spielfilm genauso unter die Haut geht wie eine gute Predigt und dass uns im Live-Konzert unserer Lieblingsband, im Fußballstadion oder bei einer klassischen CD ebenso „das Herz aufgeht".

Oder wollen wir ernsthaft behaupten: Immer, wenn unser Wohlbefinden oder Nachdenken angeregt wird und dies irgendwie mit Glauben, Bibel oder Gemeinde zusammenhängt, ist es *„Wirksamkeit des Heiligen Geistes"*; ansonsten aber, wenn dieselben Emotionen, Gedanken und Gefühle „weltlich" ausgelöst werden, findet nur „allgemeines Wohlbefinden" und „simples Nachdenken" statt?

Das kann so wohl nicht stimmen. Einfach nur schon deswegen nicht, weil - wie schon gesagt - die Wirksamkeit des Heiligen Geistes nicht primär auf unser Wohlgefühl und auch nicht auf Anregung unser Gedanken abzielt, sondern auf Heiligung! Der Heilige Geist bringt uns auf Trab, verändert uns, ertüchtigt uns, gestaltet uns zu Jesu Abbild um! Die oben zitierten Epheser-Bibelstellen über die Wirkungen des Heiligen Geistes sprechen diesbezüglich eine klare Sprache: Wo der Heilige Geist wirksam wird, da geschieht etwas. Und zwar wesentlich mehr als nur Wohlgefühl beim Lobpreis, Nachdenklichkeit unter der Kanzel oder Erkenntnisgewinn beim Bibellesen. Denn das generiert in aller Regel noch keinerlei Veränderung.

Solange wir also dieselben bleiben, wirkt wohl der Heilige Geist, so wie er uns im Neuen Testament vorgestellt wird, nicht. Für ein paar erhebende Momente in der Gemeinde oder bei der Stillen Zeit dürfen wir dankbar sein, sie sind jedoch noch keine Manifestationen des Geistes.

Die paulinische Mahnung „*Lasst euch vom Geist erfüllen!*" (Epheser 5,18) gilt vollumfänglich uns. Da können wir uns nicht herausmogeln. Denn es ist offensichtlich, dass bei uns, unter evangelikalen Christen und in pietistisch geprägten Gemeinden, kaum noch Auswirkungen des Heiligen Geistes gemäß biblischem Standard beobachtbar sind; dass es also auch an dieser Stelle gewaltig hapert bei uns.

Wäre das nicht Anlass genug, sich endlich mal an grundsätzliche Fragen heranzutrauen?

Beispielsweise eben diese: Könnten mangelnde Wirksamkeit des Geistes vielleicht die logische Konsequenz eines „*Placebo-Glaubens*" sein? Und könnte in Gemeinden mit lauter solchen Gläubigen, bei denen allesamt der Heilige Geist so gut wir gar nicht zum Zuge kommt, Gott dann eben der Abwesende sein?

Könnte sehr wohl, scheint mir!

***

Sollte Gott aber tatsächlich bei einer Gemeinde abwesend sein, dann müssen wir uns logischerweise auch der Frage stellen, ob es sich dann überhaupt noch um eine „*Gemeinde*" handelt! Denn Gottes Gegenwart ist doch geradezu definitorisch für eine echte Gemeinde, wenn diese aus lauter Nachfolgern Jesu besteht; seine Präsenz gehört doch sozusagen zu ihrer DNA.

Man könnte die Frage auch noch anders formulieren: *„Wie lange ist eine Gemeinde eine Gemeinde?"* Mal angenommen, eine Gemeinde würde auf ein derart tiefes geistliches (oder eben „ungeistliches") Niveau sinken, dass Gott nicht mehr an ihr festhält, sondern sich von ihr verabschiedet: Ist das dann trotzdem noch „*Gemeinde*"?

Natürlich könnten wir Menschen das dann weiterhin „*Gemeinde*" nennen, uns als „*Gemeinde*" verstehen und uns wie eine christliche „*Gemeinde*" aufführen.

Aber genau darin liegt doch die Gefahr: Wenn Gott sie nicht mehr als Gemeinde ansieht und deshalb nicht mehr anwesend ist, wir aber weiterhin Gemeinde spielen und dabei gar nicht merken, dass wir nur noch „wie" statt „als" eine Gemeinde leben – was dann?

Jesus hat das offensichtlich im Blick gehabt. Er warnt uns nämlich davor, und zwar im Gleichnis vom „*vierfachen Ackerfeld*", auch „*Gleichnis vom Sämann*" genannt. Wir finden es in Matthäus 13,3-9, aber auch Markus (im 4. Kapitel) und Lukas (im 8. Kapitel) haben es für uns aufgezeichnet. Außerdem gehört dieses Gleichnis zu den wenigen, zu denen Jesus seinen Jüngern anschließend sogar noch eine Auslegung präsentiert (zum Beispiel in Matthäus 13,18-23).

Der Inhalt dieses Gleichnisses dürfte bekannt sein. Jesus vergleicht seine Verkündigung der „*Botschaft vom Himmelreich*" mit einem Sämann, der Korn aussät. Leider verderben jedoch Dreiviertel des ausgestreuten Samens: Ein Teil wird von Vögeln weggefressen, ein weiterer Teil kann keine rechten Wurzeln bilden und ein dritter Teil wird vom Unkraut erstickt. Schlussendlich gedeiht dann nur noch ein Viertel des ausgestreuten Samens.

Und das, so erklärt uns Jesus, wird mit seinem Wort geschehen: Nur ein Viertel all derjenigen, die sein Wort aufnehmen, werden auf Dauer Frucht bringen. Bei allen anderen wird der Glaube leider wieder absterben.

Dieses Gleichnis wird in unseren Kreisen fast ausschließlich „individuell" ausgelegt: *„Liebe Christen, achtet darauf, dass euer Glaube nicht »von Vögeln gefressen« wird, nicht auf »felsigen Boden« fällt und auch nicht »von Dornen erstickt« wird"*!

Diese Auslegung ist richtig, jedoch einseitig. Denn das Gleichnis muss nicht zwingend als Warnung auf den individuellen Glauben jedes einzelnen bezogen werden, sondern hat auch eine gemeinschaftliche Bedeutung: Wenn nämlich Menschen Jesu *„Botschaft vom Himmelreich"* verstehen und aufnehmen (wir nennen das *„sich bekehren"*) und daraufhin, wie das von Jesus ja auch vorgesehen ist, eine Gemeinde bilden, dann wird gemäß diesem Gleichnis womöglich eine Mehrheit davon nicht beim neu gewonnen Glauben bleiben. Natürlich muss man hier nicht von mathematisch exakten Dreivierteln ausgehen. Aber laut Jesus kann es sehr wohl eine deutliche Mehrheit sein, die ihren Glauben – leider - wieder verliert.

Nun haben sich all diese Menschen jedoch bereits als Gemeinde formiert und sich dabei einen Lebensstil angewöhnt, in dem "ihre" Gemeinde eine wesentliche Rolle spielt. Ihre sozialen Bezüge und ihre Lebensgestaltung sind wesentlich in ihrer Zugehörigkeit zur Gemeinde verankert und sie verstehen sich als selbstverständlicher Teil davon. Etwa so, wie weltliche Vereinsmitglieder, die ein gemeinsames Hobby teilen, genauso gemeinschaftlich organisiert und in „ihrem" Verein sozial stark verwurzelt sind.

Nun verlieren aber laut dem *„Sämann-Gleichnis"* - also laut Jesus - eine Mehrheit der Gemeindeglieder nach und nach wieder ihren Glauben. Gleichzeitig sind diese jedoch sozial in der Gemeinde integriert und zu Hause. Werden sie aufgrund ihres Glaubensverlusts nun die Gemeinde verlassen?

In der Regel wohl eher nicht. Denn dann würden sie auch ihre dortigen Gemeinschaftserlebnisse und ihre neu gewonnenen Freunde verlieren und müssten sich wieder ein neues soziales Umfeld erarbeiten.

Also bleiben sie in der Gemeinde und generieren dadurch eine Gemeindestruktur aus mehrheitlich ungläubig gewordenen Christen, also aus lauter „geistlich Ehemaligen". Zur Aufrechterhaltung ihrer Integrationsfähigkeit praktizieren sie allerdings dann einen *„placebomäßigen"* Rest an angewöhntem frommem Verhalten. Gezwungenermaßen, denn die wahre Substanz echter Nachfolge ist ihnen ja eben *„gefressen"* worden oder ist *„verdorrt"* oder *„erstickt"*.

Ist das nur Utopie und Gedankenspielerei?

„Nein" sagt Jesus, *„damit muss gerechnet werden!"* Genau deshalb erzählt er uns nämlich das Gleichnis vom Sämann!

Wir hingegen interpretieren auch dieses Gleichnis ausschließlich individuell. Und haben damit nur einen Teil dessen kapiert, was Jesus uns mit dieser Beispielerzählung im Kern verdeutlichen will.

Warum eigentlich habe ich in den vielen Jahrzehnten meiner christlichen Laufbahn nie eine Predigt darüber gehört, was dies denn für die Gemeinde bedeutet? Eine gemeindebezogene Auslegung dieses Gleichnisses ist doch nicht abwegig, sondern völlig logisch nachvollziehbar!

Schlimmer noch: Es ist leider in vielen unserer Gemeinden auch live beobachtbar! Jesus hat mit seinen Gleichnissen eben keine philosophischen Schachbrettspielchen vorgestellt, sondern wollte seinen Jüngern auf den Weg mitgeben, was Sache ist und worauf sie explizit zu achten hätten.

Und wer sind seine Jünger? Diejenigen, denen Jesu dieses Gleichnis als allererstes ans Herz legte, waren durchs Band weg alles angehende Gemeindegründer und künftige Leiter seines *„Leibes"*! Es ist schlicht undenkbar, dass Jesu den Gemeindebezug nicht stets im Auge gehabt haben sollte bei der Ausbildung seiner künftigen Führungselite.

In einer meiner Gemeinden war die bittere Realität dieser „Ackerfeld-Entwicklung" mit Händen zu greifen. Bei einigen Mitgliedern der Gemeinde hatte ich sogar den Eindruck, dass man deren verlorener Glaube jeweils ziemlich punktgenau einer der drei Kategorien *„von Vögeln gefressen"*, *„auf unfruchtbaren Boden gefallen"* oder *„von Dornen erstickt"* zuordnen konnte.

Und diejenigen mit dergestalt „verlorenem" Glauben waren eindeutig die Mehrheit meiner Gemeindeglieder!

Ich habe das dann im Leitungskreis dieser Gemeinde thematisiert, und zwar anhand des Sämann-Gleichnisses. Pro forma wurde mir dort zwar zugestimmt, wirklich geglaubt hat man mir allerdings nicht. Vermutlich auch deswegen, weil die geschätzten Geschwister dieses Gleichnis noch nie mit dieser Auslegung gehört hatten. Wobei mir durchaus klar war, dass „neu denken" ein Prozess ist, der vielen eingefleischten Frommen schwerfällt (eine Beobachtung, die ich leider auch an mir selbst schon mehrmals machen musste).

Es wäre wohl auch ziemlich unruhig geworden, wenn die Verantwortlichen dieser Gemeinde diesbezüglich Jesus wirklich ernst genommen und daraus entsprechende Konsequenzen für die eigene Gemeinde eingeleitet hätten. Diese Ahnung war vermutlich irgendwo im Hintergrund durchaus vorhanden und hat dazu beigetragen, dass außer wohlwollender „Zurkenntnisnahme" meiner Gleichnis-Auslegung nichts weiter geschah.

Die Gemeinde aber war faktisch und geistlich tot – und blieb tot.

Im Archiv fand ich dann das schriftliche Zeugnis eines langjährigen Mitglieds, aufgeschrieben anlässlich ihrer Gemeindeaufnahme vor vielen Jahren. Auf zwei handgeschriebenen Seiten schilderte diese Schwester im Herrn ihren geistlichen Werdegang und ihre neu gewonnene Beziehung zu Jesus, ihr aktuelles Glaubensleben und ihre Liebe zur Gemeinde.

Mein anfängliches Erstaunen darüber wandelte sich schnell in Erkenntnis. Gestaunt hatte ich nämlich, wie persönlich, liebevoll, fröhlich und voller

Hoffnung sie ihren Glauben beschrieb – durchaus authentisch! Aber das war damals. Ich hatte die inzwischen bald Sechzigjährige nämlich als ziemlich schwieriges Gemeindeglied mit Hang zur Quertreiberei und zur Uneinsichtigkeit, als geistlich unreif sowie mit fast schon peinlicher Bibelunkenntnis ausgestattet, kennengelernt. Zudem war sie in ihrer Meinung auch noch ungut abhängig von ihrem Mann, der offen zu gab, von Jesus und Gemeinde nicht viel zu halten, aber trotzdem Gemeindemitglied geworden war – warum auch immer.

Meine Erkenntnis darüber war unvermeidbar: In einer geistlich toten Gemeinde stirbt über kurz oder lang der individuelle Glaube auch derjenigen, die mal von ganzem Herzen und voller Zuversicht ihr Leben Jesus anvertraut hatten. Wie dieses Gemeindeglied. Diese Schwester hatte ihre Glaubensbeziehung zu Jesus sogar mitten in ihrer Gemeinde verloren – und wurde für uns alle zur Belastung statt zum Segen.

„Die Geister kehren zurück!" hat das Jesus in Matthäus 12,43-45 genannt und seinen Jüngern damit unmissverständlich vor Augen gestellt, was passieren kann, wenn der Glaube nicht so Wurzeln fasst und gedeiht, dass der Heilige Geist einen Menschen tatsächlich erfüllen kann.

Wird diese Warnung von Jesus in unseren Kreisen eigentlich ernst genommen oder lediglich als theologisch-theoretische Richtigkeit abgenickt?

Meine Gemeinde jedenfalls mit ihren mehrheitlich *„Placeboglauben"* lebenden Mitgliedern hat dieser Frau den persönlichen Glauben geraubt. Mit katastrophalen Folgen für die entsprechende Person sowie auch für die Gemeinde selbst. In einer solchen Gemeinde kann nun mal kein Glaubenswachstum stattfinden. Stattdessen zieht man sich gegenseitig unweigerlich immer tiefer hinunter.

Übrigens inklusive Pastor. Auch ich war davon betroffen. Der Glaube jedes Pastors oder Pfarrers findet ja durchaus nicht im luftleeren Raum statt, sondern auch diese „Amtspersonen" sind auf geistliche Gemeinschaft und glaubensstärkende Mitchristen angewiesen. Das ist eben ein grundlegendes geistliches Prinzip und betrifft also auch Gemeindeleiter und Pastoren. Dies nur am Rande bemerkt, denn es herrscht bei uns immer noch die Meinung vor, dass ein Pastor natürlich für seine Gemeinde verantwortlich sei, aber nicht die Gemeinde auch für ihren Pastor.

Das ist viel zu kurz gedacht - falls überhaupt einmal jemand darüber nachdenken sollte.

Ich bin längst nicht mehr Pastor dieser Gemeinde. Sie hat sich, soweit ich das aus der Ferne beurteilen kann, bis heute nicht verändert. Und ich bin mir bis heute nicht sicher, ob man die Art, wie deren Mitglieder zusammenleben, tatsächlich *„Gemeinde"* nennen sollte, möglicherweise wäre die Bezeichnung *„Sozialclub"* zutreffender.

Inklusive weitestgehender Abwesenheit Gottes, wofür so ziemlich sämtliche Anzeichen sprechen.

***

Wie tief kann eine Gemeinde sinken? So tief, dass sich Gott aus ihr verabschiedet?

Paulus beendet bekanntlich alle seine Briefe mit etlichen Ermahnungen. Er könnte sie stattdessen auch mit Trost und Aufmunterung abschließen. Vermutlich würde uns das sogar wesentlich besser gefallen. Oder täuscht mich meine Beobachtung, dass derzeit die meisten treuen Kirchgänger unserer Gemeinden der festen Überzeugung sind, dass Trost und Aufmunterung genau das sei, was sie am dringendsten brauchen?

Paulus scheint das nicht so dringlich zu sein. Vielmehr ist er offenbar der Auffassung, dass den treuen Christen in seinen Gemeinden stattdessen klare Verhaltensanweisungen, Aufforderungen zur persönlichen Heiligung und Warnungen vor Irrwegen oder gar Glaubensverlust nottut. Darum sieht er sich genötigt, nicht mit Ermunterung und tröstlichen Worten, sondern stets mit ernsthaften Ermahnungen seine Briefe zu beschließen.

Warum hält er das für nötig? Könnte es sein, dass Paulus sehr wohl gewusst hat, dass sich Christen durchaus auch langsam wieder vom Glauben verabschieden können? Offensichtlich war er besorgt darüber, dass ernsthafte Nachfolge stets so sehr existentiell bedroht ist, dass seine Gemeinden dadurch nach und nach geistlich „absinken" könnten! Und wir sollten eigentlich davon ausgehen, dass er diese Befürchtungen nicht nur theoretisch hatte, sondern dass er hierin tatsächlich eine durchaus real bestehende Möglichkeit und Gefahr witterte. Deshalb wohl gab er in jedem Brief seine vielen Ermahnungen mit größtem Ernst und Nachdruck weiter und legte Wert darauf, dass sie unbedingt beachtet und umgesetzt werden sollten.

Schauen wir uns das zum Beispiel einmal anhand des Römerbriefs an:

Diese Gemeinde war offenbar gut und rechtgläubig unterwegs, denn immerhin dankt Paulus einleitend für sie und lobt sie dafür, *„dass man von eurem Glauben in aller Welt spricht!"* (Römer 1,8). Auch gegen Ende des Briefes lobt er sie noch einmal: *„... denn euer Gehorsam ist bei allen bekannt geworden. Deshalb freue ich mich über euch!"* (Römer 16,19). Noch im selben Vers fügt er jedoch sofort hinzu: *„Ich will aber, dass ihr weise seid zum Guten, aber geschieden vom Bösen!"*

Warum sofort dieser Hinweis? Vermutlich doch wohl deswegen, weil Paulus sieht, dass die Gemeinde in allem Positiven, das sie durchaus charakterisiert, auch gleichzeitig gefährdet ist!

Dass er das *„Böse"*, vor dem er warnt, durchaus auch praktisch benennen und real verorten kann, hat er den Römern schon im 12. Kapitel aufgezeigt: *„Ich ermahne euch ..., dass ihr euren Leib hingebt als ein Opfer, das lebendig, heilig und Gott wohlgefällig sei. Das sei euer vernünftiger Gottesdienst. Und stellt euch nicht dieser Welt gleich, sondern ändert euch durch Erneuerung eures Sinnes!"* (Römer 12,1+2).

„*Leibliche Hingabe*" (also nicht philosophisch-denkerische Hingabe, sondern Hingabe durch konkretes Sein und Tun) sowie Abkehr von weltlichem Denken und Handeln durch „*erneuerte Sinne*" sind für Paulus also zentrale Notwendigkeiten, um als Christ standhaft zu bleiben und nicht in „*böse*" Strukturen zurückzufallen.

Ermahnt er nun diese römische Gemeinde diesbezüglich etwa nur deshalb, weil es a) eine theoretische Möglichkeit gibt, dass diese ansonsten durchaus lobenswerte Gemeinde vielleicht zeitweise die konkrete Hingabe „ein wenig" aus dem Blick verlieren könnte oder vielleicht der eine oder andere in einigen marginalen Teilbereichen keinen wirklich konsequenten Sinneswandel umsetzen würde? Oder sieht er vielmehr b) tatsächlich die starke Gefahr, dass durch fehlende Hingabe und „alte Gesinnung" die gesamte Gemeinde wieder völlig in weltliche statt in geistliche Verhaltensmuster zurückfallen könnte?

Ich tendiere zu Zweiterem! Seinen „*leiblichen*" Trieben dann doch wieder nachzugeben und seine Gesinnung erneut von weltlichem Denken vereinnahmen zu lassen, sind für ihn offensichtlich reale Versuchungen!

Waren diese nur damals real, oder sind sie es auch noch für uns und unsere Gemeinden?

Wenn aber auch für uns diese Gefahren real existent sein sollten, dann müssten wir schleunigst aufhören, solche paulinischen Ermahnungen wie beispielsweise diejenigen im Römerbrief lediglich als „*Handlungsempfehlungen im Sinne optionaler Möglichkeiten*" zu behandeln, sondern sie tatsächlich ernst und zu Herzen nehmen!

In demselben 12. Kapitel wird er übrigens gleich anschließend, in den Versen 9-21, noch wesentlich konkreter im Benennen dessen, was „*Böse*" sei beziehungsweise „*böse*" enden könnte: Volle 13 Verse mit insgesamt 28 Einzel-Ermahnungen umfasst der Katalog seiner Anweisungen, was gegen „*das Böse*" zu tun oder zu lassen sei. Und gleich dreimal wird darin „*das Böse*" sogar namentlich thematisiert (Verse 9, 17 und 21).

Allein schon der Umfang all dieser Ermahnungen zeigt, wie ernst es Paulus ist und wie real er die Gefährdung der Gemeinde einschätzt! Und dies – wohlgemerkt - obwohl die Gemeinde insgesamt durchaus lobenswert ist! Okay, vielleicht nicht in jeder Hinsicht lobenswert, immerhin lobt Paulus sie nicht so stark wie beispielsweise die Kolosser in deren Brief. Vielleicht waren die Römer also keine „Überflieger", sondern eher eine Durchschnittsgemeinde, also möglicherweise gerade deswegen gut geeignet für einen Vergleich mit unseren heutigen Gemeinden.

Stellvertretend für die Befürchtungen, die Paulus bei dieser „Durchschnittsgemeinde" hat, greifen wir aus seinem Ermahnungskatalog nur mal einen Vers, den Vers 11, heraus: *„Seid nicht träge in dem, was ihr tun sollt. Seid brennend im Geist. Dient dem Herrn."*

Nur drei Ermahnungen. Sind diese berechtigt? Besteht tatsächlich für eine „Durchschnittsgemeinde" damals - und natürlich auch heute noch! - 1.) die Gefahr, *„träge im Tun"* zu werden; 2.) das *„Brennen"* des Heiligen Geistes nur noch auf Sparflamme zuzulassen und 3.) zunehmend wieder vorwiegend sich selbst und seinen eigenen Interessen zu *„dienen"* statt *„dem Herrn"*?

Bitte hier mal aus etwas Distanz und möglichst objektiv unsere derzeit real existierenden Gemeinden betrachten: Das wäre doch denkbar, oder? Nur schon diese drei „Versuchungen" könnten sich doch durchaus auch bei uns einnisten, oder?

Und wie kommen solche „Versuchungen" in unsere Gemeinden hinein? Sicher nicht breit angekündigt und mit großem Getöse inklusive Anrempeln jedes einzelnen Gläubigen, sondern vielmehr ganz langsam, ruhig und sachte. Also unmerklich. Und heimlich.

Und deshalb unheimlich!

Denn wenn sich diese Glaubenshaltungen unmerklich einschleichen, werden sie von uns nicht wahrgenommen! Eine langsame Veränderung ist bekanntlich viel schwerer zu erkennen als eine plötzliche Wendung. Und diese Gefahren, dieses „*Böse*", wovor Paulus warnt, nistet sich eben nach und nach, ganz still und sanft, bei uns ein. So unmerklich und langsam, dass wir die schleichende Veränderung nicht wahrnehmen.

Und dann ist es einfach da. Wird aber nicht wahrgenommen. Genauso heimlich wie unheimlich anwesend ...

Und das Ende vom Lied ist dann ein Glaube, der nichts mehr taugt, eine Gemeinde voller „*Placebo-Gläubigen*". Und Gott verlässt die Gemeinde.

Vermutlich ebenfalls leise und unmerklich.

So leise, dass es keiner merkt.

4. Evangelikal - aber nicht biblisch

Um es gleich klarzustellen und grundsätzlich auf den Punkt zu bringen: *Wenn wir's nicht biblisch anpacken, können wir's gleich bleibenlassen!*

Entweder wir verstehen und praktizieren unseren „Glauben" strikt und ungefärbt nach biblischem Vorbild, oder wir sind auf dem falschen Gleis unterwegs. Der Maßstab und die Richtschnur unseres Glaubens kann und muss ausschließlich die Bibel sein.

Ausschließlich!

„Ausschließlich" aus einem ganz einfachen und (hoffentlich) einleuchtenden Grund: Wir haben nichts anderes als die Bibel. Alle Offenbarungen Gottes sind exklusiv im Alten und Neuen Testament niedergeschrieben, und insbesondere wüssten wir ohne das Neue Testament nichts von Jesus!

Auf der einen Seite sind nämlich alle außerbiblischen Berichte über Jesus, die heute noch vorliegen, entweder sehr unzuverlässig, schlecht recherchiert, deutlich tendenziös oder von Legenden durchdrungen und fanden deshalb zu Recht keine Aufnahme in den Kanon der Bibel. Andererseits aber sind diejenigen Jesus-Berichte, die im Neuen Testament aufgeführt sind, nämlich die vier Evangelien, voll und ganz glaubwürdig, weil deren Echtheit überdurchschnittlich gut bezeugt ist.

Ohne die Bibel hätten wir also nichts. Denn ohne sichere und belastbare Informationen über Jesus würde unserem Glauben die wichtigste Grundlage fehlen. Oder anders ausgedrückt: „Christlicher Glaube" gäbe es nicht, wenn wir nichts von Jesus wüssten! Logisch, den „Christlich" kommt von „Christus", und wenn wir den gar nicht kennen, ist es nicht möglich, an ihn zu „glauben". *

* Eine ausführlichere Darstellung dieser Zusammenhänge ist in meinem Booklet „**Nur die Bibel**" (siehe Anhang) zu finden.

„Ausschließlich die Bibel" heißt aber auch: Sie ist alleiniger Maßstab und exklusive Grundlage unseres Glaubens. Alles andere, alle anderen Erkenntnisse, Maßstäbe, Richtlinien oder Bekenntnisse können demzufolge höchstens noch „ergänzend dazu" eine gewisse Grundlage darstellen, allerdings aber nur im zweiten Rang und deshalb nicht grundsätzlich verpflichtend.

Also beispielsweise auch nicht irgendwelche historischen Bekenntnisse, wie etwa das *„Apostolische"* oder das *„Nicänische"* Glaubensbekenntnis, um nur die beiden bekanntesten hier zu nennen. Diese mögen überaus hilfreich sein, sowohl in glaubensstärkender wie auch glaubensbekennender Hinsicht. Aber absolut verbindliche Grundlage und unumstößliche Glaubensbasis können sie nicht darstellen. Sie müssen nämlich ihrerseits voll und ganz auf die Bibel abgestützt sein; nur dann sind sie überhaupt akzeptabel und hilfreich.

Ebenso können auch wichtige Statements und Glaubensformeln unserer Kirchenväter keine absolute Glaubensgrundlage bilden. Ein *„Schon Augustinus hat bekanntlich gesagt ..."* oder ein *„Wie Luther uns klar und deutlich lehrte ..."* beispielsweise können durchaus gute Argumente und hilfreiche Glaubensstützen für uns sein. Aber eine grundlegende Autorität können und dürfen sie nicht beanspruchen. Die besitzt nur die Bibel, und alle Aussagen großer Kirchenmänner müssen sich stets an ihr messen lassen.

Das gilt auch für Päpste und deren Dogmen, für Konzilien und sämtliche weiteren Kirchenbeschlüsse: Diese alle sind bestenfalls „aufgesetzt" auf (hoffentlich) korrekte Bibelerkenntnisse, dürfen aber nie per se und unabhängig von der Bibel als rechtskräftig gültig betrachtet werden.

Und das gilt natürlich auch für die Kirchengeschichte und alle geistlichen Erkenntnisse und Schlüsse, die auf irgendwelchen kirchenhistorischen Begebenheiten beruhen. Auch die Geschichte unserer Kirchen kann keine grundsätzlich begründende oder konstituierende Funktion übernehmen. Nur schon die Tatsache wie oft „die Kirche" in der Vergangenheit geirrt oder sogar bewusst von biblischen Vorgaben abgewichen ist, lässt uns das recht schnell verstehen; man denke nur etwa an die Kreuzzüge, den Ablasshandel, die Inquisition und viele weitere, teilweise katastrophale Missgriffe.

Und nicht zuletzt muss hier auch noch der Bereich individueller Erkenntnisse angesprochen werden.

Es ist eine nicht unerhebliche Quelle unseriösen Glaubens, wenn liebe Geschwister im Brustton tiefster Überzeugung verkünden: *„Der Heilige Geist hat mir mitgeteilt, dass ..."*

Ich wage es hier, meine weitaus häufigste Beobachtung diesbezüglich einmal ganz ungeschminkt auszusprechen: In fast allen Fällen ging letztlich absolut nichts Aufbauendes oder Hilfreiches aus solchen Statements hervor, sondern eher Verwirrung und Unsicherheit - oder schlicht: Gar nichts. Bestenfalls wurde derjenige, der dadurch seine „Geistführung" demonstrierte, in seiner Gewissheit - worüber auch immer - gestärkt. Ob zu Recht oder nicht, sei dahingestellt, bei mir jedoch überwiegt meist der Zweifel (und dies allermeist dann zu Recht).

Warum? Solche individuellen Erkenntnisse kann der Geist natürlich Einzelnen zukommen lassen, denn der Geist weht nach Johannes 3,8 bekanntlich, *„wo er will"*. Aber es ist bei diesen „Prophezeiungen" – denn mit dieser Intention werden solche Statements in der Regel proklamiert – immer zu hinterfragen, ob deren Verkündigung in die Gemeinde hinein dem Reich Gottes tatsächlich dient und insbesondere auch, ob es der Heilige Geist tatsächlich nötig hat, sich auf diese Weise Gehör zu verschaffen in einer Gemeinde, in der 1.) jeden Sonntag gepredigt wird, in der 2.) berufene und anerkannte Gemeindeleiter die Gemeinde (auch theologisch!) leiten und in der 3.) auch weitere Geschwister die Bibel als „Gottes Wort" regelmäßig und betend studieren. Nur schon die drei eben genannten Wege, auf denen der Heilige Geist in eine Gemeinde hineinwirken und „reden" kann, sind Wege, auf die das Neue Testament eindeutig als „Mitteilungskanäle" Gottes hinweist – im Gegensatz zur Proklamierung individuellen Geistredens zu irgendwelchen Gemeindegliedern, bei welchen durchaus die Gefahr bestehen kann, dass solche „Offenbarungen" persönliche Wünsche, Gefühle oder sogar Tagträume widerspiegeln. Wenn sie nicht sogar durch versteckte Manipulationssucht oder aufgrund eines Geltungsdefizits ausgelöst wurden und dadurch sicher nicht vom Heiligen Geist stammen können.

Selbst wenn solche persönlichen Erkenntnisse, die dann oft als „göttliches Reden!" mit allgemeingültiger Verbindlichkeit an die Gemeinde herangetragen werden, biblisch geprüft werden (was natürlich ohnehin bei jedem Fall zu geschehen hat), bleibt bei mir immer ein Restzweifel übrig, ob sich hier wirklich der Heilige Geist und nicht etwa nur ein Mensch mitteilt. Keinesfalls aber sollten wir solche Einzelerkenntnisse, selbst wenn sie noch so geschätzten und würdigen Mitchristen zuteilwerden, als grundsätzliche Glaubensnormen übernehmen!

Es gilt auch hier: Basis und Fundament unseres Glaubens kann und darf nur die Bibel sein. Denn die alleinige Grundlage christlichen Glaubens ist Christus, und den finden wir nur in der Bibel.

Ausschließlich dort und nirgends sonst.

Das bedeutet dann natürlich auch, dass wir unsere Nachfolge und die Art und Weise, wie wir „an Jesus glauben", immer an der Bibel zu messen haben. Wir tun gut daran, den Rat des Hebräerbriefs zu beherzigen und „desto mehr achten auf das Wort ... damit wir nicht am Ziel vorbeitreiben!" (Hebräer 2,1). Aus diesem Grund zitiere ich auch in diesem Buch oft aus der Bibel! Denn nur dort sind wir an der Quelle.

Und genau nach dieser und nichts anderem haben wir uns auszurichten.

***

Hier allerdings offenbart sich bei uns ein schwerwiegendes geistliches Manko: Wir haben, was fundierte Bibelkenntnisse anbelangt, inzwischen flächendeckender Notstand!

Derzeit sind gerade „*Influencer*" („Beeinflusser") stark im Trend. Schon beindruckend, wie viele „*Follower*" („Nachfolger") diese internetbasierten Weisheitsverkünder generieren. Fast unsere gesamte nachrückende Generation lässt sich täglich von einem oder gerne auch von mehreren solcher „*Influencern*" inspirieren.

Wer dabei glaubt, dass unsere christlichen Jugendlichen dagegen immun seien, irrt gründlich. Auch in unseren Teeny-Clubs, Jugendgruppen und „Junge-Erwachsene"-Kreisen ist das Handy längst allgegenwärtig, und auch da werden natürlich „*Influencer*" konsumiert und deren Ansichten ausgetauscht. Natürlich dann christliche Influencer, logisch. Allerdings sind, bei genauerem Hinschauen, die überwiegende Mehrheit dieser frommen „Beeinflusser" unserer Gemeindejugend in der Regel genauso selbsternannt wie deren weltliche Pendants ...

Ich gehöre nicht (mehr) zu dieser Generation, sage aber den Jugendlichen gerne, dass auch ich meinen „*Influencer*" habe, nämlich die Bibel. Und dieser bin auch ich ein ebenso treuer „*Follower*"!

Die Bibel darf mich täglich beeinflussen! Und ich habe damit einen entscheidenden Vorteil gegenüber allen Internet-Influencer-Followern: Ich bin bei meinem Influencer direkt an der Quelle!

Alle andern frommen Influencer reden beziehungsweise „*podcasten*" oder „*posten*" bestenfalls über die Bibel. Aber eben nur „über" die Bibel! Warum sollte ich das Evangelium, die beste Botschaft der Welt, lediglich aus zweiter Hand konsumieren?

Die momentan aktuelle Influencer- und Follower-Manie folgt einem altbekannten Kommunikationsmuster: Auch altgediente Christen haben es sich längst angewöhnt, stets nur „über die Bibel" zu hören: durch Predigten, Andachten oder in Austauschrunden; oder sie sehen und lesen Interessantes „über die Bibel" in Büchern, im Internet, bei Bibel-TV oder wo auch immer. Gerne zuweilen auch mal live von irgendeiner Bühne herab, wenn der Redner prominent genug ist. Hauptsache, es ist *„biblisch"*, denn dann ist es sicher auch *„geistlich"*, oder?

Aber: Alle diese Kanäle sind immer mindestens einmal vorgefiltert: Durch einen mehr oder weniger klugen Kopf hindurch oder durch einen mehr oder weniger geistlichen Menschen. Es ist stets Bibel „aus zweiter Hand".

Warum nicht die Bibel selbst hören? Warum umgefülltes Wasser konsumieren statt direkt an der Quelle Frischwasser zu zapfen?

Ist uns die Bibel selbst vielleicht zu anspruchsvoll oder zu schwer verständlich - oder vielleicht einfach nur „zu trocken"? Brauchen wir deshalb immer einen zwischengeschalteten Entertainer, der uns biblische Inhalte konsumgerecht aufbereiten und dann unterhaltsam verpackt verabreichen kann?

Stattdessen selbst die Bibel zu lesen, würde natürlich dann am besten funktionieren, wenn jeder Christ sich täglich Zeit dafür nimmt. Fest eingeplant, sonst funktioniert das nämlich nicht.

Wir nannten das früher *„Stille Zeit"*: Eine tägliche „Auszeit", ausschließlich fürs Bibellesen und Beten reserviert. Unsere „Väter im Glauben" haben uns gelernt, dass man ohne diese tägliche *„Stille Zeit"* nicht wirklich als Christ ernstgenommen werden kann.

Welchen Stellenwert hat diese tägliche *„Stille Zeit"* mit integrierter Bibellektüre heute noch?

Ich rede hier nicht von der Theorie *(„Oh - das ist natürlich sehr wichtig, zweifellos!")*, sondern von unserer gelebten Praxis *(„Na klar, mach ich jeden Tag. Du doch sicher auch, oder?")*.

Welche Antwort wäre unsere?

Ich habe in meinen Gemeinden ab und zu mal Umfragen dazu gemacht (selbstverständlich anonym!). Das Ergebnis war stets ernüchternd. Ich weiß also, wovon ich spreche. Und eigentlich wissen wir es alle.

Ein *„Sie forschten täglich in der Schrift"*, wie das nach Apostelgeschichte 17,11 vorbildlich von der Gemeinde in Beröa geschildert wird, gibt es in unseren Kreisen nicht mehr. Wir haben noch nicht einmal die *„Seuche der Fragen und Wortgefechte"*, vor der Paulus in 1. Timotheus 6,4+5 warnt. Zumindest nicht, was biblische Lehre betrifft. Obwohl wir als Deutsche dazu eigentlich prädestiniert wären: Wer sich regelmäßig die „Tagesschau" oder das „Heute-Journal" zu Gemüte führt, weiß, dass unsere Politiker die *„Seuche der Wortgefechte"* tagtäglich und mit Wohlgefühl zelebrieren. Schlimm daran ist außerdem, dass unsere Nachrichtensender offenbar davon ausgehen, dass wir Fernsehkonsumenten das auch immer wieder mitverfolgen wollen - sonst würden sie was anderes senden. Offensichtlich entspricht also die *„Seuche der Fragen und Wortgefechte"* wohl dem typisch deutschen Charakter.

Dies schlägt in unseren christlichen Zirkeln aber nicht durch. Da es eine *„Seuche"* ist, vor der Paulus warnt, könnte man darüber eigentlich glücklich sein.

Ich bin es nicht, weil ich den begründeten Verdacht habe, dass wir nicht nur zu wenig fundiertes Bibel-Basiswissen zum darüber Diskutieren oder gar zum Streiten haben, sondern gleich grundsätzlich zu wenig Interesse an biblischer Lehre vorhanden ist.

Denn biblische Lehre ist genauso wie umfassendes Bibelwissen völlig „out"!

Früher haben Gemeinden regelmäßig „Bibelabende" veranstaltet oder zu „Bibelstunden" eingeladen. Da wurde dann auch tatsächlich mit der Bibel gearbeitet, sie wurde zuweilen sogar regelrecht beackert und heiß diskutiert.

Ich erinnere mich auch noch an Zeiten, als man eine ganze „Bibelwoche" anbieten konnte, also eine Reihe von aufeinanderfolgenden Abenden, an denen nichts anderes gemacht wurde, als die Bibel auszulegen – und jeden Abend fanden sich etliche Geschwister dazu im Gemeindehaus ein. Diese Zeiten sind längst vergangen; heute käme kaum noch jemand zu so einer Veranstaltung. Da müsste schon ein sehr bekannter Redner eingeladen sein, um noch einen kleinen, biblisch interessieren Restbestand hinter dem evangelikalen Ofen hervorzulocken, wenn als Thema lediglich *„Bibelarbeit"* oder so was Ähnliches angekündigt ist.

In Süddeutschland haben sich vor ein paar Jahren einige Gemeinden regional zusammengeschlossen, um gemeinsam ein breit aufgestelltes und aufeinander abgestimmtes Programm für „biblische Lehre" anzubieten. Gemeinsames Anliegen der Gemeindeleiter bei der Einführung des Programms war in etwa: *„Vielen unserer Gemeindeglieder fehlen gesunde biblische Grundlagen, das wollen wir ändern!"*

Das Programm ist nach kurzer Zeit sang- und klanglos ausgelaufen. Offizielle Begründung: *„Wegen Corona!"* Die ehrlichere Begründung *„Wegen mangelndem Interesse!"* mochte keiner laut formulieren.

Einziges Überbleibsel dieser Bibelkenntnis-Initiative ist eine Reihe mit dem Titel *„Was sagt die Bibel über …"* unter Federführung eines regional recht bekannten und beliebten Pastors mit Doktortitel. Aber auch zu diesen allmonatlich einmal stattfindenden Abenden finden sich immer weniger Zuhörer ein. Das Desinteresse an Bibel und Bibelkunde ist mit Händen zu greifen.

Es herrscht Bibelkenntnis-Notstand!

***

Hierzu sei auch noch Folgendes angemerkt: Ich stelle auch persönlich fest, dass unter den Mitchristen in meinem Umfeld ein Interesse an biblischer Unterweisung oder an Erweiterung persönlicher Bibelkenntnisse so gut wie gar nicht vorhanden ist. Ich bin Pastor, Theologe und christlicher

Schriftsteller. Aber höchst selten tritt jemand an mich heran, der tatsächlich eine Frage zu meiner erarbeiteten „Kernkompetenz", der Theologie, oder wenigstens zu Fragen des Bibelverständnisses und zur Auslegung von Gottes Wort an mich hätte. Manchmal frage ich mich, ob ich mein Studium und das jahrzehntelange empirisch erworbene Fachwissen völlig in eine Sache investiert habe, die keinen Menschen interessiert. Auch keinen frommen.

Wäre ich Bäcker, würde mich bestimmt der eine oder andere ernährungsbewusste Selberbacker nach einem vollkornhaltigen Rezept fragen; wäre ich Automechaniker, würde ich vermutlich immer mal wieder nach Reparaturtipps oder auf mögliche Fehlerdiagnosen angesprochen. Als Theologe allerdings erlebe ich höchstenfalls, dass mir irgendein Bruder oder eine Schwester seine/ihre eigene „geistliche Sicht" der Dinge darlegt, um herauszufinden, ob ich als Pastor dabei zusammenzucke oder diese Meinung so stehen lassen kann.

Wenn ich dann allerdings auch meine Sicht dazu darlegen möchte, erlahmt das Interesse meines Gesprächspartners fast immer schlagartig.

Einmal habe ich den Fehler gemacht, meine Gemeinde zu fragen, was ich denn predigen soll; welches Thema oder welchen biblischen Text sie gerne an einem der kommenden Sonntage ausgelegt hätten. Sie durften wünschen – aber keiner machte vom Angebot Gebrauch. Auch nicht nach mehrmaligem Wiederholen. Null Interesse.

So was spricht deutlich.

***

Es herrscht Bibelkenntnis-Notstand. Die breite Masse der Christen kennt die Bibel nur noch rudimentär.

Ohne solides Bibelfundament fehlt uns aber das Raster, an dem wir Ideologien, flotte Sprüche, Allgemeinplätze, philosophische Weisheiten usw. messen und ausfiltern könnten.

Es taugt natürlich nicht, dieses Manko zu kaschieren versuchen, indem man flott und laufend Bibelstellen zitiert. Denn wir haben uns leider einen sehr fahrlässigen Umgang mit biblischen Aussagen angewöhnt: Es ist inzwischen fast schon zum Standard geworden, Bibelverse nur noch nach dem „Rosinenpickersystem" zur Kenntnis zu nehmen. Also ohne den innerbiblischen Zusammenhang zu beachten oder sie auf dem Hintergrund anderer, sinnverwandter Bibelaussagen zu interpretieren.

Das passiert nicht nur dem einfach gestrickten Gläubigen, der wegen vielleicht noch fehlender fundierter Bibelkenntnisse dazu nicht in der Lage wäre, sondern durchaus auch renommierten Pastorenkollegen.

Unlängst besuchte ich einen Vortrag zum Thema „Geld in der Bibel", in dem der theologisch durchaus seriös ausgebildete Redner zwar etliche Bibelstellen zu Geld, Reichtum und Wohlstand zitierte und auch erläuterte, jedoch mit keinem Wort erwähnte, dass bei diesem Thema zwischen dem Alten und den Neuen Testament ein klares Gefälle, ja sogar ein regelrechter „Bruch" besteht: Während im Alten Testament Reichtum und Wohlstand als Segenszeichen Gottes verstanden wurde, äußert sich das Neue Testament durchgehend kritisch über Geld. Es gibt beispielsweise kein einziges positives Wort von Jesus zu Besitz, Wohlstand oder Reichtum, stets warnt er nur: Vor dem „Mammon" (z.B. Matthäus 6,24), „eher geht ein Kamel durchs Nadelöhr als ein Reicher ins Reich Gottes" (Matthäus 19,24), den „reichen Jüngling" lässt er nur wegen seines Reichtums ziehen (Matthäus 19,22) und so weiter. Die Apostel desgleichen, Paulus bezeichnet das Streben nach Geld sogar als „Wurzel allen Übels" (1. Timotheus 6,10).

Kein einziges positives Statement findet sich im Neuen Testament zu Reichtum und Wohlstand, obwohl genau das bis zu Jesu Kommen noch als „Segen Gottes" galt – also biblisch absolute Zustimmung erfuhr und deshalb geistlich auf positiver Seite konnotiert wurde! Aber eben nur in alttestamentlicher Zeit.

Dieser Unterschied zwischen Altem und Neuem Testament wurde in diesem Referat zum biblischen Verständnis von Geld schlicht nicht erwähnt, obwohl er natürlich entscheidend ist für uns, die wir nun mal ausschließlich in neutestamentlicher Zeit leben!

Entsprechend kam der Theologe dann aufgrund seiner nach dem typischen „Rosinenpickersystem" quer durcheinander zitierten alt- und neutestamentlichen Bibelstellen auch lediglich zur zusammenfassenden Feststellung, dass nicht Geld an sich schlecht sei, sondern *„es komme darauf an, was man damit mache ..."*.

Das ist natürlich nicht per se falsch. Aber viel zu wenig, wenn man sich biblisch orientieren möchte! Eine solch „bahnbrechende" Erkenntnis empfiehlt doch jeder senile Opa seinem Enkel als Tipp zum Umgang mit dem Taschengeld ...

Ein biblisch klares Fundament zum Thema hingegen wurde also in diesem Vortrag nicht gelegt, eine gute Gelegenheit dazu durch „Rosinenpickerei" verschenkt. Mehr noch: Es wurde nicht nur eine gute Chance zu klarer Orientierung an Gottes Wort verspielt, sondern den Zuhörern eine mehr als fragwürdige Ethik zu einem der zentralsten Themen unserer Zeit, nämlich eben zu Geld und Wohlstand, präsentiert. Was der Opa für seinen Enkel noch durchaus für richtig hält, erfüllt eben im Kontext unserer derzeit vorherrschenden penetranten Wohlstandsorientierung für Nachfolger Jesu schon fast den Tatbestand einer sektiererischen Verführung, weil einfach verschwiegen wurde, was unbedingt und deutlich hätte angesprochen werden sollen!

Der Hebräerbrief macht darauf aufmerksam, dass man *„durch den Gebrauch* [des Wortes] *geübte Sinne"* erhalte, um *„Gutes und Böses unterscheiden"* zu können (Hebräer 5,14).

Genau das tut not. Wir benötigen nicht nur den *„erneuerten Geist und Sinn"* nach Epheser 4,23, sondern dieser neue Sinn sollte auch trainiert werden, damit unser Geist an Verständnis, Durchblick und Weisheit zunimmt. Und das Trainingsgerät dazu ist die Bibel, Gottes Wort. Dort werden die Sinne geschärft, mit denen man dann Gutes von Bösem, Richtiges von Falschem, Hilfreiches von Verunsicherndem, Aufbauendes von Destruktivem oder auch Geistinspiriertes von Sektiererischem unterscheiden kann.

Denn nicht jede Predigt ist auch wirklich biblisch, nur weil sie im frommen Jargon und mit Bibelversen geschmückt daherkommt; nicht jedes flott geschriebene Buch verbreitet lauter geistliche Einsichten, nur weil es in einem christlichen Verlag erschienen ist; nicht jeder fromme Podcast wird von einem Influencer gepostet, der sich vorab fundiertes Bibelwissen erarbeitet hat; nicht jeder ERF- oder Bibel-TV-Interviewgast gibt persönliche Einsichten preis, die man unbedingt ins eigene Menschen- oder Weltbild einbauen sollte, nicht jede sich „christlich" nennende Band steht ausschließlich aus geistlicher Motivation auf der Bühne und nicht jede Schulung bringt uns wirklich weiter, nur weil sie von einer christlichen Organisation veranstaltet wird.

Wer gibt uns den Maßstab an die Hand, um das, was an uns herangetragen wird, immer wieder aufs Neue beurteilen zu können? Nicht die überragende Qualität, nicht die gefällige Präsentation, nicht die saubere Optik, nicht die ausgefeilte Darstellung, nicht die passende multi-mediale Vertiefung und auch nicht der theologisch hochdekorierte Referent garantieren automatisch, dass wir es mit echter geistlicher Substanz zu tun haben. Viel zu oft wird lediglich Blendwerk präsentiert, das uns beeindrucken soll und Seriosität vorgaukeln will.

Wie wollen wir das durchschauen?

Nur eine gründliche Kenntnis der Heiligen Schrift hilft uns hier. Nur durch *„den Gebrauch des Wortes geübte Sinne haben, um unterscheiden zu können"* (Hebräer 5,14) hilft! Das regelmäßige Training am Wort Gottes ist unverzichtbar! Wissen, wie Gott denkt; verstehen, was er meint; nachvollziehen, wie er urteilt. Solches Wissen wird dadurch angeeignet, dass wir seine Selbstoffenbarung studieren. Und das ist die Bibel.

Exklusiv.

***

Ein weiterer Bereich verpasster Chancen, ein solides Bibelfundament zu legen, sind die bereits erwähnten Themenpredigten. Diese sind der momentane Renner auf unseren Kanzeln, schlichte und direkte Bibelauslegungen hingegen sind derzeit eher nicht im Trend.

Ein Beispiel: Ein ansonst von mir sehr geschätzter Pastor hat neulich Johannes 6,66 *„Von da an wandten sich viele seiner Jünger ab und gingen hinfort nicht mehr mit Jesus"* wie folgt ausgelegt:

Einleitend wies er darauf hin, dass Jesus in den Versen davor eine ausgesprochen *„harte Rede"* (Johannes 6,60) hielt. Dann aber fokussierte er umgehend auf das Stichwort *„nicht mehr mit Jesus gehen"*, indem er die Frage ins Publikum richtete: *„Was sind heute Gründe, warum Menschen Jesus verlassen?"*

Die Rückmeldungen vertiefte er dann, indem er die Hintergründe erläuterte, die Christen heute veranlassen, sich wieder vom Glauben abzuwenden. Ab da also eine klassische Themenpredigt zum Thema: *„Heutige Gründe, warum Christen gehen"*. Der in die Predigt einführende Bibelvers Johannes 6,66 diente also lediglich als „Sprungbrett" dazu.

Das fiel wahrscheinlich nur mir auf. Ich hatte mir nämlich insgeheim erhofft, dass stattdessen zu diesem Jesus-Verlassen der biblisch genannte Grund dazu genauer betrachtet wird: Die *„harte Rede"* Jesu! Denn der Vers beginnt ja ausdrücklich mit *„Von da an ..."*, wodurch man eigentlich gezwungen wird, insbesondere über den Auslöser dieser Rückzugswelle nachzudenken. Also etwa darüber, ob Jesus möglicherweise in seinen Äußerungen, Ansprüchen oder Erwartungen auch heute noch so „hart" herüberkommt, dass manche wohlmeinenden Christen sich deshalb von ihm abwenden. Hätte der Pastor sich darauf eingelassen, dann wäre daraus keine Themenpredigt entstanden, sondern biblische Auslegung.

Allerdings wäre das dann möglicherweise eine etwas unbequeme Predigt geworden. Wesentlich gefahrloser ist es allemal, in empirischer Form aufzuzählen, warum Menschen heutzutage unsere Gemeinden wieder verlassen, als sich dem (biblisch aufgeworfenen) Fakt zu stellen, dass Jesus manchmal auch ausgesprochen herausfordernd auftritt; sogar derart provozierend, dass manche sich kopfschüttelnd verabschieden!

Ist dieser Theologe vielleicht deshalb auf eine Themenpredigt umgeschwenkt, statt uns die Bibel auszulegen?

Nach meiner Beobachtung stehen Themenpredigten zudem viel zu oft in der Gefahr, in eine Mischung aus biblischen Motiven, philosophischen Allgemeinweisheiten und wohlklingenden Worthülsen auszuarten. Sie lassen sich dadurch jedoch sehr publikumswirksam und bühnenaffin präsentieren und garantieren zumeist Erfolg für „Entertainer-Prediger" – ganz im Gegensatz zu Bibelauslegungen, die dann auch mal in die Tiefe gehen und erläutern, was wirklich dasteht. Das könnte nämlich dann in Klartext ausarten, wie das bei Jesus übrigens immer wieder zu beobachten ist; ebenso auch bei Paulus oder den anderen Aposteln, die oft kein Blatt vor den Mund nahmen. Solcherart bibelgetreu zu predigen macht aber einen Prediger derzeit auf die Dauer nicht unbedingt beliebt.

Das war allerdings auch schon mal anders: Spurgeon, Luther und Konsorten lassen grüßen! Aber die werden von uns heute nicht mehr wirklich ernst genommen; sollte dann doch mal ein Zitat aus einer Predigt dieser großen Kirchenmänner fallen, dann meistens ein durch seine originelle Formulierung Heiterkeit auslösender Vergleich oder eine krass zugespitzte

Aussage, über die sich die geneigte Zuhörerschaft dann so amüsieren kann, dass wir sie gleich von Vornherein nicht ernst zu nehmen brauchen.

Wozu auch? Die sind ja alle „von damals" und längst tot …

Und bei uns heute ist momentan ohnehin echte biblische Kost weniger angesagt.

***

Dieses Manko, unsere magere und unzureichende Bibelkenntnis, schlägt natürlich genau dann unbarmherzig zu Buche, wenn es darum geht, dass unser Glaube an der Bibel gemessen werden sollte!

Wenn wir noch in der Lage wären, unseren persönlichen Glauben mit der Art des Glaubensvollzugs der Nachfolger zu biblischen Zeiten zu vergleichen (und uns auch noch trauen würden, dies scheuklappenlos und selbstkritisch zu tun!), würden wir umgehend auf einen unübersehbaren und gewichtigen Unterschied stoßen: Ganz offensichtlich ist unsere heutige Glaubenspraxis gegenüber biblischem Vorbild ziemlich saft- und kraftlos!

Wir werden nachfolgend noch detaillierter betrachten, was damit gemeint ist. Ich wage aber zu behaupten, dass jeder evangelikale Leser durchaus irgendwie ahnt, was ich hier anspreche. Weil nämlich jedem noch einigermaßen wahrnehmungsfähigen Bibelleser, selbst bei nur marginalem Erkenntnisstand, ziemlich schnell auffallen dürfte, dass sich unser heutiger Glaubensvollzug wesentlich bescheidener und „schmalbrüstiger" präsentiert als das, was die Apostel und die ersten Christen nach Jesu Himmelfahrt lebten und erlebten. Deren damaliger Glaube war eindeutig konsequenter, umfassender und durchgreifender, er erfasste alle Lebensbereiche und hatte die Kraft, diese wirkungsvoll und nachhaltig zu verändern. Denn die Botschaft, die Jesus mitbrachte, war außerordentlich herausfordernd. Und seine damaligen Nachfolger hatten tatsächlich den Mut, sich darauf einzulassen.

Die Bibel atmet insgesamt einen überaus herausfordernden Geist!

Ihre Kernaussagen, insbesondere die des für uns relevanten Neuen Testaments, sind bei Weitem nicht so stromlinienförmig und harmlos, wie wir es gerne zur Kenntnis nehmen möchten und deshalb auch interpretieren. Wir haben uns nämlich die Bibel so zurechtgelegt, dass sie harmonisch in unser Weltbild und insbesondere in unsere christliche Lebensphilosophie und den daraus erwachsenden „frommen" Lebensstil passt. Und der ist unbestreitbar ziemlich bequem und wohlstandsorientiert!

Folglich nehmen wir die Bibel hauptsächlich als „Trost- und Beruhigungsvorlage" wahr und überlesen aufgrund dieses Vorverständnisses sämtliche herausfordernden und radikalen Textstellen, insbesondere die oft pointierten Aussagen Jesu und der Apostel. Diese nämlich vermitteln uns in manchen Textpassagen ein anspruchsvolles und eindringliches Evangelium; gar manches, was sie uns ans Herz legen möchten, formulieren sie sehr zielbewusst, energisch und eindringlich – und zwar mit Absicht!

Wir aber verharmlosen das laufend. Inzwischen so automatisch, dass es uns weitgehend unbewusst bleibt. Denn unsere Wahrnehmung der Bibel ist stets gefiltert durch unsere idealisierten Wunschvorstellungen, die uns – logisch! – stets in eine möglichst bequeme, problem- und stressfreie Variante von „Nachfolge" hineinmanövrieren! Und was nicht in dieses vorgefertigte Schema von „real gelebtem" Christsein passt, wird automatisch ausgefiltert oder zumindest abgeblendet.

In der Praxis sieht das dann oft so aus, dass wir bei „kritischen" Bibelstellen, also etwa bei stark herausfordernden oder überdeutlich formulierten Aussagen, wie wir sie beispielsweise gerade bei Jesus oft vorfinden, gerne abwiegeln: *„Wie könnte das jetzt gemeint sein? Weshalb ist das so radikal formuliert? Was könnte hinter dieser extremen Aussage stecken? In welche Ausnahmesituation hinein spricht diese harte Ansage, diese (vermutlich) überspitzte Formulierung?"*

Und damit kommen wir dann in aller Regel zu Ergebnissen, mit denen wir nicht nur leben, sondern sogar sehr bequem leben können. Denn die Ergebnisse solchen Überdenkens sind stets solcher Art, die uns nicht wirklich antasten, uns nicht existentiell in Frage stellen, uns keine schlaflosen Nächte bereiten. Weil nämlich das Ergebnis unseres Abwiegelns in aller Regel dies ist, dass die entsprechende Textpassage oder der entsprechende Vers entschärft und in seiner Radikalität relativiert wird.

Dagegen frage ich:

1. Hat Jesus auch „*abgewiegelt*"? Entspricht das seinem Wesen, seiner Art, seinem Charakter, so dass wir das übernehmen und nachahmen sollten?

2. Wenn starke Aussagen von ihm durch uns „*abgewiegelt*" und dadurch entschärft werden sollten: Warum hat er sie dann nicht zum Vornherein gleich schon etwas milder formuliert?

✳✳✳

Eine der zentralsten Wahrnehmungsstörungen, die wir durch unsere weichspülende Bibelinterpretation generieren, betrifft ohnehin die Wahrnehmung der Person Jesus als solcher. Denn wir haben uns inzwischen einen „*Herrn und König*" zurechtgelegt, der uns sehr angepasst begegnet: Als treuer Freund stets an unserer Seite, fortwährend unseren Alltag bereichernd und den Lebensweg ebnend, möglichst viele unserer Wünsche erfüllend und uns zum Schluss noch mit ewigem Leben in Herrlichkeit belohnend. Dergestalt haben wir uns Jesus regelrecht „handzahm" zurechtgebogen und gestatten ihm gerade noch, in einigen Bereich etwas unkonventionell aufzutreten oder für die eine oder andere Überraschung – natürlich stets zu unseren Gunsten! – gut zu sein.

Aktuelles Beispiel: Die amerikanische Serie „*the chosen*", die bei uns derzeit absolut beliebt und innert Kürze ein frommer Renner geworden ist. Kein Wunder, denn der in diesen Filmepisoden dargestellte Jesus ist im

Wesentlichen ein guter Kumpel, knuffelig und kurios, zeitweilig auch etwas unangepasst, aber dann sofort wieder zum Knutschen lieb und herzlich – wer hätte den nicht gerne zum Freund und Nachbarn!

Ich allerdings wage zu fragen: Ist der „Chosen-Jesus" tatsächlich der Jesus der Bibel oder eventuell doch eher der Jesus unserer Wunschvorstellungen?

Dass er schauspielernd in „the chosen" immer wieder Texte von biblischen Reden Jesu wörtlich zitiert und streckenweise mehr oder weniger so handelt, wie wir es tatsächlich in der Bibel vorfinden, kann nicht darüber hinwegtäuschen, dass er in der regiegewollten Darstellung längst nicht so provokativ, herausfordernd und missverständlich herüberkommt wie der reale, der biblische Jesus. Dieser nämlich war über weite Strecken schlicht unbequem, unverständlich und völlig unangepasst. *

* Genau zu diesem Sachverhalt habe ich übrigens das Buch „**Jesus provoziert**" (siehe Anhang) herausgegeben.

So sehr, dass gerade mal eine Handvoll Jünger das durchhielten, etliche andere verließen ihn - genau deswegen (vgl. Johannes 6,66)!

Mal Hand aufs Herz: Hätten die Produzenten von „the chosen" tatsächlich den realen, den biblischen Jesus sozusagen „Eins-zu-Eins" verfilmen wollen, müsste dann nicht eigentlich genau dasselbe wieder passieren: Nur eine kleine Anzahl heutiger „Jünger" könnte diese Filmepisoden dann noch aushalten, der ganze „nachfolgende" Rest der aktuellen Christenheit würde vorzeitig und frustriert abschalten.

Genau wie damals ...

Stattdessen passiert in unseren Reihen dies: Dieser harmlose „the chosen-Jesus" verfestigt in uns noch zusätzlich das ohnehin schon ziemlich untaugliche Samthandschuhretter-Image unseres Herrn!

Wollen wir das? Brauchen wir das? Ist das geistlich und hilfreich?

Dies ist nur ein Beispiel (wenn auch ein zentrales, denn zentraler als beim Thema „Jesus" kann man nicht werden!), wie wir mit der Bibel umgehen.

Gottes Wort ist wesentlich intensiver, wesentlich energiegeladener, wesentlich unbequemer, als wir, die heutige *„Jünger"*-Generation, es interpretieren! Dessen Gesamtaussage ist Klartext, entschiedene und energische Herausforderung, pur und unverblümt!

Die Radikalität und Kompromisslosigkeit biblischer Aussagen lässt sich übrigens auch sehr gut an Jesu Jünger-Ansprache in Matthäus 10,34-39 betreffend des Charakters typischer Jesus-Nachfolge beobachten:

- Vers 34: *„Ihr sollt nicht meinen, dass ich gekommen bin, Frieden zu bringen auf die Erde. Ich bin nicht gekommen, Frieden zu bringen, sondern das Schwert."*

  Zu Jesu Zeiten ging ganz Israel davon aus, dass der kommende Messias als strahlender und siegreicher König auftreten werde, der sogleich das „Volk Gottes" aus der römischen Versklavung befreien und sein neues Friedensreich aufbauen werde. Denn immerhin kündigt ja das Alte Testament einen Messias mit solchen Vollmachtserweisen an! „Nein!", sagt Jesus dazu: *„Ihr hofft auf Frieden, weil ich der Messias bin. Aber durch mich kommt jetzt kein Friede! Ihr müsst sogar mit Schlimmerem, nämlich erneuten Kämpfen (*„Schwert"*) rechnen!".*

  Dürfte Jesus auch heute noch unsere individuellen Friedenserwartungen innerhalb unserer persönlichen Nachfolge vorerst einmal derart nachhaltig zerstören?

- Vers 35-37: *„Denn ich bin gekommen, den Menschen zu entzweien mit seinem Vater und die Tochter mit ihrer Mutter und die Schwiegertochter mit ihrer Schwiegermutter. Und des Menschen Feinde werden seine eigenen Hausgenossen sein. Wer Vater oder Mutter mehr liebt als mich, der ist meiner nicht wert; und wer Sohn oder Tochter mehr liebt als mich, der ist meiner nicht wert!"*

  Jesus macht klar, dass die Liebe zu ihm sogar die Liebe zu seinen Allernächsten übersteigt, ja sogar übersteigen muss!

Alles andere ist nicht nur zu wenig, sondern schlicht und ergreifend keine echte Jesus-Nachfolge („*... der ist meiner nicht wert*")!

- Vers 38: „*Und wer nicht sein Kreuz auf sich nimmt und folgt mir nach, der ist meiner nicht wert.*"

Wenn Jesus unsere Nachfolge mit dem Tragen eines Kreuzes verbindet, dann kann nur das Vorbild seines eigenen „Kreuztragens" nach Golgatha gemeint sein, also der Situation, in der jemand vor seiner Erlösung und Befreiung nur noch eines vor sich hat: Den Todesgang. „Kreuztragen" ist nämlich der Augenblick, wo man mit der Welt final abgeschlossen hat; das Leben ist verwirkt, man hat innerweltlich nichts mehr verloren, diesbezüglich ist alles abgestorben und untergegangen. Nur noch der Übergang in den Tod steht bevor, und bis dorthin muss man noch höchstselbst sein eigenes Marterinstrument, eben das Kreuz, anpacken und tragen. Genau das war ja die Charakteristik von Jesu „Kreuztragen". Wobei Jesus das sogar freiwillig, aus eigenem Entschluss, getan hat.

Was bedeutet das für unsere Nachfolge? Beinhaltet unsere real gelebte Nachfolge ein „Kreuztragen" dieser Kategorie und ist deshalb „*seiner wert*"? Wer etwa meint, Jesus beschreibe damit lediglich das stoische Ertragen der einen oder anderen Unpässlichkeit, der irrt gewaltig!

- Vers 39: „*Wer sein Leben findet, der wird's verlieren; und wer sein Leben verliert um meinetwillen, der wird's finden.*"

Das „*Leben verlieren*" (wörtlich „*die Seele*" oder „*die Psyche verlieren*") meint natürlich nicht etwa, den Verstand zu verlieren oder total „aus der Spur" zu geraten, sondern das „innerweltliche" Leben zu verlassen und unsere Seele/unser Leben vollumfänglich Gott anzuvertrauen. Das ist ja immer die Intension Jesu: Völlige Übergabe an seinen Vater, vollziehbar durch ihn, seinen Sohn. Wer das tut, so formuliert es Jesus, der „*verliert sein Leben*", wird es aber (in der neuen Beziehung zu Gott) wieder „*finden*".

Gemeint ist also vollkommener Rückzug aus dieser Welt und Absage an alles Weltliche zugunsten radikaler und alles umfassender Jesus-Nachfolge. Leben wir das?

Genau so, so radikal und kompromisslos, versteht Jesus Jüngerschaft. Das sind seine Maßstäbe für echte Nachfolge.

Trauen wir uns noch, diese Radikalität seiner Anforderungen nicht nur zur Kenntnis zu nehmen, sondern sich den daraus folgenden Konsequenzen für unsere individuelle christliche Lebensgestaltung auch zu stellen? Oder geben wir uns stattdessen mit einer Weichspüler-Variante biblischer Jesus-Aussagen zufrieden?

In dem Zusammenhang sei hier noch einmal betont: Genau aus diesem Grund, weil wir in der Tendenz verhaftet sind, nicht nur Jesusworte, sondern die Bibel in ihrer Gesamtaussage immer wieder zu verwässern und zu verharmlosen, genau deswegen zitiere ich laufend aus der Bibel. Mag sein, dass das für machen Leser eher störend wirkt, aber ich erhoffe mir dadurch, dass ich so den „Esprit" des geoffenbarten Wortes Gottes in dieses Buch hineinlegen und zum Aufleuchten bringen kann.

***

Diese ganze Einseitigkeit in unserer Bibelinterpretation inklusive der Differenz zwischen dem, was damals „Glauben" bedeutete und dem, was wir heutzutage darunter verstehen und praktizieren, dies alles zu erkennen heißt aber, eine grundlegende und geistlich existentielle Problematik zu enttarnen. Es geht offensichtlich um einen glaubenskonstituierenden Missstand und nicht nur um ein peripheres Problem oder um eine ärgerliche Randerscheinung der Unvollkommenheit.

Es geht um die Basis des Christseins.

Es geht um unseren Glauben schlechthin.

Da also haben wir ein Problem. Und zwar ein gewaltiges, denn wir „glauben" offensichtlich ziemlich anders als die Christen damals. Wir glauben nicht konform der biblischen Vorbilder und damit irgendwie „außerhalb" der biblischen Vorgabe dessen, was dort „Glauben" genannt wird und darstellt. Denn eine andere Vorgabe als diejenige der Bibel gibt es ja eben für echte Christen, für Nachfolger Jesu, nicht.

Also müssen wir an dieses Problem ran, ohne falsche Zurückhaltung oder Bescheidenheit.

Dazu möchte ich nachfolgend fünf zunehmend stärker zu Tage tretende Schwachstellen in unserem evangelikalen Glaubensverständnis und Glaubensvollzug aufzeigen:

4.1 Schwachstelle „glauben statt tun"

Unser Verständnis von „Glauben" ist fast vollständig charakterisiert durch die irrtümliche Meinung, das Entscheidende dabei sei, „das Richtige" zu glauben und Jesus sowie die Bibel „für wahr" zu halten.

Indem wir dies aber als den wesentlichen Kern des Glaubens verinnerlichen, transformieren wir unsere Glaubensbeziehung völlig auf die intellektuelle, also auf eine rein denkerische Ebene! Wenn wir meinen, „richtig" zu glauben reiche völlig aus, dann verkopfen wir den Glauben; wenn wir davon ausgehen, die Hauptsache sei doch, dass wir „die Wahrheit" begriffen und bejaht hätten, dann vollziehen wir eine rein geistige, verstandesgemäße Hinwendung zu Jesus.

Als logische Folge davon praktizieren wir dann natürlich auch einen rein intellektuellen christlichen Lebensstil: „Christ" ist dann eben jeder, der richtig denkt und Jesus, Gott und die Bibel als Wahrheit akzeptiert. Diese Geisteshaltung reicht dann völlig, um ein „Nachfolger Jesu" zu sein.

Irrtum!

Denn das *„für-wahr-halten des Richtigen"*, also das Begreifen der Bedeutung Jesu, das Verstehen seiner Rettungstat und das persönliche Annehmen seiner Vergebung, ist lediglich der Einstieg, der Start in das Abenteuer „Glauben".

Das denkerische Erfassen dieser Wahrheiten ist die Grundlage. Diese Grundlage ist natürlich wichtig, denn darauf baut dann „glauben" auf. Aber es ist eben bloß die Grundlage, bloß der Einstieg. Nicht der Glaube selbst!

Das ist etwa so, wie wenn Du einen neuen Raum betreten solltest, aber auf der Türschwelle stehen bleibst. Die Tür zu öffnen ist unerlässlich, um überhaupt in den Raum hinein gelangen zu können. Es ist also richtig und wichtig, die Tür zu öffnen. Wenn Du dann aber in der geöffneten Tür verharrst, bist du nicht im Eigentlichen. Denn Du solltest eigentlich den Raum betreten, nicht bloß die Tür öffnen! Lediglich den Raum vor sich zu haben, vielleicht sogar in ihn hineinsehen zu können, ist bei weitem nicht dasselbe wie tatsächlich hineinzugehen und wirklich drin zu sein!

Wer also im Türrahmen des *„für Wahrhaltens"* stehen bleibt, der kann nicht wirklich als *„Glaubender"* bezeichnet werden. Man muss dazu eben den Raum des Glaubens auch betreten! Stillstand auf dieser alleruntersten Stufe – bildlich: das Verharren in der Türöffnung - ist also weit mehr als nur eine Verkürzung des tatsächlichen Gehalts von „Glaube". Das bloße Erkennen der Grundlage, ohne den Aufbau auf dieses Fundament tatsächlich in Angriff zu nehmen, ist vielmehr eine derartig starke Verzerrung dessen, was Jesus eigentlich meint, dass eine solche („unsere"!) Art des Glaubens völlig kraft- und wirkungslos verpufft.

***

Jesus hat den Schwerpunkt ganz woanders hingelegt. Ihm ging es nicht um die intellektuelle Erfassung des „Richtigen", sondern um das Tun, das

Umsetzen, das Ausleben des Glaubens! Es ging ihm um konkreten Lebensvollzug, um Nachfolge als Handeln, als Praxis, als Lebensstil. Er hat uns keine neue Ideologie, sondern ein neues Lebenskonzept vorgelegt! Das in Taten umgemünzte konkrete Ausleben des Erkannten: Das ist für Jesus „Glauben". Das richtige Denken (*„für wahr halten"*, *„das Richtige glauben"*) ist dazu lediglich der Einstieg.

Dieser Einstieg ist, wie gesagt, durchaus unerlässlich, denn er begründet die dem geheiligten Lebensvollzug adäquate Geisteshaltung, die einen Jesus-Nachfolger auf dem neu gestarteten Lebensweg begleiten soll. Er ist die ihn begleitende und unterstützende Denkkomponente innerhalb der Gesamtmaßnahme „Glauben".

Aber bei dieser Gesamtmaßnahme ist eben vorrangig „Herz und Hand" gefordert, nicht Hirn! Es geht Jesus in erster Linie um richtiges Tun, nicht bloß um richtiges Denken!

In dieser Hinsicht ist Jesus kaum misszuverstehen. Man achte beispielsweise einmal bewusst auf das Ende der zwei großen Predigten, die uns von ihm überliefert worden sind: Die „Bergpredigt" in Matthäus 5-7 und die „Feldrede" in Lukas 6,20-49. Beide Predigten beendet Jesus nun eben nicht mit *„Habt ihr das alles verstanden?"* oder mit *„Vergesst das nicht!"*, was beides an das intellektuelle Aufnehmen seiner Rede appellieren würde. Stattdessen legt er größten Nachdruck darauf, dass das eben Gehörte jetzt auch „zu tun" sei: Die letzten sechs Verse (Feldrede) beziehungsweise neun Verse (Bergpredigt) verwendet Jesus ausschließlich auf den mehrfachen Hinweis, dass das eben von ihm Gesagte nun tatsächlich ausgeführt werden soll. Und in beiden Reden weist er unmittelbar davor noch mehrere Verse lang darauf hin, dass ein Baum an seinen Früchten erkennbar sei – womit er sicherlich nicht die Früchte intellektueller Denkleistungen meint!

Allein der Umfang dieser abschließenden Hinweise Jesu, dass das Tun gefragt ist – beide Male etliche Verse lang! - zeigt uns, wie wichtig Jesus diese Umsetzung seiner Lehren ist! Und um dies noch zu verstärken, fordert Jesus seine Zuhörer sogar mit der Provokation *"Was nennt ihr mich aber »Herr!«, »Herr!«, und tut nicht, was ich euch sage?"* (Lukas 6,46) oder *„Es werden nicht alle, die zu mir sagen »Herr!«, »Herr!« in das Himmelreich kommen, sondern die den Willen tun meines Vaters im Himmel!"* (Matthäus 7,21) heraus.

Noch deutlicher kann uns das Jesus wirklich nicht vor Augen malen! Er hätte doch stattdessen auch sagen können *"Was nennt ihr mich aber »Herr!«, »Herr!«, und glaubt nicht, was ich euch sage?"* oder *„Es werden nicht alle, die zu mir sagen »Herr!«, »Herr!« in das Himmelreich kommen, sondern die den Willen meines Vaters im Himmel ernstnehmen!"*

Das sagt er aber nicht. Stattdessen legt er den Schwerpunkt unmissverständlich und wortwörtlich auf das „Tun", das Ausführen seiner Worte.

Auch bei anderen Gelegenheiten weist Jesus immer wieder nachdrücklich auf das „Tun" hin:

- So gehören beispielsweise nach Lukas 8,21 nur diejenigen zu seiner „geistlichen Familie", die „Gottes Wort hören und *tun*", und nicht etwa diejenigen, die „hören und für wahr halten";

- nach Johannes 15,14 nennt er ausschließlich diejenigen seine „Freunde", die „*tun*, was er ihnen gebietet";

- als ihn ein Schriftgelehrter in Lukas 10,25 fragt, was er denn tun muss, um das ewige Leben zu erhalten, weist Jesus nicht etwa auf „korrekten Glauben" hin, sondern erzählt ihm, was der barmherzige Samariter Konkretes tat, und fordert ihn abschließend auf: „Geh hin und *tu* desgleichen!" (Lukas 10,37);

- in Johannes 7,17 weist er darauf hin, dass man einfach „den Willen Gottes *tun*" soll, um sich über die Authentizität seiner Lehre klar zu werden und sich dadurch der Echtheit des Glaubens zu versichern;

- den Theologen Nikodemus klärt er in Johannes 3,21 darüber auf, dass die Wahrheit „zu *tun*" (und nicht etwa nur „für wahr zu halten") sei;

- den Jüngern erklärt er in Johannes 13,15 die Fußwaschung als Beispiel: *„Damit ihr tut, wie ich euch getan habe!".* Und doppelt im übernächsten Vers gleich noch nach mit *„selig seid ihr, wenn ihrs tut!"*;

- dem Hauptmann von Kapernaum bestätigt er auf sein Führungsstil-Statement in Matthäus 8,9 *„Wenn ich zu einem Soldaten sage: Geh hin!, so geht er; und zu einem andern: Komm her!, so kommt er; und zu meinem Knecht: Tu das!, so tut er's!",* dass er genau solchen tätigen, ausführenden Gehorsam unter *„Glauben"* versteht;

- und wenn er es für nötig ansieht, den Jüngern vor seiner Rückkehr in den Himmel noch mehrfach und bei unterschiedlichen Gelegenheiten sogenannte *„Sendungsbefehle"* – und nicht etwa *„Glaubensbefehle"* oder ähnliches! - mitzugeben, dann erwartet er von ihnen also ausdrücklich, dass sie etwas tun!

Zuweilen wird Jesus sogar überaus deutlich bei seinen Ermahnungen, sein Wort auch tatsächlich konkret anzuwenden und umzusetzen, indem er seinen Forderungen Nachdruck verleiht durch Warnungen an diejenigen Jünger, die sich möglicherweise erlauben könnten, seine Handlungsanweisungen zu ignorieren:

- Nach Matthäus 16,27 wird Jesus bei seiner Wiederkunft *„einem jeden vergelten nach seinem Tun",* wobei zu beachten ist, dass er dies ausdrücklich nicht auf das finale „Weltgericht an allen Menschen" bezieht, sondern gemäß Vers 24 exklusiv zu seinen Jüngern sagt!

- Wenn er nach Matthäus 5,13-16 seine Nachfolger auffordert, *„Licht und Salz"* für die Welt zu sein, dann erklärt er dazu, dass dadurch die Menschheit deren *„gute Werke sehen"* soll. Und wozu soll diese die *„guten Werke"* der Christen sehen? Um deren *„Vater im Himmel zu preisen"* – also eindeutig ein Ergebnis eines erfolgreich ausgeführten Sendungsbefehls! Auf diese Art und Weise – also durch das Sein und die Ausstrahlung von *„Licht"* sowie das Wirken von *„Salz"* – sollen dieser Befehl umgesetzt werden, und nicht etwa bloß durch Verkündigung von *„Du sollst ans Richtige glauben ..."*! Und Jesus betont hierzu ausdrücklich, dass wirkungsloses Salz (also das Fehlen von Werken/Taten, deren Ausstrahlungskraft sich evangelistisch überzeugend auswirken) *„zu nichts nütze"* sei und deshalb *„weggeschüttet"* werde!

- Wenn er von seinen Nachfolgern in Johannes 15,5 als *„Reben"* an seinem *„Weinstock"* viel Frucht erwartet, dann stellt er zum einen mit der Begründung *„denn ohne mich könnt ihr nichts tun!"* klar, dass er dabei offensichtlich nicht von denkerischen *„Früchten"* ausgeht. Zum anderen weist er gleichzeitig aber auch noch darauf hin, dass *„jede Rebe am mir, die keine Frucht bringt"*, vom Vater, dem Weingärtner, *„weggenommen"* (Vers 2) und danach *„weggeworfen wird"*, *„verdorrt"* und *„ins Feuer geworfen wird"*, wo sie *„verbrennen muss"* (Vers 6)!

- Nachdem er die Knechte in seinem Gleichnis von den „anvertrauten Pfunden" in Lukas 19,13 mit *„handelt, bis ich wiederkomme!"* beauftragt hatte, lobt und beschenkt er nach seiner Rückkehr diejenigen, die seinen Auftrag konkret und mit Einsatz umgesetzt haben. Auf der Kehrseite jedoch wird derjenige, der auf der faulen Haut lag und nichts getan hat, als *„böser Knecht"* getadelt (Vers 22) und im Parallelgleichnis nach Matthäus auch noch als *„fauler"* sowie *„unnützer Knecht"*, *der* sogleich *„in die Finsternis, da Heulen und Zähneklappern sein wird"* (Matthäus 25,26+30) geworfen werden soll!

Bei Jesus ist also unmissverständlich *„anpacken!"* und *„ausführen!"* angesagt! Es geht immer vorrangig um das *„Tun"* als Ausdruck echten Glaubens! Eine rein denkerische Zustimmung ist ihm nachweislich nicht nur zu wenig, sondern offensichtlich genau das, was er um jeden Preis verhindern will!

Wir jedoch machen genau dies. Also das, was er auf keinen Fall will: Wir verstehen „Glauben" nur intellektuell.

Und praktizieren ihn dann entsprechend.

Also eigentlich gar nicht.

∗∗∗

Woher kommt's? Warum ist „Glauben" bei uns vorwiegend ein denkerischer Akt?

Ein wesentlicher Grund hierfür liegt in unserem deutschen Verständnis des Begriffs „glauben". Hier besteht nämlich ein krasses, aber leider unausrottbares semantisches Missverständnis. Unser deutscher Sprachgebrauch versteht unter *„glauben"* nämlich etwas gänzlich anderes als das, was das griechische Wort, das im Neuen Testament dafür verwendet wird, ursprünglich meinte.

Das griechische Wort, das Luther vor rund 500 Jahren mit *„glauben"* übersetzte, heißt *„pisteuein"* und bezeichnet eine vertrauensvolle Beziehung zwischen zwei Bündnispartnern. Unser deutscher *„Glaubens"*-Begriff hat sich aber in den Jahrhunderten seit Luther stark verändert. Es gibt inzwischen eine klare Bruchstelle, an der sich das deutsche Wort *„glauben"* so sehr vom biblischen *„pisteuein"* entfernt hat, dass sich deren Bedeutungen völlig voneinander gelöst haben.

Deutsches *„glauben"* drückt nämlich in unserer Umgangssprache aus, dass wir an etwas festhalten, war wir nicht sicher wissen können. *„Ich glaube, dass morgen das Wetter gut wird!"* oder *„Ich glaube, unser Nachbar hat sich einen Hund angeschafft!"* sind Beispiele solch typischer „Glaubenssätze" unserer Kultur. Sie drücken aus: *„Die Vermutung liegt nahe..."*, *„Es könnte sehr wohl sein..."* oder *„Alles deutet darauf hin, dass...!"*, wobei wir allerdings keine Sicherheit diesbezüglich haben; uns fehlen eindeutige Nachweise und stichhaltige Fakten zu dieser Sicht der Dinge.

121

Oder, um es auf den Punkt zu bringen: „*glauben*" bedeutet im Deutschen: *Festhalten an etwas, das man nicht sicher weiß oder wissen kann!*

Griechisches „*glauben*" (also „*pisteuein*") hingegen kann man durchaus und korrekt auch mit „*vertrauen*" übersetzen. Damit käme man heutzutage auch wesentlich näher an die ursprünglich biblische Bedeutung des Begriffs heran. Aber Luther hat es nun mal mit „*glauben*" übersetzt, und daran haben wir uns hierzulande gewöhnt. Ein Christ ist deshalb bei uns ein „*Gläubiger*", wir haben sogenannte „*Glaubensbekenntnisse*" und „*glauben an Gott*". Keiner würde uns Christen als „*Vertrauende*" bezeichnen, wir haben keine „*Vertrauensbekenntnisse*", und dass wir Gott „*vertrauen*" ist für uns lediglich eine Folge, nur eine Facette „*wahrhaftigen Glaubens*", nicht aber der Glaube selbst.

Letzteres müsste es aber sein.

Biblisches „*glauben*" ist nämlich voll und ganz ein Beziehungsakt, weil „*pisteuein*" ein Beziehungsbegriff ist. Unter anderem deswegen wäre „*vertrauen*" auch eine heutzutage sinnvollere Übersetzung des Wortes, denn Vertrauen kann nicht auf ausschließlich denkerischer Ebene ausgelebt werden. Es braucht dazu immer ein Gegenüber, und „*Vertrauen*" charakterisiert dann den konkreten und gelebten Beziehungsstil dieser Person gegenüber. Also genau das, was unser Verhältnis Jesus gegenüber ausmachen sollte.

Der biblische „*pisteuein*"-Glaube hat nichts, aber auch gar nichts mit unserem deutschen „*Für wahr halten, was man nicht sicher weiß!*" oder dergleichen zu tun. Vielmehr ist biblisches „*pisteuein*" eine auf Vertrauen basierende Sicherheit, die uns unser „Vertragspartner" (Gott ist ja einen Bund mit uns eingegangen!) gibt und aufgrund dieser Sicherheiten, die unser Vertrauen laufend rechtfertigen, gestalten wir unser Leben bewusst nach seinem Willen und nach seinen Weisungen.

Die Bibel meint also mit „*glauben*", dass wir vertrauensvoll genau das ausleben („*tun*"), was Jesus, unser „verlässlicher Partner", uns vorgibt. Dies umzusetzen und konkret zu leben ist demzufolge der Nachweis echten, biblischen Glaubens – und nicht ein *„Für wahr halten des Richtigen"*!

***

Seine damaligen Jünger haben das kapiert.

Allen voran ist hier der Apostel Jakobus zu erwähnen. Keiner hat so sehr darauf gepocht wie er, dass christlicher Glaube sich keinesfalls darin erschöpfen kann, lediglich das Richtige als *„wahr"* anzusehen. Ob er vielleicht geahnt hat, dass an dieser Nahtstelle etwas gründlich schieflaufen könnte? Hat er vorausgesehen, dass kommende Nachfolger-Generationen genau hier zu Glaubensverweigerern statt zu Glaubensbezeugern mutieren werden?

Ein langer Abschnitt seines neutestamentlichen Briefes, nämlich Jakobus 2,14-26, ist dem Thema *„Glauben ohne Werke"* gewidmet und gipfelt in Aussagen wie etwa *„Willst du nun einsehen, du törichter Mensch, dass der Glaube ohne Werke nutzlos ist?"* (Vers 20) oder *„Denn wie der Leib ohne Geist tot ist, so ist auch der Glaube ohne Werke tot!"* (Vers 26).

Dieser Abschnitt ist nicht etwa, wie zuweilen behauptet wird, eine Art „Sonderlehre" von Jakobus, sondern schlicht eine Auslegung der immer wieder von Jesus betonten Aufforderungen zum *„Tun!"*.

„Werke" meint bei Jakobus nämlich keinesfalls „Werkgerechtigkeit" und auch nicht etwa lediglich „diakonischer Lebensstil", wie uns die von ihm dazu aufgeführten biblischen Vorbilder Abraham (V.21: *„Ist nicht Abraham ... durch Werke gerecht geworden, als er seinen Sohn Isaak auf dem Altar opferte?"*) oder die Prostituierte Rahab (V.25: *„Desgleichen die Hure Rahab, ist sie nicht durch Werke gerecht geworden, als sie die Boten aufnahm und ließ sie auf einem anderen Weg hinaus?"*) unschwer erkennen lassen. Der Fokus liegt hier unzweifelhaft auf: *„Einfach das tun, was Gott uns aufträgt!"* (beziehungsweise der Heilige Geist, auf den Jakobus in Vers 26 in erweiter-

123

tem Sinne ja auch hinweist). Denn darauf basierte eben ihre „Gerechtigkeit vor Gott".

Außerdem hat Jakobus schon im ersten Kapitel seines Briefes darauf hingewiesen, was er unter „*Werke*" versteht: „*Seid aber Täter des Worts und nicht Hörer allein, sonst betrügt ihr euch selbst!*" und ergänzt dies drei Verse später mit dem Hinweis, dass nur „*ein Täter selig sein wird in seiner Tat!*" (Jakobus 1,22+25). Schon hier stellt er also klar: Es geht um das Tun, um das reale Ausführen der Worte Jesu!

Aber aufgepasst: Gemeint ist mit „*Werke*" auch nicht etwa „fromme Wuseligkeit" oder „Nachweis der Rechtgläubigkeit durch emsiges Mitarbeiten"! Die „*Werke*" der von Jakobus zitierten Beispiele Abraham und Rahab bestanden doch auch nicht darin, dass sie emsig und pausenlos für Gott gearbeitet hätten, sondern sie haben lediglich genau das getan, was Gott ihnen in einer speziellen Situation vorlegte und konkret von ihnen erwartete.

Mir steht dazu das Negativ-Beispiel eines Gemeindeleiters vor Augen, der sich dadurch unentbehrlich machte, dass er sich pausenlos und emsig immer für seine Gemeinde einsetze, sei es handwerklicher Art oder auch in der Verkündigung. „Werke" in Hülle und Fülle!

Beim ersten Hinsehen und von außen betrachtet: Vorbildlich! Wer hätte es wagen sollen, seine Rechtgläubigkeit in Frage zu stellen? Sprachen nicht seine (vielfältigen) Werke für ihn?

Allein: Es fehlten die „Früchte" bei ihm.

Nicht umsonst hat bekanntlich Jesus mehrfach darauf hingewiesen, dass die Authentizität echter Nachfolge an den Früchten erkennbar sei (zum Beispiel Lukas 6,43+44; Matthäus 7, 16-20 und 12,33). Solche waren aber im engagierten Wirken dieses Gemeindeleiters nicht nachweisbar.

Im Gegenteil: Die Gemeinde entwickelte sich nicht, zwei Pastoren hintereinander suchten recht bald wieder das Weite, und selbst seine Ehefrau und teilweise auch seine Kinder verloren zusehends ihren Glauben.

Und wer noch genauer hinsah, der stellte verblüfft fest, dass er sogar in der Öffentlichkeit seines Wohnortes lediglich einen zweifelhaften Ruf genoss.

Offensichtlich also keine „Früchte"-Bestätigung seiner Werke durch den Heiligen Geist! Dessen ungeachtet ist er weiterhin emsig und unermüdlich in der Gemeinde zu finden. Bis heute: werkelnd, verkündigend, leitend.

Unverzichtbar!

Seine Gemeinde allerdings steht kurz vor dem Aus!

Auch so sollte man folglich die geforderten „Werke" nach Jakobus keinesfalls interpretieren!

Es bleibt also dabei: Jakobus spricht zweifellos genau über unser Thema, nämlich über einen „Placebo-Glauben", der sich darin erschöpft, lediglich das Richtige als Wahrheit zu akzeptieren. Und Jakobus findet zu dieser Abart des Glaubens deutliche Worte: „sich selbst betrügen" (1,22), „nutzloser Glaube" (2,20) und „toter Glaube" (2,26)!

Und wie wenn das noch nicht deutlich genug wäre, setzt er noch einen obendrauf, indem er die rhetorische Frage: „Du glaubst, dass nur Einer Gott ist?" beantwortet mit der provokativen Feststellung „Die Teufel glauben's auch und zittern!" (2,19), was ja nichts anderes bedeutet, als dass ein alleiniges „Für wahr halten Gottes" selbst mit „teuflischer" Gesinnung keine besondere Leistung darstellt. Oder etwas drastischer ausgedrückt: Ein Glaube, der lediglich denkerisch „für wahr" hält, hat mit Gott absolut nichts zu tun und kann durchaus auch teuflischen Ursprungs sein. Selbst wenn er das Richtige „für wahr" hält.

Wie deutlich muss es uns Jakobus noch vor Augen stellen, dass wir uns mit unserem „Placebo-Glauben" des alleinigen „Für-wahr-haltens" völlig auf das Abstellgleis manövriert haben?

***

Aber nicht nur Jakobus, sondern auch die anderen Apostel gehen davon aus, dass echter Glaube immer tätiger Glaube ist. Allerdings ist auffallend, dass lediglich Jakobus dies explizit zum Thema macht; für alle anderen Apostel war es offensichtlich schlicht selbstverständlich, dass sich Glaube an Jesus immer in Taten ausdrückt.

Das erstaunt keineswegs, denn natürlich war diesen ersten Jüngern aus ihrer Zeit an Jesu Seite noch absolut präsent, was dieser unter „Glaube" verstand. Wir haben ja soeben betrachtet, wie klar und deutlich sich Jesus immer wieder dazu geäußert hat. Das haben die Apostel sicherlich „Eins-zu-Eins" und von Anfang an allen neu gegründeten Gemeinden und deren Mitarbeitern vermittelt, so dass sie dies in ihren Briefen nicht mehr extra thematisieren mussten. Aus diesem Grund streifen sie dieses Thema oft eher beiläufig, formulieren aber stets in einer Art und Weise, die klar erkennen lässt, dass es für sie offenbar schlicht undenkbar wäre, dass echte Nachfolger ihren Glauben lediglich intellektuell verstehen und rein denkerisch leben könnten.

Beispielsweise Paulus. Immer wieder ermahnt er zum „*Tun*": „*Seid nicht träge in dem, was ihr tun sollt!*" (Römer 12,11); „*Alles, was ihr tut ... das tut alles im Namen des Herrn Jesus!*" und „*Alles, was ihr tut, das tut von Herzen als dem Herrn!*" (Kolosser 3,17+23); „*Lasst's euch nicht verdrießen, Gutes zu tun!*" (2. Thessalonicher 3,13); „*Schafft, dass ihr selig werdet!*" (Philipper 2,12); „*Was ihr auch tut, das tut alles zu Gottes Ehre!*" (1. Korinther 10,31) oder auch gleich zweimal hintereinander „*Lasst uns aber Gutes tun!*" (Galater 6,9+10).

Seine Mitarbeiter Timotheus und Titus weist er mehrfach darauf hin, wie unerlässlich „*gute Werke*" seien: Witwen sollen „*ein Zeugnis guter Werke haben*" und „*allem guten Werk nachgekommen*" sein (1. Timotheus 5,9+10), Begüterte sollen „*reich werden an guten Werken*" (1. Tim 6,18) und Titus soll sich selbst zum „*Vorbild guter Werke machen*" (Titus 2,7). Er begründet das damit, dass die von Jesus Erlösten nun „*Gottes zum Eigentum gereinigtes Volk*" darstellten, das „*eifrig wäre zu guten Werken*" (Titus 2,14), auf die

Paulus offenbar starken Wert legt, weil er kurz darauf gleich nochmals darauf zu sprechen kommt: Gläubige sollen *„darauf bedacht sein, sich mit guten Werken hervorzutun"* (Titus, 3,8) und dann den Brief auch noch abschließt mit dem erneuten Hinweis, Titus soll die Seinen lehren, *„sich hervorzutun mit guten Werken"* (Titus, 3,14).

Auch die Epheser erinnert er daran, dass sie in Jesus Christus geschaffen seien *„zu guten Werken, dass sie darin wandeln sollen"* (Epheser 2,10). Den Kolossern wiederum erklärt er, dass *„würdig zu leben"* selbstverständlich auch *„Frucht zu bringen in jedem guten Werk"* (Kolosser 1,10) beinhalte.

Es ist deshalb nur logisch, dass Paulus seinen Mitarbeiter Titus anweist, sich zum *„Vorbild guter Werke"* (und nicht etwa zum *„Vorbild starken Glaubens"* oder so ähnlich) zu machen (Titus 2,7); und wenn er sich selbst den Philippern gegenüber als Glaubensvorbild hinstellt mit *„Was ihr gelernt und empfangen und gehört und gesehen habt an mir, das tut!"* (Philipper 4,9), dann fordert er eben nicht *„... das glaubt!"* oder *„... das übernehmt!"* ein, sondern ausdrücklich konkretes Handeln: *„... das tut!"*. Oder wenn er sie in Philipper 3,17 auffordert, *„mit ihm Christus nachzuahmen"*, dann bezieht er das ausdrücklich auf das *„wandeln, wie ihr uns zum Vorbild habt!"*, also auf den konkreten Lebensstil und nicht nur auf Rechtgläubigkeit und fromme Gesinnung.

Selbstverständlich redet Paulus dabei nicht etwa von Werken, mit denen man vor Gott gut dastehen und sich das Himmelreich verdienen will, sondern von der logischen Konsequenz des Verhaltens aufgrund richtig verstandenen Glaubens.

Einmal wird er dann auch noch richtig deutlich, nämlich als er den Galatern erklärt, dass ausschließlich *„der Glaube, der durch die Liebe tätig ist, in Jesus gilt"* (Galater 5,6). Damit schließt auch er, wie Jakobus, einen intellektuellen, rein verstandesmäßig gelebten Glauben ausdrücklich aus.

Paulus lässt also jederzeit durchblicken, dass tätiger Glaube für ihn eine Selbstverständlichkeit ist. Und das gilt auch für die Apostel Johannes und Petrus:

Johannes erwarten von seinen Lesern, dass sie den *"Willen Gottes tun"* (1. Johannes 2,17), *"Gerechtigkeit tun"* (1. Johannes 2,29 und 3,7) oder *"Gutes tun"* (3. Johannes 11); Gebetserhörungen dürfen diejenigen erwarten, die *"seine Gebote halten und tun, was vor ihm wohlgefällig ist"* (1. Johannes 3,22). Und richtig deutlich wird auch er, wenn er darauf hinweist, dass man bitteschön *"nicht mit Worten noch mit der Zunge, sondern mit der Tat und mit der Wahrheit"* lieben soll (1. Johannes 3,18).

Desgleichen Petrus, der in seinem ersten Brief zweimal darauf hinweist, dass Christen selbstverständlich *"das Gute tun"* (1. Petrus 2,20 und 4,19) und man an ihnen *"gute Werke sehen"* soll (1. Petrus 2,12). Außerdem sei es sogar Gottes Wille, durch *"Tun des Guten den unwissenden und törichten Menschen das Maul zu stopfen!"* (1. Petrus 2,15).

Es darf also mit Fug und Recht behauptet werden, dass sich sämtliche Apostel durchgehend darin absolut einig sind: Glaube muss tätig sein!

Der Hebräerbrief weist uns außerdem darauf hin, dass es darum gehe, dass *"jeder von euch denselben Eifer beweise, die Hoffnung festzuhalten bis ans Ende, damit ihr nicht träge werdet!"* (Hebräer 6,11+12). Eine interessante Formulierung! Das griechische Wort für *"Eifer"* bedeutet auch *"Fleiß"* oder *"Emsigkeit"*, also das genaue Gegenteil von Trägheit, was durchaus logisch nachvollziehbar ist. Erstaunlich ist hingegen, in welche Richtung man *"Eifer beweisen"*, *"fleißig"* oder *"emsig"* sein soll: In Bezug auf das *"Festhalten an Hoffnung"*!

Leuchtet uns das ein? *"Fleißig* oder *"emsig"* an einer *"Hoffnung"* festhalten? Daran festzuhalten würden wir doch spontan erst mal als passiven Vorgang einstufen, weil das ja lediglich denkerisch-philosophisch im Sinne einer *"intellektuellen Beharrlichkeit"* zu leisten wäre, oder?

Das sieht der Hebräerbrief offensichtlich anders. Für ihn manifestiert sich das „Festhalten" durch aktiven „*Eifer*", durch „*Fleiß*" und „*Emsigkeit*". Nun gibt uns diese Bibelstelle allein keinen klaren Einblick, was der Autor des Hebräerbriefes genau unter solcherart „aktivem Festhalten" versteht. Aber die Parallelstelle in Hebräer 10,23, in der er erneut das „*Festhalten an der Hoffnung*" thematisiert, zeigt an, dass hier kein sprachlicher Zufall oder eine Ungenauigkeit vorliegt, denn auch dort verbindet er dieses „*Festhalten an der Hoffnung*" direkt mit einer Aufforderung zum aktiv tätig sein, nämlich mit „*Lasst uns aufeinander achthaben und einander anspornen zur Liebe und zu guten Werken!*" (Hebräer 10,24).

Noch an weiteren Stellen macht der Schreiber des Hebräerbriefs sehr wohl deutlich, in welchen Kategorien er diesbezüglich denkt, etwa wenn er erklärt, dass der Wille Gottes „*zu tun*" sei, um „*das Verheißene zu empfangen*" (Hebräer 10,36), oder „*Tüchtigkeit in allem Guten*" darin bestehe, „*zu tun seinen Willen*" (Hebräer 13,21). Offensichtlich steht also auch in diesem neutestamentlichen Brief das „*Tun*" des Glaubens im Vordergrund. Er stellt klar: Nur wer aktiv (eben mit „*Eifer*") seinen Glauben lebt, „*hält an der Hoffnung fest*"; nicht aber derjenige, der lediglich stur an dasselbe glaubt, was er schon immer geglaubt hat und was er für „richtig" hält.

Glaube, der keine gelebten Auswirkungen im Alltag bewirkt, der nicht in Taten und Handlungen umgemünzt wird, der nicht in Herz und Hand einfließt, der nicht täglich umgesetzt wird und einen sicht- und erlebbaren „anderen" Lebensstil kreiert, ist also kein „christlicher" Glaube, denn er widerspricht der klaren und deutlich ausgesprochenen Vorstellung des „Christus", also dem Namensgeber unseres Glaubens, sowie auch dem eindeutigen Verständnis sämtlicher Autoren des Neuen Testaments.

***

Und eins soll hierzu auch mal im Klartext benannt werden: Wer immer und vorschnell, wenn im Neuen Testament von „*tun*" oder von „*Werken*" die Rede ist, sofort auf das Thema „Werkgerechtigkeit" umschwenkt, der muss sich im Klaren darüber sein, dass dies zumeist nichts anderes als eine plumpe Ausrede oder ein Kaschierungsversuch eines *Placebo-Gläubigen* ist.

Diese törichte Ausflucht durchschauen übrigens nicht nur aufmerksame Mitchristen, sondern natürlich auch Jesus selbst.

***

Glaube, der rein intellektuell gelebt wird und sich auf ein „*Für wahr halten des Richtigen*" beschränkt, statt real tätig zu werden, verflacht. Zwangsläufig und immer.

Und das ist tagtäglich in unseren Gemeinden beobachtbar.

Nochmal Paulus. Er geht davon aus, dass sich ein gesunder christlicher Glaube permanent weiterentwickelt. Ein stetig fortschreitendes Glaubenswachstum, auch „*Heiligung*" genannt, ist für ihn der Normalzustand für echte Christen, woran er beispielsweise die Thessalonicher wie folgt erinnert: „*Denn das ist der Wille Gottes, eure Heiligung!*" (1. Thessalonicher 4,3). Und in Übereinstimmung mit dem Hebräerbrief, der die Christen auffordert: „*Jagt ... der Heiligung nach, ohne die niemand den Herrn sehen wird!*" (Hebräer 12,14) ist er sich auch nicht zu schade, sich selbst etwa den Philippern als Beispiel fortschreitenden Glaubenswachstums darzustellen: „*Nicht, dass ich's schon ergriffen habe oder schon vollkommen sei; ich jage ihm aber nach ...*" (Philipper 3,12) und „*Ich vergesse, was dahinten ist, und strecke mich aus nach dem, was da vorne ist, und jage nach dem vorgesteckten Ziel ...*" (Philipper 3,13+14).

Glaubenswachstum oder „*Heiligung*" ist also für Paulus das Normale. Was aber versteht Paulus nun konkret darunter? Was genau soll am Glauben wachsen?

Das verdeutlicht er den Korinthern am Ende seines ersten Briefes. Denn auch diese ermahnt er abschließend noch zu fortschreitender Heiligung mit dem Aufruf: *„Seid fest, unerschütterlich und nehmt immer zu ..."* (1. Korinther 15,58).

Worin genau nun sollen sie *„zunehmen"*?

Der Vers geht so weiter: *„... nehmt immer zu in dem Werk des Herrn, weil ihr wisst, dass eure Arbeit nicht vergeblich ist in dem Herrn."*

Worin also sollen sie permanent wachsen? Nicht etwa punkto Vertrauen, Zuversicht, Hoffnung oder Glaubensstärke, was bei einem rein intellektuellen und denkerischen Glauben im Vordergrund stehen würde. Diese Glaubensaspekte sind natürlich für Paulus nicht etwa unwichtig, aber diesbezüglich sollen sie offensichtlich *„fest und unerschütterlich"* bleiben. Zum Wachstum hingegen fordert er sie auf betreffend dem *„Werk des Herrn"* und *„eurer Arbeit"*!

Der <u>tätige</u> Glauben also soll wachsen. Engagement und Einsatz für Jesu Sache, für das Reich Gottes, für Evangelisation und Mission, soll zunehmen. Spezifisch „christliche" Taten und Handlungen sollen immer konsequenter, ausgereifter und nachhaltiger werden; angewandtes und umgesetztes „Christsein" soll immer offensichtlicher unsere Nachfolge charakterisieren.

Was aber beobachten wir bei uns?

Bei uns Evangelikalen geschieht fast durchweg genau das Gegenteil: Bei den meisten Christen nimmt konkretes Engagement im Verlauf ihrer christlichen Karriere ab statt zu. Zumeist schon nach kurzer Zeit: Nach einer ersten Phase der Bekehrungs-Begeisterung über den neu gewonnenen Glauben verflacht real gelebtes Christsein in unseren Reihen oftmals erschreckend bald, Leidenschaft und Einsatzwille von neuen Nachfolgern verflüchtigen sich sichtlich und machen gewohnter Routine, eingespielten Abläufen und allenfalls noch dem einen oder anderen Highlight zum Zwecke der allgemeinen Wohlfühlsteigerung oder Zuversichtsstärkung Platz. *„Heili-*

gung" hat sich damit völlig verabschiedet; jegliches Glaubenswachstum ist ad acta gelegt.

Damit repräsentieren wir allerdings haargenau die Wachstumsverweigerung, die im Buch der Offenbarung exemplarisch auch der Gemeinde von Ephesus zur Last gelegt wird: *„Ich habe gegen dich, dass du die erste Liebe verlässt!"* (Offenbarung 2,4). Diese Haltung wird dort als *„abgefallen"* gebrandmarkt und gleich zweimal mit der dringenden Aufforderung zum *„Buße tun"* verbunden, damit wieder *„die ersten Werke"* getan würden. Ansonsten werde Gott höchstpersönlich *„über sie kommen"* und *„ihren Leuchter umstoßen!"* (Offenbarung 2,5).

Das ist trotz aller prophetischen Umschreibung ziemlich deutlich!

Wenn Gott damals so über die Gemeinde in Ephesus geurteilt hat, was wird er wohl von unseren Gemeinden halten, die wir doch genau dieselbe Schlagseite aufweisen? Umso mehr wir den Ephesern auch insofern gleichen, dass es eben nicht um einzelne Gläubige geht, die ihre Heiligung vernachlässigt beziehungsweise gleich ganz eingestellt haben, sondern dass dieser Virus gleich unisono eine ganze Gemeinde befallen hat!

Also genauso wie bei uns heute. Und Gott ist bekanntlich *„derselbe; gestern, heute und in Ewigkeit"*, wie wir gerne betonen. Dann dürfte er höchstwahrscheinlich in seinem Urteil über eine solche kollektiv vernachlässigte Glaubensentwicklung ebenfalls *„derselbe; gestern, heute und in Ewigkeit"* sein.

Diese übereinstimmende Duplizität müsste uns ziemlich beunruhigen.

Ich weiß, wovon ich spreche; ich habe einige Gemeinde-Neugründungen als Pastor begleitet und den Aufbau solcher Gemeinden teilweise über Jahrzehnte beobachten können.

Kommentar meiner Frau zu einer Gemeinde, die wir in jungen Jahren in ihrer Gründungsphase begleitet hatten: *„Das war doch mal die Gründergeneration!"*. Sie meinte damit die leitenden Geschwister dieser Gemeinde, die wir seit ihren Anfängen bestens kannten. Diese waren zwischenzeitlich leider weitgehend zu motzenden Konsumenten statt zu verantwortungs-bewussten Mitarbeitern „herangereift" und ließen jegliche Anstrengung vermissen, um ihrer Gemeinde, die in ernsthaften und existenzbedrohenden Schwierigkeiten steckte, entschlossen herauszuhelfen. Ratschläge, wie die Gemeinde noch hätte gerettet werden können, wurden mit Desinteresse und achselzuckender Untätigkeit abgetan. Bis hin zur Leitungsebene hatte diese Gemeinde offensichtlich verlernt, tätig zu sein und sich für Jesu Sache einzu-setzen; jahrelange fromme Berieselung und angewöhntes „Sich-um-sich-selber-Drehen" hatten Evangelisationsveranstaltungen, die sie früher durchaus und auch engagiert durchführten, abgelöst.

Paulinisches *„Jagen nach dem Ziel"*? *„Ausstrecken nach dem, was vorne ist"*? *„Zunehmen im Werk des Herrn"*? Alles Fehlanzeige.

In den Anfängen der Gemeinde war das sehr wohl noch ein Charakte-ristikum dieser Christen, deshalb entstand und wuchs damals die Gemeinde. Aber das ist längst vorbei und die *„erste Liebe"* ist verflogen: Permanentes Wachstum auf der Ebene der Taten und Handlungen wurde vernachlässigt, Heiligung war kein Thema mehr und machte einer Bedienungs- und Wohl-fühlmentalität Platz. Inzwischen ist die einst blühende Gemeinde in der Auflösung begriffen.

Zweifellos ein Ergebnis, das wesentlich durch ein „intellektuelles Glaubensverständnis" zustande kam: *„Hauptsache, wir glauben an das Richtige; Hauptsache, wir sind erlöst und kommen in den Himmel; Haupt-sache, wir fühlen uns wohl in der Gemeinde!"*

Das ist genau die Schwachstelle *„glauben statt tun"*. Diese Schwachstelle entsteht durch das einseitige Glaubensverständnis derjenigen Nachfolger Jesu, die ihm nur denkerisch zustimmen. Und weil diese bei uns die über-wiegende Mehrheit darstellen, kranken unsere evangelikalen Gemeinden so stark, dass viele sogar daran zu Grunde gehen.

In derselben Region, in der sich die soeben geschilderte Gemeinde befindet, haben sich übrigens in den letzten Jahren bereits weitere Gemeinden derselben Kongregation aufgelöst. Wen wundert's?

Man mache sich keine Illusionen!

***

Irgendwie erstaunlich, dass an unseren wissenschaftlichen Hochschulen die „Theologie" bei den philosophischen Geisteswissenschaften angesiedelt ist.

Nein, eigentlich nicht erstaunlich. Denn es ist logisch: Wenn wir unter „Glauben" lediglich verstehen, dass man *„das Richtige für wahr"* halten soll, dann besteht die Aufgabe christlicher Theologie tatsächlich nur noch darin, das *„Richtige"* festzustellen und *„Wahrheit"* zu definieren, was beides rein geisteswissenschaftliche Aktionen sind und was im Prinzip auch rein philosophisch abgehandelt werden kann.

Natürlich ist mir bekannt, auf welchem Weg die Theologie, historisch betrachtet, in die Abteilung der Hochschul-Geisteswissenschaften geraten ist. Es ist ja nicht so, dass man irgendwann mal die Theologie dort eingefügt hätte, sondern genau umgekehrt: Es war die Theologie der Alten Kirche, die damit begonnen hat, wissenschaftliches Denken zu fördern, die einzelnen geisteswissenschaftlichen Disziplinen auf hochschulmäßiges Niveau zu bringen und an den entstehenden Universitäten dann als eigene Fakultäten beziehungsweise Fachbereiche zu etablieren. Erst war also die Theologie da, dann erst kamen Philosophie, Psychologie, Religionswissenschaft und ähnliche geisteswissenschaftliche Disziplinen an unsere Hochschulen.

Unterm Strich haben wir aber heute auf universitärer Ebene eine fatale Nähe der Philosophie zur Theologie, so dass man landläufig fast schon die Theologie als eine Nebendisziplin philosophischen Denkens abhandeln könnte – wenn es denn nicht teilweise auch schon so verstanden wird.

134

Es wird ja immer offensichtlicher: Auch auf höchster theologischer Ebene wird in unseren Breitengraden der christliche Glaube zunehmend als Denkmodell einer bestimmten philosophischen Einstellung (nämlich der christlichen) abgehandelt, wenn nicht sogar als leicht suspekte Randdisziplin wissenschaftlichen Denkens: *„Ist christliche Theologie überhaupt noch eine wissenschaftliche Disziplin oder lediglich eine bereits ziemlich angestaubte Religions-Überzeugung einer unbedeutenden Randgruppe?"*

Dass der Glaubensvollzug einer „christlichen Theologie" eigentlich mit konkretem Leben, mit vorbildlich gelebter Moral und Ethik, mit diakonischen Taten und einwandfreiem Lebensstil sowie mit der Durchführung der Sendungsbefehle Jesu umgesetzt werden muss, fällt bei der universitären Theologie weitgehend hinten runter. Auch unsere theologischen Fakultäten betonen stattdessen den rein intellektuellen Aspekt des Glaubens und fördern damit die Priorität des *„Für wahr Haltens des Richtigen".*

Was nichts anderes bedeutet als: Auch unsere theologische Elite lernt von der Pike auf *„glauben statt tun".*

***

Dass es uns nur noch darauf ankommt, das Richtige zu glauben; dass wir tatsächlich der Meinung sind, durch Akzeptanz Gottes und gedanklicher Verinnerlichung einer Jesusbeziehung das Wesentliche des Glaubens verstanden zu haben und sich unsere Nachfolge dann weitestgehend darin erschöpft, das erkennen wir auch daran, dass beispielsweise biblische Kernbegriffe wie *„Bekehrung"* oder *„Buße tun"* in unseren Kreisen zunehmend an Bedeutung verlieren.

Das erstaunt nicht, denn es ist nichts anderes als eine logische Folge unserer unzureichenden *„glauben statt tun"*-Ideologie!

„Sich bekehren?" Also: *„Persönlich umkehren und einen Neustart inklusive neuer Zielsetzung, verändertem Verhalten sowie erneuertem Denken wagen? Womöglich noch von jetzt auf eben?"*

Warum sollte so etwas Herausforderndes und Radikales, so ein existentieller Eingriff in die Individualität, in den persönlichen Lebensstil, den bereits erarbeiteten Sozialstatus sowie die emotionale Befindlichkeit von unseren Kanzeln verkündigt und von unseren Seelsorgern empfohlen werden, wenn es doch absolut reicht, die Realität Gottes zu akzeptieren, Jesus gedanklich anzuerkennen und sich von ihm die Sünden vergeben zu lassen? Für diese Art von *„glauben"* braucht doch niemand eine *„Bekehrung"*! Und folgerichtig sehen wir sie im evangelikalen Lager auf breiter Basis auch nicht mehr als notwendig an, verkündigen und erwarten sie nicht mehr, halten sie für verzichtbar und unnötig.

Und genau dasselbe geschieht mit dem damit zusammenhängenden biblischen Begriff *„Buße tun"* (wörtlich eigentlich *„umkehren"*)!

„Sich seine Schuld, seine vollzogenen Sünden, seinen gottfernen Lebensstil bewusst machen und sämtliche Verfehlungen offen vor Gott zugeben? Sein bisher autonomes Handeln und Denken aus Gottes Sicht beurteilen lassen und dabei zur Erkenntnis gelangen, dass man es gründlich versiebt hat, und daraufhin auch noch seine kapitale Niederlage vor Gott eingestehen und einsehen, dass man ab sofort alles ganz anders angehen muss?"

Das hört sich absolut mühsam und unbequem an – wer will das schon? Und es ist auch gar nicht nötig, dermaßen persönlich und konsequent sein eigenes Leben zur Disposition zu stellen, wenn es doch reicht, Jesus einfach als seinem persönlichen Sündenvergeber dankbar zu sein, ihm lobpreisend *„Herr"* zu nennen und davon auszugehen, dass er das irgendwie nun auch sei in unserem Alltag - wenn auch relativ unbestimmt und ziemlich vage.

Um da hinzukommen, braucht tatsächlich keiner *„Buße tun"*. Folglich gerät auch dieser Begriff zunehmend aus unserem Fokus, er wird kaum mehr ernsthaft gepredigt und schon gar nicht erwartet, denn das wäre ein viel zu persönlicher Eingriff in unsere Privatsphäre.

Die Bibel, also Gottes autorisiertes Reden zu uns, predigt und erwartet allerdings „Bekehrung" und „Buße tun" sehr nachdrücklich. Sowohl im Alten wie auch im Neuen Testament sind das Kernbegriffe. Sie sind so zentral, dass auch Johannes der Täufer, der „Übergangsprophet" zwischen Altem und Neuem Testament, dies unablässig und als allem anderen übergeordnetes Kernthema gepredigt hat. Und danach waren dann auch bei Jesus wieder genau die beiden Begriffe zentraler Bestandteil seiner Verkündigung. Aufrufe zum „Buße tun" beispielsweise finden wir von ihm mehr als ein Dutzend Mal in den Evangelien, und in seinem Sendungsbefehl nach Lukas weist er seine Nachfolger ausdrücklich an, ebenfalls „Buße" zu verkündigen: „... dass gepredigt wird in seinem [Christi] Namen Buße zur Vergebung der Sünden unter allen Völkern. Fangt an in Jerusalem!" (Lukas 24,47). Genau das haben sie dann auch getan, beispielsweise wenn Petrus in Apostelgeschichte 3,19 aufruft: „Tut nun Buße und bekehrt euch, dass eure Sünden getilgt werden!"

Selbstverständlich haben nicht nur sämtliche alttestamentlichen Propheten inklusive Johannes der Täufer, sondern auch Jesus sowie alle seine Apostel natürlich „Buße" und „Bekehrung" beziehungsweise "Umkehr" nicht nur gepredigt, sondern von ihren Zuhörern auch erwartet. Umsetzung und Vollzug war angesagt, egal, ob ihre Adressaten das nun mühsam fanden oder keine Lust verspürten, ihren bisherigen Lebensstil konsequent auf den Prüfstand zu stellen.

Den Luxus, den wir uns heute leisten, nämlich diese existentiellen Bestandteile ernsthafter Nachfolge einfach unter den Tisch zu kehren, kennt die Bibel nirgendwo.

Müßig auch, hier erneut darauf hinzuweisen, dass uns dieser Luxus unter'm Strich echte Nachfolge kostet.

***

Und noch eine weitere logische Folge unseres verqueren *„glauben statt tun reicht doch!"*-Nachfolgeverständnisses sei hier erwähnt: Wir haben dadurch auch jegliche Verfolgungs- oder Anfeindungsgefahr unserer Umwelt gegenüber unseren christlichen Zirkeln elegant eliminiert. Denn Menschen mit einer anderen Denke sind heutzutage derart verbreitet, dass jedermann sowieso erst mal davon ausgeht, dass die Mehrheit seines privaten und beruflichen Umfeldes in irgendeiner Beziehung *„nicht richtig tickt"* beziehungsweise *„die eine oder andere Macke hat"*. Wenn also damit sowieso schon im Vornherein gerechnet wird, dann sind Christen jeweils lediglich diejenigen mit dem *„frommen"* Tick – das ist dann eben einfach deren schräge Weltsicht. Und da es sich offensichtlich bei der evangelikal-frommen „Schieflage" nur um eine etwas besondere Denkweise handelt, die sie in ihren religiösen Zirkeln unter sich hätscheln und pflegen und niemanden damit ernsthaft belästigen, lässt man sie leben.

Mehr noch: Man lässt sie nicht nur einfach „leben", sondern man lässt sie – verständlicherweise – auch gleich „links liegen" und will möglichst nichts mit ihnen zu tun haben. Man verfährt mit ihnen so wie mit allen anderen etwas sonderlichen Vögeln, die alles möglich glauben und für wahr halten. Dass dabei die evangelikalen Christen noch etwas stärker an Gott und Bibel glauben als Namenschristen, wird dabei nicht wahrgenommen; Außenstehende können das in aller Regel auch gar nicht unterschieden. Schon gar nicht an ihrem Verhalten, denn da gibt es – wie jedermann beobachten kann - keinerlei Unterschiede. Aber dies ist ja auch nicht maßgeblich: Egal, wie ausgeprägt diese Religiösen an ihrer Christlichkeit hängen, solange sie unter sich bleiben und damit niemanden behelligen, sind sie irrelevant.

So erklärt sich nicht nur unsere Erfolglosigkeit, wenn wir uns denn mal evangelistisch zu bemühen versuchen, sondern auch die Tatsache, dass wir durch's Band weg als langweilige, unwichtige und vernachlässigbare Sondergruppe wahrgenommen werden. Denn wenn sich lediglich unser Denken und unsere Weltsicht vom Rest der Welt unterscheidet, jedoch keine sichtbaren Taten, kein provokativer Lebensstil, kein herausfordernd anderes Verhalten: Dann sind wir tatsächlich nur „Andersdenkende" wie so viele heutzutage. Aber eben keine Alternative, weder eine einladende noch eine provokative.

Wir sind und bleiben unbedeutend.

Das war bei Jesus und seinen Jüngern anders. Aber die haben eben nicht nur „anders gedacht", sondern tatsächlich auch „anders gelebt". Indem sie nicht nur ihren Lebensstil konsequent an den Vorstellungen Gottes, wie Leben sinnvoll und zielgerichtet zu gestalten sei, ausgerichtet haben statt an den Vorgaben und Gepflogenheiten ihrer Umwelt, sondern auch dadurch, dass sie beispielsweise den Sendungsbefehl ihres Herrn absolut ernst genommen und tatkräftig angepackt haben.

Das wurde damals nicht nur zu Kenntnis genommen, sondern das hat provoziert und zu Gegenreaktionen geführt. Nicht nur, dass es gleich mal Jesus das Leben gekostet hat, sondern auch die danach entstehenden Gemeinden standen laufend unter Druck.

Aber Jesus hat seinen Jüngern ja auch nichts anderes verheißen. Immer, wenn er von kommenden „Verfolgungen" gewarnt hat (z.B. in den Seligpreisungen der Bergpredigt, Matthäus 5,10-12; in den Erläuterungen zu seinem „Ich sende Euch wie Schafe mitten unter die Wölfe", Matthäus 10,16-26; bei der Betonung der Notwendigkeit, das Evangelium zu predigen, Markus 13,9-13; oder bei der Sendungsankündigung von „Propheten, Weisen und Schriftgelehrten" zur damaligen jüdischen Elite, Matthäus 23,34-36): Stets hat er dies mit der Ausführung seines Sendungsbefehls verbunden. Und selbst in Johannes 15,18-21, wo er Verfolgung als Ausdruck des „Hasses der Welt" beschreibt, steht dies ausdrücklich im Kontext des „Tuns, was ich euch gebiete" (Johannes 15,14) und des „Hingehens und Fruchtbringens" (Johannes 15,16).

Nirgendwo finden wir bei Jesus – und übrigens auch sonst nirgendwo in der Bibel – dass seine Jünger lediglich wegen ihres „anderen Denkens" ernsthaft verfolgt worden wären. Der Gegenwind entzündete sich stets an ihrem (evangelistischen) Verhalten und an ihren Taten.

Selbst die Propheten des Alten Testaments (auf die Jesus nach Matthäus 5,12 in diesem Zusammenhang ausdrücklich verweist) wurden bekanntlich immer wieder verfolgt – aber doch nicht etwa deswegen, weil sie etwas anderes „gedacht" oder „geglaubt" hätten! Auch diese Gesandten Gottes schritten immer zur Tat!

Im Gegensatz zu uns heute ...

***

Unsere *Schwachstelle „glauben statt tun"* möchte ich abschließend nochmals anhand einer sehr bekannten Bibelstelle verdeutlichen. In seinem Brief an die Galater schildert Paulus die Auswirkungen eines Lebens unter der Führung des Heiligen Geistes wie folgt: *„Die Frucht aber des Geistes ist Liebe, Freude, Friede, Geduld, Freundlichkeit, Güte, Treue, Sanftmut, Keuschheit."* (Galater 5,22+23).

Wir sind es gewohnt, dies als Auflistung einer typisch christlichen Geisteshaltung zu betrachten, als eine Beschreibung der dominierenden Gefühle und Gesinnungen eines Nachfolgers. So sollte ein Christ denken, das sind seine Charakterzüge, das umschreibt die Typik christlicher Wesensart.

Das ist nun nicht etwa falsch gedacht. Aber wir stehen dabei sehr stark in der Gefahr, dies <u>ausschließlich</u> als aufgelistete Geisteshaltungen, als Gefühle und innere Einstellungen zu verstehen.

Um es mal ganz unverblümt auszusprechen: Die meisten Bibelleser nehmen bei diesem Katalog ohnehin nur die ersten drei Begriffe zur Kenntnis: *„Liebe, Freude, Friede, ..."* und überfliegen dann die restliche Aufzählung summarisch, ohne die einzelnen Begriffe tatsächlich in ihrer Bedeutung wahrzunehmen. Etwa nach dem Motto „*Kenn ich ja alles, hab' ich doch schon dutzende Male gelesen und gehört ...*".

Wenn aber in unserem Bewusstsein hier jedes Mal nur die drei Begriffe „*Liebe, Freude, Friede*" und eventuell noch „*plus ein paar weitere*" hängenbleiben, dann führt uns das ganz schnell in die Kategorie „Gefühle" und „innere Einstellungen" – und wir verfrachten diesen ganzen Vers in corpore in eine unserer intellektuellen oder emotionalen Schubladen!

Wenn wir stattdessen aber die Begriffe dieser Aufzählung einzeln und etwas aufmerksamer betrachten würden, dann müsste uns auffallen, dass – mit Ausnahme der „*Freude*" – sämtliche Begriffe nicht auf unser Gemüt, sondern auf konkretes Verhalten gegenüber Mitmenschen bezogen sind!

„*Liebe*": Damit ist sicher nicht in erster Linie „Selbstliebe" gemeint und auch nicht romantische Verliebtheitsgefühle à la Hollywood, sondern es geht um die (tätige) „*Agape*"-Liebe, die Gott zu uns hat – und die wir selbstverständlich weitergeben sollen.

„*Friede*": Dieser bezeichnet nicht so sehr unsere innere Seelenruhe, sondern vielmehr „gelebter" Friede im Sinne von Eintracht oder „gestiftetem" Frieden, bewirkt beispielsweise durch (von uns auszuführender) Vergebung und Aussöhnung.

„*Geduld*": Diese sollten wir natürlich auch mit uns selber haben, aber insbesondere doch vor allem in der Begegnung und im Umgang mit unseren manchmal etwas mühsameren Mitmenschen, und das soll dann eben gelebt (oder auch „durchlebt"!) werden!

„*Freundlichkeit*" und „*Güte*" sind immer nach außen gerichtet und sollen im konkreten, alltäglichen Zusammenleben greifen.

„*Treue*" braucht genauso ein Gegenüber wie die „*Sanftmut*" und muss Lebensstil, nicht nur innere Einstellung, sein.

„*Keuschheit*" kann man selbstredend nur auf dem Hintergrund bestehender Beziehungen leben.

Alle diese Begriffe sollen also <u>getan</u>, sie sollen <u>ausgelebt</u> werden! Sie lediglich als „innere Haltung" und „Geistesgesinnung" abzutun, entwertet sie völlig ihrer Bedeutung! Zumal es Paulus ausdrücklich um das „Tun" geht, denn seine vorab dargestellte Negativliste abzulehnender Verhaltensmuster stellt er ausdrücklich unter das Verdikt: *„die solches <u>tun</u>, werden nicht erben"* (Galater 5,21). Die beiden Listen sind also Ausdruck von Verhaltensmustern und nicht etwa bloß von Gesinnungen oder Einstellungen.

Wir aber leisten uns trotzdem den Luxus, diese *„Früchte des Geistes"* stets gedanklich auf den Hintergrund von Römer 12,2 *„Ändert euch durch Erneuerung eures Sinnes"* zu projizieren und suggerieren uns dadurch, dass es eben lediglich um neues Denken, um veränderte Gesinnung gehe.

Falsch! Die *„Erneuerung des Sinnes"* nach Römer 12 ist zwar unerlässlich, aber trotzdem lediglich ein erster Schritt, eine wesentliche Grundlage für echten Glauben. Ohne *„erneuerten Sinn"* kann kein echter Glaube entstehen, kann Jesus-Nachfolge nicht gelebt werden, kann „Christsein" sich nicht entfalten. Genauso wie *„für wahr halten"* ebenfalls zwar unerlässlich, aber trotzdem auch nur der erste Schritt, die Grundlage, der Einstieg in den christlichen Glauben darstellt.

Aber dabei darf nicht stehen geblieben werden. Die *„Erneuerung des Sinnes"* ist die Grundlage, aber nicht das Eigentliche des Glaubens. Wer sich damit begnügt, steht lediglich im bereits erwähnten Türrahmen, er hat den eigentlichen „Raum des Glaubens" noch gar nicht betreten.

Wer aber das Eigentliche nicht hat, der hat nur ein *Placebo*.

4.2 Schwachstelle „Mainstream-Lebensstil"

Worin lag das Erfolgsgeheimnis der ersten Gemeinde, der sogenannten „Urgemeinde", die sich unmittelbar nach dem Pfingstereignis in Jerusalem konstituierte und die gemäß ihrer Beschreibung in den ersten Kapiteln der Apostelgeschichte nicht nur eine absolut überzeugende Ausstrahlung besaß, sondern auch noch ein enormes Wachstumspotenzial entfaltete?

Ein entscheidendes Charakteristikum dieser Gemeinde scheint mir deren Demonstration einer völlig neuen und alternativen Lebensform gewesen zu sein! Diese Gemeinschaft von Gläubigen unterschied sich von allen anderen damals präsenten religiösen oder zumindest weltanschaulichen Gruppierungen dadurch, dass sie überraschend „anders" war. Die Mitglieder dieser neuen Glaubensrichtung praktizierten einen herausfordernden Lebensstil mit einer persönlichen Leidenschaft und Hingabe, die auf absolute Überzeugung schließen ließ.

Was diese Gemeinschaft damals verkörperte, würden wir heute als „*Aussteigermodell*" bezeichnen.

Aber eigentlich ist das ja gar kein Geheimnis. Die Jerusalemer „Urgemeinde" setzte lediglich um, was Jesus gemeint hatte und von seinen Nachfolgern erwartete! „*Absolut anders*" und „*Aussteigermodell*" sind doch nur andere Formulierungen von dem, was Jesus andauernd predigte!

Beim ihm hießen die Stichworte beispielsweise „*umkehren*" und „*wie Kinder werden*" (Matthäus 18,3), „*sich verleugnen*" und „*sein Kreuz auf sich nehmen*" (Markus 8,34), „*von neuem geboren werden*" (Johannes 3,3) und „*sich lossagen von allem, was man hat*" (Lukas 14,33); aber auch „*sich selbst erniedrigen*" (Lukas 18,14), „*sein Joch auf sich nehmen*" (Matthäus 11,29) und „*aller Diener sein*" (Matthäus 20,26); oder er prägte Merksprüche wie zum Beispiel „*Wer sein Leben verliert, wird's finden*" (Matthäus 16,25), „*Ich sende euch wie Lämmer mitten unter die Wölfe*" (Lukas 10,3), „*Wer Vater oder Mutter mehr liebt als mich, ist meiner nicht wert!*" (Matthäus 10,37) usw., usw.!

Mit solchen und noch vielen weiteren ähnlichen Aussagen beschrieb Jesus immer wieder völlig alternative Verhaltensmuster und forderte in ihrer Summe zu einem gänzlich neuen Lebensstil auf! Wer seine Verkündigung anhand der vier Evangelien daraufhin durchforscht, der muss zwangsläufig darauf stoßen, dass Jesus von all seinen Nachfolgern eindeutig erwartet, dass sie sich komplett verändern und sich völlig neu verhalten;

dass sie mit fast allen herkömmlichen, gewohnten Lebensmustern brechen und stattdessen ein „Aussteigermodell" zu leben beginnen, durch das sie etwas vorleben, was völlig gegen den Strich der restlichen Welt gebürstet ist! Eben ein Lebensstil wie *„neu geboren"* sein!

Es reicht auch nur schon der Versuch, Jesu Aussagen in den drei Kapiteln seiner Bergpredigt in Matthäus 5-7 einmal wortwörtlich umzusetzen (vermutlich würde er das ohnehin von uns erwarten, da er alles dort Gesagte ziemlich sicher ernst gemeint hat!), um zwangläufig bei einem sehr außerordentlichen und alternativen Lebensstil zu landen! Hinsichtlich der Erwartung eines neuen, „anderen" Lebensstils seiner Nachfolger ist Jesus also absolut nicht misszuverstehen!

Aus derselben Intension heraus vergleicht Jesus in Matthäus 7,13+14 den Einstieg in einen seinen Erwartungen entsprechenden Lebensstil mit dem Durchgang durch eine *„enge Pforte"*, die im Gegensatz zum *„breiten Weg"*, auf dem die Allgemeinheit sich bewegt, steht.

Das Bild, das er dadurch seinen Jüngern vor Augen stellt, ist eindeutig und klar: *„Ihr werdet nicht einfach tun, was alle tun; ihr könnt euch nicht leiten lassen von dem, was allgemein als „richtig und gut" gehalten wird; ihr sollt nicht auf „allgemeine Zustimmung" bauen und Euer Lebenskonzept nicht dem vorherrschenden Lebensstil eurer Kultur entnehmen."*

Ein jesusgemäßer Lebensstil ist also ausschließlich durch eine grundsätzliche und radikale Trennung von der Welt, ihren Gepflogenheiten und ihren Idealen, ausführbar. Eine umfassende Abkehr von dem, was in der jeweiligen Kultur als *„normal"* oder *„üblich"* gilt, ist unumgänglich, denn ein aufrichtiger Jesus-Nachfolger denkt und lebt eben anders, er verhält sich anders, er hat andere Ziele und Prioritäten.

Auch diesbezüglich lässt Jesus an Deutlichkeit nichts zu wünschen übrig!

Und hat das dann auch gleich mit seinen ersten Nachfolgern vorexerziert. Er hat sich mit seiner kompletten Nachfolgerschaft konsequent separiert und dazu die Jünger aus fast allen ihren weltlichen Bezügen rausgenommen: Die Fischer von ihren Netzen weg, den Zöllner Levi aus seinem Zolleintreiberhäuschen raus und Nathanel unter seinem Feigenbaum hervor; diese, genauso wie alle anderen seiner ersten Nachfolger, hatten außer ihrem Beruf auch ihre Familien, ihre Freunde und ihren Wohnort zu verlassen und mit ihm durch die Lande zu ziehen.

Also komplett neuer Lebensstil!

Und seine Jünger haben das offensichtlich begriffen. Petrus, zweifellos einer der versiertesten Jesuskenner aller Zeiten, hat diese völlig andere Lebensart, die Jesus mit ihm und seinen Jüngerkollegen praktizierte und danach auch von allen weiteren Nachfolgern erwartete, später in einem seiner Briefe so beschrieben: *„Führt ein rechtschaffenes Leben unter den Völkern, damit die, die euch als Übeltäter verleumden, eure guten Werke sehen und Gott preisen am Tag der Heimsuchung."* (1. Petrus 2,12).

Wie? Was?

Wenn das mal nicht nach wahrhaft „alternativer" Lebensform klingt! Da erwartet Petrus offenbar allen Ernstes, dass die Christen derart „anders" leben, dass sogar ihnen gegenüber absolut negativ eingestellte Mitbürger durch Beobachtung ihres alltäglichen *„rechtschaffenen Lebens"* (wörtlich: *„gute Lebensart"*) dermaßen verblüfft werden, dass sie sich umgehend ebenfalls dem Christentum anschließen! Denn wenn sie am *„Tag der Heimsuchung Gott preisen"*, sind sie doch offensichtlich ebenfalls Nachfolger Jesu geworden.

Zwei Verse weiter doppelt Petrus gleich nochmals nach: *„Denn das ist der Wille Gottes, dass ihr durch Tun des Guten den unwissenden und törichten Menschen das Maul stopft!"* (1. Petrus 2,15). Rustikal ausgedrückt, aber durchaus deutlich: Das gute *„Tun"* der Nachfolger soll sich offenbar äußerst markant, regelrecht provozierend, vom allgemeinen „weltlichen" Lebensstil unterscheiden! So sehr, dass selbst Lästerern das Wort im Halse stecken bleibt! Und dass Petrus das durchaus ernst meint, bestätigt dann im nächsten Kapitel nochmal seine Aufforderung *„Habt ein gutes Gewissen, damit* *die, die euch verleumden, zuschanden werden, wenn sie euren guten Wandel in Christus schmähen!"* (2.Petrus 3,16).

Irgendwelche Zeitgenossen sollen *„zuschanden werden"* lediglich dadurch, dass die von ihnen abgelehnten Nachfolger Jesu derart überzeugend „anders" leben? Das ist ein überaus hoher Anspruch an den Lebensstil der Christen, den Petrus hier proklamiert.

Desgleichen sein Mitapostel Johannes. Er schlägt in genau dieselbe Kerbe, wenn er beispielsweise behauptet, dass uns wegen unserer Beziehung zu Gott *„die Welt nicht erkennt"* (1. Johannes 3,1), ja sogar *„hasst"* (1. Johannes 3,13). Der Unterschied zwischen weltlichem und christlichem Lebensstil ist offensichtlich auch für Johannes nicht nur selbstverständlich, sondern - bei solcher Wortwahl! – durchaus erheblich!

Wenn irgendjemand weiß, wie sich Jesus die Lebenspraxis seiner Jünger vorstellt, dann sicher diese beiden! Petrus und Johannes haben ja Jesus nicht nur live erlebt, sondern standen ihm auch persönlich außerordentlich nahe. Und eben: Sie haben ja direkt unter Jesu Anleitung diesen völlig anderen, „alternativen" Lebensstil bereits jahrelang eingeübt. Deshalb stellen nun beide im Nachgang in ihren neutestamentlichen Briefen unmissverständlich klar, dass der Lebensstil eines jeden Nachfolgers selbstverständlich ebenso alternativ zu sein hat.

Sogar <u>sehr</u> alternativ!

***

Was aber ist bei uns heute gelebte Realität? Wie *„neu und anders"* ist der Lebensstil heutiger Nachfolger, namentlich der unsrige aus dem evangelikalen Lager? Wie sehr fallen wir aus gewohnten Kulturmustern heraus und sind – im positiven Sinne – „verhaltensauffällig", indem wir unserer Gesellschaft ein absolut unkonventionelles, provozierendes und trotzdem auch verlockend einladendes Lebensmodell vordemonstrieren?

Denn das hätte Deutschland doch dringend nötig!

Zwar haben wir es uns, dank Wohlstandsüberfluss und Sozialstaat, reichlich gemütlich eingerichtet. Den allermeisten von uns fehlt es materiell an nichts. Aber betreffend seelischer Ausgeglichenheit und emotionaler Stabilität, betreffend Geborgenheit vermittelnder Beziehungen und erfüllender Gemeinschaftserlebnisse, betreffend optimistischer Grundstimmung und fröhlicher Gelassenheit oder auch betreffend ideologischer und weltanschaulicher Verführungs-Immunität sieht es bei sehr vielen unserer Mitmenschen reichlich düster aus! Nur bei oberflächlicher Betrachtung scheinen wir Deutschen in einer glücklichen Kultur zu leben, in Wahrheit herrscht auf psychischer, emotionaler und zwischenmenschlicher Ebene bestürzend oft Notstand!

Es ist schwierig, diese Not mit Zahlen oder Prozenten zu erfassen. Gut denkbar jedoch, dass sogar eine Mehrheit in unserem Land aus Menschen besteht, die mit ihrem Leben innerlich derart hadern und latent so unzufrieden sind, dass sie sich durchaus für ein völlig anderes Lebensmodell erwärmen könnten. So denn ein solches neues Lebenskonzept sinnvoll erscheinen sowie bereits von einer relevanten Gruppe erfolgreich umgesetzt und vordemonstriert würde!

Warum also offerieren nicht wir Christen anhand unserer Gemeinden genau dieses Angebot eines „neuen Lebens"?

Wir wären es ihnen eigentlich schuldig, denn all diese vom Leben gebeutelten Menschen benötigten dringend ein Lebensmodell, dass sich markant von ihrem derzeitigen unterscheidet. Denn das ist ja ihre tägliche Krux: Ihr aktuelles Lebensmodell ist leider absolut unbefriedigend!

Nicht nur, dass ein solches Angebot für viele unserer Mitmenschen in ihrem derzeit alles andere als mutmachenden Alltag ungemein hilfreich wäre oder dass es von manchen sogar regelrecht existentiell benötigt würde, sondern es würde gleichzeitig auch genau dem Konzept und der Erwartung Jesu, unseres Herrn, entsprechen.

Sicherlich nur schon deswegen, weil sich Jesus höchstpersönlich mitten unter scheiternde Lebensmodelle begab und diese ihm nicht nur als Einzelfälle begegneten, sondern er mitansehen musste, wie ganze Volksgruppen in endlosem Krisenmodus und aufreibenden täglichen Durchhaltekämpfen verfangen waren. Beispielsweise dann, wenn er etwa vor den Toren Jerusalems *„über die Stadt weinte"* (Lukas 19,41) oder wenn er zu predigen begann, weil er *„die große Menge sah, und sie ihn jammerte, denn sie waren wie Schafe, die keinen Hirten haben"* (Markus 6,34).

Schon zu Zeiten Jesu gab es offenbar breite Bevölkerungsschichten, denen dringendst ein neues Lebensmodell unterbreitet werden musste. Auch dagegen wollte er etwas unternehmen!

Wir als seine Nachfolger haben nun dank der Bibel tatsächlich das dazu nötige Know-how, wie *„neu leben"* funktionieren kann und müssten dank unserer erfolgten Wiedergeburt ja ohnehin bereits selbst in den von Jesus initiierten Lebensmodus gewechselt haben, der sich durch sichtbare und spürbare Veränderungen kennzeichnet, die sich im Prozess der Heiligung noch zunehmend stärker ausprägen.

Und darüber hinaus haben wir ja noch den ausdrücklichen Auftrag unseres Herrn, dies weiterzuvermitteln: *„Lehret sie halten alles, was ich euch befohlen habe!"* (Matthäus 28,20). Mit Sicherheit gehört ganz zentral dazu auch die Einladung, durch Bekehrung und Wiedergeburt in einen neuen, gottgefälligen und lebensbejahenden Alltagsvollzug zu wechseln, wobei Jesus sicherlich davon ausgegangen ist, dass wir parallel dazu das, was er *„uns befohlen hat"*, auch selbst vorleben. Das Angebot dieses neuen, völlig anderen Lebensstils soll ergänzend zu unserer Lehrverkündigung an uns selber sichtbar werden; wir höchstpersönlich haben den dazu gehörenden Anschauungsunterricht zu repräsentieren.

So war das von Jesus geplant, und so soll es bis heute umgesetzt werden.

Aber er hat keine Chance. Sein Konzept läuft bei uns ins Leere. Seine Nachfolger leben es nicht, setzen es nicht um.

Denn es ist doch Realität bei uns Frommen, dass wir uns in nichts, aber auch wirklich gar nichts von „der Welt" unterscheiden: Wir haben dieselben Eigenheime, Lebensversicherungen und Rentenansprüche, fahren dieselben SUV's inklusive Zweitwagen, streben genauso nach Spitzengehältern, Überseeurlaub und Wertpapierfolios; unsere Wohnzimmer sind ebenfalls unterhaltungstechnisch auf neuestem Stand und unsere Handys, Laptops und Spielekonsolen sowieso.

Und wenn wir uns dann wöchentlich einmal in unseren Gemeindehäusern versammeln, Gemeinschaft erleben und Jesus loben, dann versammelt sich genauso wöchentlich einmal der Rest der Welt in ihren ebenso üppig ausgestatteten Vereinsheimen, erlebt dort ebenso Gemeinschaft und lobt dort zwar nicht Jesus, aber synonym dazu das seidige Fell ihrer Zuchtkaninchen oder ihre überschäumende Kreativität im Modellbau. Und bei der samstäglichen Sportschau sowie beim sonntäglichen „Tatort" liegen dann wieder wir Frommen und der „Rest der Welt" parallel vor ihren jeweiligen raumbeherrschenden Flachbildschirmen. Denn auch im privatem Zeitmanagement repräsentieren wir keinen Unterschied: Wir sind nicht öfters beim Gebet, beim Bibelstudium oder beim Lesen geistlicher Literatur anzutreffen wie unser Nachbar im Hobbykeller. Obwohl wir natürlich zur Kenntnis genommen haben, dass die damalige Urgemeinde in Jerusalem (also diejenige, zu der Gott laut Apostelgeschichte 2,47 „täglich hinzufügte", was er bei uns heute leider nicht mehr tut!) „jeden Tag beieinander" war (Apostelgeschichte 2,46) und vermutlich schon mehrere Auslegungen zu Paulus' „betet ohne Unterlass!" (1. Thessalonicher 5,17) gehört haben. Dies hat aber für die Prioritätensetzung in unserer Tages- und Wochenplanung keinerlei Relevanz mehr.

Wo genau sind wir denn nun diese „neue Kreatur", die laut Paulus in Galater 6,15 ausschließlich „vor Jesus gilt"; wo also sind wir nun „Licht in dem Herrn" statt „Finsternis wie früher" (Epheser 5,8) und scheinen „mitten unter einem verdorbenen und verkehrten Geschlecht als Lichter in *der Welt*" (Philipper 2,15); wo also veranschaulichen wir denn, dass wir durch Christus *„in einem neuen Leben wandeln"* (Römer 6,4)?

Unser Lebensstil ist zu hundert Prozent (100%!) demjenigen der Welt angepasst, völlig gleichgeschaltet in jeglicher Beziehung. Wir navigieren uns damit gefährlich nahe heran an die Johannes-Warnung *„Wenn jemand die Welt lieb hat, in dem ist nicht die Liebe des Vaters!"* (1. Johannes 2,15). Nirgendwo ist bei uns auch nur die kleinste Differenz feststellbar, kein Unterschied zur uns umgebenden Alltagskultur ist auszumachen. Unser Lebensvollzug und unsere Gemeinden sind „völlig alternativlos" – aber leider im negativen Sinne: Sie bieten keine Alternative!

Weil wir dermaßen im absoluten Mainstream mittreiben, generiert unser christlicher Lebensstil natürlich keinerlei Anreiz, der irgendwelche Neugier wecken könnte. Noch nicht mal Anstoß oder Widerspruch lösen wir aus, denn dazu sind wir viel zu facetten- und konturlos; wir Frommen haben uns sozusagen in der derzeitigen konsum- und wohlfühlorientierten Lebensstil-Suppe völlig rückstandslos aufgelöst.

Wir wären unseren Mitmenschen aber eine Alternative schuldig! Sie benötigen eine!

Es ist nun mal absolut nicht missionarisch, sie zu demselben Leben einzuladen, das sie sowieso schon leben. Denn wozu unser angepasster Lebensstil einlädt, ist eben nicht *„neues Leben"*, sondern lediglich die Einladung zu einer etwas edleren Gesinnung und etwas moralischerem Handeln in Verbindung mit einer Zustimmung zu Gottes Existenz. Um dazu einzuladen, braucht es allerdings uns Christen nicht, denn abgesehen von Gottesbezug verkünden hierzulande genau dasselbe auch humanistische Philosophen, wohlmeinende Psychologen und ernsthafte Ethiker, zuweilen sogar selbst der eine oder andere Politiker. Wenn die zu einem etwas sozialeren Lebensstil auffordern, nennen wir das aus deren Munde etwas abschätzig *„Gutmenschentum"*, aber genau besehen propagieren wir dasselbe. Nur die denkerische Ausgangsbasis unterscheidet sich noch: Bei uns ist es eine christliche, bei denen eine humanistische Motivation.

Und ebenfalls im Einklang mit unseren weltlichen Philosophen, Ethikern und Psychotherapeuten verkündigen wir nicht nur dasselbe, sondern auch noch weitestgehend nur mit Worten. Eine verbale Verkündigung scheint uns völlig auszureichen, einen dazu passenden neukonzipierten und vorzeigbaren Lebensentwurf bieten wir nicht an. Unser Leben verkündet rein gar nichts, weil sich eben unser gelebter Alltag in nichts vom Alltag des Rests der Welt unterscheidet (außer, dass wir natürlich *„richtig glauben"* und alle anderen *„nix kapiert haben"* diesbezüglich ...).

Aber nochmals: So war es von Jesus keinesfalls gedacht! In seiner Bergpredigt sagt er beispielweise: *„Denn wenn ihr liebt, die euch lieben, was werdet ihr für Lohn haben? Tun nicht dasselbe auch die Zöllner? Und wenn ihr nur zu euren Brüdern freundlich seid, was tut ihr Besonderes? Tun nicht dasselbe auch die Heiden? Darum sollt ihr vollkommen sein, wie euer himmlischer Vater vollkommen ist!"* (Matthäus 5,46-48).

Jesus erwartet einen Unterschied! Das kann man ganz einfach nicht übersehen! Darin ist Jesus absolut klar und eindeutig bis dahin, dass er sogar warnt: *„Wehe, wenn jedermann gut über euch redet ..."* (Lukas 6,26)!

Dieser von unserem Herrn geforderte Gegensatz zur „Welt" wird dann folgerichtig auch von den Aposteln immer wieder thematisiert, beispielsweise bei Jakobus: *„Wisst ihr nicht, dass Freundschaft mit der Welt Feindschaft mit Gott ist? Wer der Welt Freund sein will, der wird Gottes Feind sein!"* (Jakobus 4,4) oder bei Paulus: *„Denn fleischlich* [also *„weltlich"*] *gesinnt sein ist Feindschaft gegen Gott!"* (Römer 8,7) oder eben bei Johannes: *„Wenn jemand die Welt lieb hat, in dem ist nicht die Liebe des Vaters."* (1. Johannes 2,15).

Unübersehbar zieht sich das wie ein roter Faden durch das gesamte Neue Testament: Christlicher Lebensstil ist „anders"!

Grundsätzlich anders!

Umfassend anders!

Wir aber leben keinen Unterschied, keinen Gegensatz, keine Alternative, sondern Mainstream. In Jesu Augen ist unser Lebensstil vermutlich schlichte Nachfolge-Verweigerung und Preisgabe jeglicher Jüngerschafts-Attitüden. Ich könnte mir gut vorstellen, dass er sich angesichts dessen ernsthaft fragt, inwiefern wir eigentlich noch zu seinem Team gehören! Jeder Trainer, egal welcher Sportart, würde sich ein solches Verhalten seiner Mannschaft niemals gefallen lassen.

Ist uns aber, wie unsere gelebte Realität beweist, weitestgehend schnuppe. Wir leben keinen Unterschied, sondern völlig angepasste Konturlosigkeit.

Auch das ist wiederum eine fatale Konsequenz unserer Schwachstelle *„glauben statt tun"*. Und vermutlich nur mit *„Placeboglauben"* derart schulterzuckend zu ignorieren.

***

Ich habe es über eine längere Zeit selbst ausprobiert: Einen Unterschied machen, etwas Alternatives vorleben. Nicht im „Mainstream" mitschwimmen, sondern „neuen" Lebensstil anzeigen.

Mit doppelter Motivation: Zum einen, weil ich tatsächlich der Meinung bin, dass Jesus das erwartet und dass dies aus den biblischen Berichten von ihm eindeutig ersichtlich ist. Und zum anderen, weil man nicht *„Wasser predigen und Wein saufen"* sollte. Will heißen: Es muss bei mir selbst beginnen. Wenn ich selbst es nicht wenigstens in einem Bereich schaffe, markant anders zu leben, dann kann ich es auch nicht ernsthaft von anderen Mitchristen erwarten, geschweige denn pastoral einfordern.

Mein Bereich, in dem ich „etwas Neues und Ungewohntes" umgesetzt habe, war der Bereich der Finanzen und des Wohlstands. Als ganze Familie haben wir über Jahre hinweg auf einen Großteil unseres Gehalts verzichtet, so dass wir eine Gemeinde aufbauen konnten, die sonst nicht hätte entstehen und wachsen können.

Und dabei haben wir nicht nur auf einen Teil unseres eigentlich überschüssigen Geldes verzichtet oder auf ein paar Luxusgüter, die wir ohnehin nicht wirklich gebraucht hätten, sondern wir haben tatsächlich einige „Opfer" gebracht. Beispielsweise haben wir jahrelang nie in einem Restaurant gegessen, unser Familienauto war jeweils immer ein sehr alter Gebrauchtwagen kurz vor seinem Schrottende und meine Frau hat sich so gut wie nie neue Kleider gegönnt, sondern stets Gebrauchtes von Geschwistern und Freunden ausgetragen; ebenso unsere Kinder. Diese erhielten zwar stets, was sie wirklich brauchten, aber beispielsweise keine teuren Spielzeuge. Unsere Wohnungseinrichtung bestand (und besteht teilweise bis heute) fast ausschließlich aus „Secondhand"-Möbeln und unseren Urlaub bestritten wir jeden Sommer in einem geschenkten Zelt auf einem möglichst billigen und nahegelegenen Campingplatz oder aber auf christlichen Freizeiten, bei denen ich als Referent kostenfrei mitfahren durfte.

Ich erzähle das hier nicht, um damit zu prahlen. Vielmehr möchte ich verdeutlichen, dass man als Christ Jesu Willen auch punkto neugestaltetem Lebensstil durchaus im einen oder anderen Bereich umsetzen kann.

Allerdings sollte man sich davon nicht allzu viel versprechen!

Denn was ich dadurch erreichte, war in zweifacher Hinsicht nicht das, was ich mir insgeheim erhoffte.

Erstmal stellten meine Frau und ich nämlich recht bald fest, dass das offenbar niemand irgendwie erwähnenswert oder gar lobenswert fand. Unser Wohlstandsverzicht wurde weder in unserer Gemeinde noch in unserem Freundeskreis positiv registriert, niemand äußerte sich uns gegenüber anerkennend dazu. Vielleicht mit zwei Ausnahmen: Eine Schwägerin unterstützte uns ungefragt mit einer kleinen monatlichen Zuwendung, und einmal lag beim Kauf eines unserer billigen Gebrauchtwagen eine finanzielle

Zuwendung von Unbekannt in einem Blanko-Briefumschlag in unserem Briefkasten.

Ansonsten: Keine Auswirkung auf unsere Umwelt oder gar unsere Glaubensgeschwister. Wir waren offensichtlich mit unserem konsumverzichtenden Lebensstil kein Vorbild und nicht nachahmenswert.

Oder nicht herausfordernd genug? Das weiß ich bis heute nicht, denn wir haben unseren Wohlstandsverzicht nie thematisiert oder an die große Glocke gehängt. Andererseits allerdings auch nicht schamhaft versteckt gehalten – wer uns ein wenig kannte, der wusste, dass wir mit wesentlich unterdurchschnittlichen Finanzmitteln über die Runden kommen mussten, und das aus freien Stücken.

Gerne wäre ich darüber einmal mit anderen Christen ins Gespräch gekommen. Nicht, um dabei mit erhobenem Zeigefinger auf unser dermaßen tolles Vorbild hinzuweisen und gleichzeitig anklagend deren Lebensstil in Annehmlichkeit und Luxus anzuprangern, sondern einfach deshalb, weil ich mich gerne darüber unterhalten hätte, dass sich „christlicher" und „weltlicher" Lebensstil laut Bibel tatsächlich unterscheiden müssten und ich einen Austausch über ein solches Thema bestimmt wesentlich besser führen kann, wenn ich selbst Erfahrungen damit habe.

Aber es kam nie zu einem Gespräch darüber.

Zeitweise keimte in mir auch der Verdacht, dass meine lieben Mitchristen möglicherweise ein Gespräch mit mir über dieses Thema bewusst mieden, weil sie ahnten, dass ich dazu nicht nur eine Meinung, sondern eben auch noch einen dazu passenden Lebensstil vorzuweisen hätte; und zwar einen Lebensstil, zu dem sie sich bitteschön gar nicht berufen fühlten. Nach dem Motto: *„Lieber nicht darüber sprechen – es könnte ja konkret werden!"*

Das war durchaus etwas ernüchternd.

Das Zweite, was unser Gehalts- und Konsumverzicht auslöste, war dann allerdings nicht nur ernüchternd, sondern regelrecht enttäuschend.

Denn die Pastorenschaft, mit der ich zusammenarbeitete, distanzierte sich sehr spürbar und konkret von mir.

Es begann damit, dass ich von zwei christlichen Werken, bei denen ich regelmäßig gepredigt hatte, ohne Angabe von Gründen plötzlich nicht mehr als Referent eingeladen wurde. Zuvor wurde ich dort regelmäßig zu Diensten angefragt. Aber genau ab dem Zeitpunkt, an dem ich das neue Gemeindeaufbauprojekt mit massivem Gehaltsverzicht begann, nicht mehr. Wer hat diese Werke davon in Kenntnis gesetzt? Ich habe sie nicht über mein persönliches Finanzverhalten unterrichtet oder gar mitgeteilt, dass ich etwa nicht mehr zur Verfügung stehen möchte, ganz im Gegenteil. Allerdings waren einige meiner Pastorenkollegen ebenfalls Mitarbeiter bei diesen Werken ...

Aber das war erst der Auftakt. Es wurde mir recht bald verdeutlicht, dass ich eigentlich nicht mehr so recht willkommen war in meiner freikirchlichen Kongregation, zu der ich schon etliche Jahre gehörte. Ohne Vorwarnung wurde ich eines Tages vor versammelter Pastorenschaft von einem Kollegen, der meine damalige Gemeindearbeit nur über Drittpersonen kannte, aufs heftigste und mit nachweislich falschen Anschuldigungen angegriffen. Von den anderen Pastoren wehrte sich niemand für mich. Danach wurde ich von Vorgesetzten mehrmals zu „Krisengesprächen" gebeten, ohne dass mir bei einem dieser Gespräche jemals mitgeteilt worden wäre, worin denn die „Krise" bestehe oder was ich denn in meiner Gemeindearbeit „falsch" oder wenigstens „ungenügend" machen würde. Das Ganze gipfelte dann darin, dass mir von einem Leitungsmitglied dieses Freikirchenbundes in einem E-Mail ziemlich beiläufig mitgeteilt wurde, dass ich ja ohnehin meine Gemeinde (die ich mit meiner Frau zusammen selbst gegründet hatte!) bis spätestens in einem Jahr zu verlassen hätte.

Was aber war der wirkliche Grund, dass ich als Pastor nicht mehr willkommen oder wenigstens tragbar war?

Ich habe natürlich bei meiner Kirchenleitung nachgefragt, jedoch unisono immer dieselbe Auskunft erhalten: Über das, was da eventuell schiefgelaufen sei, hätte man keine genaue Erkenntnis; und: *„Nein, über dich wird nicht gesprochen, und schon gar nicht negativ!"*

Bis heute kann und konnte mir keiner sagen, warum ich als Pastor nicht länger erwünscht war. Fakt ist aber, dass diese Freikirche zwar – wie bekanntlich bei allen derzeit üblich – bei jeder Gelegenheit über aktuellen Pastorenmangel klagt, ich jedoch nie mehr angefragt wurde, ob ich vielleicht eine der dringend zu besetzenden Stellen übernehmen könnte. Deutlicher braucht man mir nicht mitzuteilen, wie unwillkommen ich bin.

Aber ich weiß bis heute nicht wirklich, weshalb!

Ich kann aufrichtigen Herzens bekennen, dass ich keine Gemeindegelder veruntreut, keine Schutzbefohlenen misshandelt und keine theologischen abweichenden Lehren verkündigt habe.

Was also disqualifiziert mich als Gemeindepastor?

Es bleibt mir nur übrig, zu vermuten. Und das einzige Ergebnis meines nächtelangen darüber Grübelns, welches einigermaßen Sinn macht, ist genau dies: *„Wohlstand ade!"* zu leben ist wohl ein Ausschlusskriterium unter Pastoren! Könnte es tatsächlich sein, dass meine pastoralen Kollegen unterschwellig eine panische Angst davor haben, dass Christsein auch für sie persönlich etwas kosten könnte? So sehr, dass sie um jeden Preis verhindern müssen, dass mein Beispiel vielleicht noch Schule machen könnte?

Was aber wiederum nichts anderes bedeutet, als dass auch die Gemeindehirten in unseren Reihen die Notwendigkeit, einen Unterschied vorzuleben, weder für sich selbst in Betracht ziehen noch für irgendwelche ihrer Schäfchen für nötig halten. Auch Jesu „Führungspersonal" hat es derzeit nicht mehr auf dem Schirm.

Woher also soll's kommen?

***

Unser völlig der Welt angepasster „Mainstream"-Lebensstil ist natürlich erneut eine direkte und unausweichliche Auswirkung unserer einseitigen Grundeinstellung *„glauben statt tun"*. Wenn es ja reicht, *„das Richtige zu glauben"*, dann ist es natürlich auch nicht nötig, an irgendeiner Stellschraube seines Lebensstils zu drehen. Um auf intellektueller Ebene das Richtige als Wahrheit zu akzeptieren, muss sich kein Leben verändern, sondern höchstenfalls das jeweilige Denken etwas anpassen.

Hier tritt das *„Placebomäßige"* unseres Glaubens noch in einer weiteren Facette deutlich zu Tage: Glauben völlig ohne Auswirkungen! Es gibt nichts bei uns oder an uns zu sehen; keine von außen sichtbare Veränderung, kein erkennbares *„Neues Leben"*.

Genau wie ein Medikament, das keinerlei Wirkung zeigt – weil es eben ein *„Placebo"* statt ein Wirkstoff ist. Ein Medikament, bei dem sich der Patient (also wir) andauernd einreden und sich laufend selber davon überzeugen muss, dass diese Medizin aber ganz bestimmt eine Wirkung habe! Also ein reiner Akt von Selbstsuggestion, weil sich unser reales Leben eben in 0,0% von irgendeinem anderen Leben unterscheidet, unser Lebensstil nichts Außerordentliches darstellt und keinerlei Alternative repräsentiert. Die „Wirksamkeit" unseres *„Placebo"*-Medikaments entsteht auch diesbezüglich genau dort, wo wir auch unseren Glauben angesiedelt haben: In unseren Köpfen. Und diese Wirksamkeit „wirkt" dann auch nur dort: In unseren Köpfen! Deshalb dominiert bei uns statt realem, gelebtem Glauben, wie es Jesus erwartet, im Wesentlichen nur die Einbildung eines Glaubens.

Folglich brauchen wir dann eben fortlaufend die gegenseitigen Bestätigungen unseres 1.) *richtigen*, 2.) *erfüllenden* und 3.) *von Wundern begleiteten* Glaubens, weil an unserem Verhalten, unserer Art und unserer gelebten Praxis nichts automatisch sichtbar wird. Weder Betrachtern von außen noch uns selbst, denn auch an uns selbst sehen und erleben wir ja längst nichts mehr. Und betrügen uns damit selbst, weil 1.) *„richtiger"* Glaube derjenige wäre, den Jesus von uns erwartet – also *„tätiger"* Glaube, weil 2.) *„erfüllender"* Glaube sich nicht darin erschöpfen sollte, dass wir uns gegenseitig durch laufendes Zusprechen der Heilsgewissheit selbst „befüllen", und weil 3.) *„von Wundern begleiteter Glaube"* nicht lediglich nur durch mit „Wunder" betitelten Geschehnissen, die sich bei genauerem Hinsehen statistisch im völligen Durchschnitt aller überraschenden Heilungen oder „Wendungen zum Guten" hierzulande befinden, gekennzeichnet sein sollte.

Könnte es sein, dass sich inzwischen diese paulinische Endzeitvision in der evangelikalen Bekenntnismehrheit zu erfüllen beginnt: *„Sie haben den Schein der Frömmigkeit, aber deren Kraft verleugnen sie!"* (2. Timotheus 3,5)? Haben wir schon einmal in Betracht gezogen, dass mit dieser von Paulus markant auf den Punkt gebrachten Fehlleistung eventuell unser aktueller evangelikaler Status gemeint sein könnte?

Natürlich weisen wir hier ganz schnell darauf hin, dass doch aber der Textzusammenhang der eben genannten Bibelstelle *(2. Timotheus 3,1-9)* nicht explizit Christen beschreibe, sondern ganz allgemein das charakterlose Verhalten der Menschheit *„in den letzten Tagen".* Denn in den ersten Versen liste Paulus ja einen langen Katalog von charakterlosem und gottfernem Verhalten auf, welches diese *„schlimmen Zeiten"* (Vers 1) kennzeichnet, und nach unserem Vers über die *„Scheinfrömmigkeit"* benenne er weitere Beispiele krassen Fehlverhaltens von *„Menschen mit zerrütteten Sinnen",* die *„untüchtig zum Glauben"* seien (Vers 8). Der ganze Abschnitt widerspiegle also durchgehend völlig unchristliches Benehmen! Somit könnten hier doch nicht wir Christen gemeint sein, oder?

Aber es überrascht dann eben doch, dass alle diese völlig unmoralisch lebenden Menschen offenbar nach außen so tun, wie wenn sie Christen wären, indem sie sich heuchlerischen den *„Schein der Frömmigkeit"* geben.

Warum erwähnt Paulus das inmitten dieser Lasterkatalogе? Er hätte diesen Ausspruch doch einfach weglassen können – dann wäre jedermann klar gewesen, dass er von völlig gottfernen Menschen spricht. Aber die meint er offenbar nicht, sondern er beschreibt sie als *„Scheinfromme",* also als sich zumindest religiös gebende Menschen.

Könnte es sein, dass er hier „*Placebo-Christen*" vor Augen hat? Und könnte es sein, dass all dies Fehlverhalten, das Paulus hier auflistet, eine Folge dessen ist, dass diese „*Placebo-Christen*" lediglich intellektuell glauben und sich deshalb nicht verpflichtet fühlen, sich auch in ihren Taten und ihrem Lebensstil „christlich", also gemäß Jesu Vorgaben und Vorstellungen, zu verhalten?

Natürlich können wir des Weiteren argumentieren, dass es bei uns „wahren" Christen doch keinesfalls so schlimm zu und her gehe, wie Paulus das in seinem Lasterkatalog beschreibt: „*geldgierig, prahlerisch, hochmütig, lästernd, ungehorsam, undankbar, gottlos, ...,*" (2. Timotheus 3,3) usw.: So schlimm stehe es dann aber unter uns Evangelikalen ganz bestimmt nicht!

Einverstanden. Das mag gelten. Aber man bedenke bei dieser Argumentation auch folgendes:

Zum einen leben wir momentan gerade in einer recht „humanen" Kulturepoche, in der sich – zumindest an der Oberfläche und öffentlich wahrnehmbar– viele Menschen nicht derart lasterhaft austoben. Ethische Restbestände aus den vergangenen, im Wesentlichen eben christlich geprägten Jahrhunderten Deutschlands sind noch immer in unserem Denken und unserem Benehmen verhaftet. Darum fällt es dann vielleicht nicht so sehr auf, wenn wir Frommen uns bemühen, uns ebenfalls - und im besten Falle vielleicht sogar etwas überdurchschnittlich - tugendhaft zu benehmen; die Differenz zwischen unserem „christlichen" Benehmen und dem sittlichen Verhalten unserer Mitbürger erscheint derzeit nicht allzu groß. Zumindest nicht in dem, was an die Öffentlichkeit gelangt.

Und zum anderen: Es geht eben hier nicht ausschließlich darum, wie hochgradig lasterhaft sich die Menschheit gerade gebärdet, sondern es geht vor allem um das dahintersteckende Prinzip, das von Paulus hier abgebildet und benannt wird: Diese Frommen unterscheiden sich erschreckenderweise nicht von all den aufgeführten Lasterhaftigen! Das scheint mir der wesentliche Knackpunkt zu sein: Diejenigen, die einen *„Schein der Frömmigkeit"* aufrechterhalten, sind diejenigen, die sich in ihrem realen Verhalten völlig dem Rest der Welt angeglichen haben und keinerlei (göttlich bewirkte) *„Kraft"* ausstrahlen!

Deshalb gilt diese Warnung von Paulus durchaus auch uns: Wir sind doch, wie eben betrachtet, genau diejenigen, die sich kaum bis gar nicht vom Rest der Welt abheben und unterscheiden lassen.

Abgesehen von unserer frommen Erscheinung ...

Wie *„verleugnet"* man eigentlich die *„Kraft der Frömmigkeit"*?

Doch sicher nicht mit Worten! Niemandem, der *„fromm"* erscheinen möchte, würde doch jemals einfallen, sich selbst, seine Taten oder seinen Lebensstil in irgendeiner Art und Weise negativ darzustellen!

Nein, die *„Kraft der Frömmigkeit"* verleugnet man natürlich durch das, wie und was man lebt; man verleugnet durch seine Taten beziehungsweise durch die Resultate des Tuns - also den *„Früchten"*, die dieses Frommsein zeitigt. Der reale und sichtbare Lebensstil *„verleugnet"* echtes Christsein!

Das bestätigt übrigens auch die Parallelstelle in Titus 1,6, in der Paulus sich mit *„Sie beteuern, Gott zu kennen, aber mit den Werken verleugnen sie ihn"* gegen Irrlehrer wendet. Auch diese *„verleugnen Jesus"* durch ihre *„Werke"*, also ihr sichtbares Tun und Handeln, während sie gleichzeitig – aber offensichtlich nur verbal - durch ihr *„Beteuern, Gott zu kennen"* den Anschein von Frömmigkeit verbreiten.

Übrigens könnten natürlich mit *„Kraft der Frömmigkeit"* auch *„Zeichen und Wunder"* gemeint sein. Aber die haben wir bekanntlich ja nicht im Griff. Es liegt durchaus nicht in unserer Hand, ob diese unser christliches Leben begleiten und kennzeichnen, wir können sie nicht *„kraftvoll"* demonstrieren, um unsere Frömmigkeit zu untermauern.

Was wir aber sehr wohl demonstrieren könnten, ist ein neuer, herausfordernder Lebensstil in Sinne von: *„Wir haben die (innere) Kraft, um uns ganz anders zu verhalten!"*

Aber genau da liegt ja eben unsere Schwachstelle. Diese „*Kraft* der *Frömmigkeit*" verleugnen wir durch unseren angepassten Mainstream-Lebensstil!

Übrigens schließt Paulus diesen Abschnitt ab mit der lapidaren Feststellung: „*Ihre Torheit wird jedermann offenbar werden!*" (2. Timotheus 3,9).

Da können wir dann nur noch ganz, ganz fest hoffen, dass wir vielleicht doch irgendwie nicht gemeint sind!

***

Immer wieder schwappt die in den USA weit verbreitete Theologie des „*Wohlstandevangeliums*" auch in unsere Kreise hinein; vor allem charismatische Gemeinden sind dafür zuweilen anfällig. Diese Theologie behauptet, dass geschäftlicher Erfolg, Geldvermögen sowie Gesundheit der sichtbare Beweis für Gottes Segen seien und „echtes" Christsein deshalb immer zu persönlichem Wohlstand führe. Daraus resultieren dann Behauptungen, dass man „*nicht richtig bete*" oder „*nicht richtig glaube*", wenn Krankheiten nicht umgehend – wenn nötig durch ein Wunder - von Gott geheilt werden oder man nicht innert kürzester Zeit zur sozialen Oberschicht gehört.

Lautstark und vehement wehren wir uns natürlich gegen diese einseitige Theologie, und das zu Recht.

Aber anstelle dieses „*Wohlstands*evangeliums" hat sich bei uns still und heimlich ein „*Wohlfühl*evangelium" eingeschlichen. Dieses verkündigen wir natürlich nicht offiziell, sondern wir leben es einfach - ganz selbstverständlich und unreflektiert. Denn es wäre durchaus unbequem, darüber mal nachzudenken; „*unbequem*" aber passt nicht zu einem „*Wohlfühlevangelium*". Also wird kein Gedanke daran verschwendet. Denn über unsere wie selbstverständlich gelebte fromme Wohlfühlmentalität zu reflektieren, könnte Veränderungen anmahnen – doch das passt nicht zu unserem „*Wohlfühlevangelium*", deshalb lassen wir das tunlichst.

Zwar propagieren wir also kein „Wohl<u>stands</u>evangelium" nach amerikanischem Muster, leben stattdessen jedoch ein Wohl<u>fühl</u>evangelium und verwirklichen damit im Prinzip ein „Wohl<u>fahrts</u>evangelium".

Natürlich proklamieren wir dabei eben nicht, dass wir „*falsch glauben*" würden, wenn Gott nicht dafür sorgt, dass es uns rundum gut gehe. Aber die überwiegende Mehrzahl unserer Bitten an Gott strebt sehr wohl trotzdem in genau diese Richtung: Er möge doch bitteschön dafür sorgen, dass es uns rundum gut gehe! Wir beten für körperliche Gesundheit, erflehen Bewahrung in jeder Lebenslage und bitten um Gelingen all unser Aktivitäten und um beruflichen sowie sozialen Erfolg.

Und nicht nur betend, sondern auch aktiv handelnd hätscheln und pflegen wir unsere *Wohlfahrt* aufs Beste. Damit aber streben wir sozusagen „durch die Hintertür" genau dasselbe Ziel an wie die Vertreter des Wohlstandesevangeliums, denn laut Begriffslexikon ist Wohlfahrt „*die Summe aller Rahmenbedingungen, mit deren Hilfe Wohlstand erzielt werden kann*". Und wir passen sehr wohl unsere „*Rahmenbedingungen*" – sowohl die individuell persönlichen, aber oft auch die kollektiv gemeindlichen – laufend aktuell und erfolgreich so an, dass es uns rundherum möglichst gut geht. Wobei wir natürlich jeweils die Behauptung des „*nicht richtig Glaubens*" vermeiden, wenn's mal nicht so recht gelingen sollte.

Das ist aber dann auch der einzige Unterschied zwischen Wohlstandsevangelium und Wohlfahrtsevangelium, wenn man mal davon absieht, dass die Vertreter des ersteren ihr „*Evangelium*" auch noch laut verkündigen, wir jedoch unser „*Evangelium*" einfach still und unauffällig leben. In selbstverständlicher Übereinkunft, flächendeckend und kongregationsübergreifend. Das „*Wohlfahrts- und Wohlfühlevangelium*" ist zum allumfassenden evangelikalen Lebensstil geworden, und wir haben uns diesbezüglich auch in unseren Gemeinden gut eingerichtet: Sorgsam achten wir darauf, dass sich

jeder in unseren Reihen und bei unseren Veranstaltungen „wohl fühlt" –
nicht zuletzt auch unseretwegen, denn dann fühlen auch wir selbst uns
ebenfalls „wohl".

So funktioniert unser real gelebtes *Wohlfühlevangelium* auch kollektiv
auf das Beste und fügt sich nahtlos in unser individuelles Streben nach
permanentem Wohlgefühl ein.

Unterscheidet sich vielleicht hier etwa irgendetwas vom „Mainstream"
unserer Kultur?

Nein, absolut nichts. Jedermann in unserem Umfeld versucht genauso,
sich seine Wohlfühlzonen zu erobern und strebt nach möglichst problem-
und stressfreiem Alltag, nach Wohlstand, Glück und Gesundheit.

Null Unterschied.

✳✳✳

Aber mal Hand aufs Herz: Hat Jesus damals auch derart sorgsam darauf
geachtet, dass alle seine Jünger sich durchgehend „wohl gefühlt" haben?
War das bei Jesus, dem Wanderprediger, und seiner nachfolgenden Schar
auch täglich zu beobachten: „Rahmenbedingungen", die auf allgemeine
„Wohlfahrt" abzielten?

Wenn ja, sind wir mit unserem bestens gepflegten Wohlfühlevangelium
auf dem richtigen Gleis; wenn nicht, sind wir auf dem Abstellgleis (im
Eisenbahner-Fachjargon übrigens: „Totes Gleis" genannt).

Da wohl Letzteres bei uns zutrifft, sollte uns erneut dämmern, dass da
etwas Grundsätzliches schiefläuft: Wenn wir nämlich diejenigen sind, bei
denen auch hier wieder so gut wie kein Unterschied zum Rest der Welt
besteht, aber ein eklatanter Unterschied zu dem, was Jesus als Lebensstil
propagiert und mit seinen ersten Nachfolgern entsprechend eingeübt hat –
dann unterscheiden wir uns an der völlig falschen Stelle!

Natürlich: Unser Wunsch nach Wohlfahrt ist ganz normal und menschlich. Natürlich möchten wir möglichste keine Probleme haben; niemand wünscht sich Schwierigkeiten, Not oder Angst; keiner will krank sein und schon gar nicht krank bleiben. Das gehört zum ganz normalen Menschsein dazu! Aber: Ist dies auch ein Merkmal eines „typisch christlichen" Lebensstils, wonach wir also um jeden Preis zu streben hätten und der, wenn immer irgendwie möglich, verwirklicht werden sollte?

Auch zu dieser Fragestellung kann uns die Bibel eindeutigen Aufschluss geben. Hier einige Beispiele:

- Da lesen wir zur Einleitung der Weihnachtsgeschichte über Maria, dass sie vom Engel ausdrücklich als *„Begnadete"* (Lukas 1,28+30) angesprochen wird bei der Ankündigung, dass sie auf einmalige Art und Weise und so eng wie niemand jemals davor oder danach mit Jesus verbunden sein wird: Sie darf ihn nämlich höchstpersönlich neun Monate in sich tragen und ihn dann zur Welt bringen sowie auch noch durch seine Kindheit begleiten. Wie hat sich nun dieses *„begnadet sein"* durch diese existentielle Verbundenheit mit Jesus anschließend ausgewirkt? Man staune: Ihre einsetzende Schwangerschaft mit diesem „unehelichen" Kind beendete auf einen Schlag nicht nur jegliche Romantik in ihrer Liebesbeziehung zu Josef, sondern sie war fortan in den Augen ihrer Familie und Umwelt moralisch stigmatisiert und dürfte als „Ehebrecherin" auch durchaus berechtigte Angst vor einer möglichen Justizverfolgung bis hin zur Steinigung gehabt haben. Die von den römischen Besatzern angeordnete Reise nach Bethlehem war dann an sich schon ziemlich schikanös, für sie im hochschwangeren Zustand aber besonders schlimm und wurde auch noch durch eine Geburt in absolut menschenunwürdigem Rahmen gekrönt. Daran schloss sich ziemlich nahtlos eine überstürzte Flucht unter Lebensgefahr nach Ägypten an. Und das alles nur wegen Jesus! All dies nur deswegen, weil sie bereit war, ihm zu dienen! So lebt sich's also als *"Begnadete des Herrn"* ...

- Auch Paulus, unser ultimatives Vorbild betreffend „Dienst für Jesus", erlebt aufgrund seiner kompromisslosen Nachfolge nicht etwa lauter geruhsames Wohlergehen, basierend auf weitgehender Problemfreiheit, sondern das schiere Gegenteil: Seiner Korinthergemeinde schildert er in 2. Korinther 11,23-33 eine beeindruckende, fast nicht enden wollende Aufzählung all seiner Widerfahrnisse, mit denen er sich dank seines Einsatzes als *„Diener Christi"* auseinander zu setzen hatte, und sein Dienst in der Provinz Asia ist überschattet durch eine *„Bedrängnis"*, durch die er und seine Mitstreiter *„über die Maßen beschwert waren und über unsere Kraft, so dass wir auch am Leben verzagten!"* (2. Korinther 1,8). Das klingt wahrlich nicht nach Komfortzone, sondern vielmehr nach schwerster und existenzbedrohender Depression!

- Wenn Jesus uns, seine Nachfolger, über *„Frieden"* und *„Trost"* aufklärt, dann macht er dies in Johannes 16,33 auf dem Hintergrund unserer durchaus vorhandenen *„Angst in der Welt"*, wobei die griechische Bedeutung des von Luther mit *„Angst"* übersetzten Wortes eigentlich *„Bedrückung"* bedeutet: *„In der Welt steht ihr unter Druck!"*

- Auch Jesu Seligpreisungen am Anfang der Bergpredigt (Matthäus 5,3-12) sowie zu Beginn seiner Feldrede (Lukas 6,20-23) machen deutlich, was Sache ist, solange wir noch in dieser Welt leben: Er preist uns zwar selig (wörtlich: *„beglückwünscht"* uns), aber nicht etwa deswegen, weil *„arm sein"*, *"Leiden"*, *„Hunger"*, *„Weinen"*, *„Hass"* usw. durch unsere Hinwendung zu ihm Schnee von gestern wären, sondern er verspricht uns unsere Seligkeit innerhalb solcher Schwierigkeiten; diese müssen folglich „trotzdem" durchlitten werden. Die jeweils Letzte der beiden Aufzählungen, die Seligpreisung über den *„um seines Namens willen Verfolgten"*, markiert er sogar ausdrücklich als bedingt durch konsequente Nachfolge!

- Unübersehbar gerieten fast alle Gemeinden des Neuen Testaments postwendend unter starken äußeren Druck. Nicht nur die erste Gemeinde in Jerusalem, deren Anhänger nach Apostelgeschichte 8,1 so bedrängend verfolgt wurden, dass außer den Apostel alle fliehen mussten. Den Briefen von Paulus entnehmen wir, dass Leiden und Bedrohung in praktisch all seinen Gemeinden der Normalzustand war: Die Römer sollen *„geduldig in Trübsal sein"* (Römer 12,12), weil sie ja *„mit Jesus leiden"* (Römer 8,17); über die Korinther *„kommen die Leiden Christi reichlich"* (2. Korinther 1,5); den Galatern erklärt er, dass man ohne Beschneidung *„um des Kreuzes Christi willen verfolgt werde"* (Galater 6,12); den Philippern ist es *„gegeben, um Christi willen zu leiden"* (Philipper 1,29); die Thessalonicher haben *„das Wort in großer Bedrängnis aufgenommen"* (1.Thessalonicher 1,6) und so weiter. Deshalb erklärt Paulus seinem Mitarbeiter Timotheus auch rundheraus, dass *„alle, die fromm leben wollen in Christus Jesus, Verfolgung leiden müssen"* (2. Timotheus 3,12), und Petrus ergänzt, dass *„ebendieselben Leiden über eure Brüder und Schwestern in der Welt kommen"* (1. Petrus 5,9). Nicht nur, dass die ersten Christen also allesamt durch viel Leid und Not gehen mussten, sondern ihr Glaube an Jesus und ihre konsequente Nachfolge waren in aller Regel auch noch ursächlich dafür!

- Dazu passt auch, dass gemäß kirchengeschichtlicher Überlieferung vermutlich fast alle Apostel – mit Ausnahme von Johannes, der „nur" verbannt wurde – den Märtyrertod erleiden mussten. Und dies, obwohl alle zwölf nicht nur live miterlebt hatten, dass Jesus jederzeit jede nur erdenkliche Art von Wundern bis hin zur Auferweckung von Toten (Lazarus nach Johannes 11,44, der Sohn der Witwe von Nain nach Lukas 7,15 oder die Tochter von Jairus nach Markus 5,42) vollbringen oder auch jederzeit eine wundersame Befreiung aus Gefängnissen (Petrus in Apostelgeschichte 12,7–9 oder Paulus und Silas in Apostelgeschichte 16,26) herbeiführen konnte! Das wussten sie alles nicht nur in der Theorie, sondern hatten es bereits selbst und mehrfach bei Jesus live erlebt – und trotzdem wurden sie nicht verschont!

- Erwähnenswert in diesem Zusammenhang ist auch die sogenannte „Antrittspredigt" Jesu in der Synagoge von Nazareth, als er aus Jesaja 61 zitierte: »*Der Geist des Herrn ist auf mir, weil er mich gesalbt hat und gesandt, zu verkündigen das Evangelium den Armen, zu predigen den Gefangenen, dass sie frei sein sollen, und den Blinden, dass sie sehen sollen, und die Zerschlagenen zu entlassen in die Freiheit und zu verkündigen das Gnadenjahr des Herrn.*« (Lukas 4,18+19) und anschließend erklärte, dass „*heute dieses Wort der Schrift erfüllt*" sei. Dies sowie seine anschließenden Erläuterungen hierzu regten seine Zuhörer so sehr auf, dass sie ihn auf der Stelle steinigen wollten. Weshalb eigentlich? Wohl ziemlich sicher vor allem deshalb, weil sie erwarteten, dass sich die Verheißung des Jesaja so zu erfüllen habe, dass beim Erscheinen des Messias nun endlich die „*Gefangenen frei*", die „*Blinden sehend*" und die" *Zerschlagenen in die Freiheit entlassen*" würden – der „Erlöser" also insbesondere die „Erlösung von allem Leiden" einleiten werde! Sie bemerkten gar nicht, dass sowohl Jesaja das schon damals so nicht vorhergesagt hatte und der aktuell vor ihnen stehende Rabbi, der den Messias-Status für sich reklamierte, dies ebenfalls so nicht versprach, sondern dass beide, Prophet und Jesus, jeweils immer nur von der „*Verkündigung*" der Leidenserlösung sprachen - nicht jedoch vom Vollzug! Leider nicht richtig zugehört! Wir aber, die wir richtig zuhören, erkennen: Jesu erstes Kommen befreit die Gläubigen nicht automatisch von jedem Leid, sondern erst sein zweites Erscheinen! Vorläufig muss Leid noch durchgehalten werden, und zwar auch von den Frommen. Petrus hat das später sehr griffig auf den Punkt gebracht: „*Der Gott aller Gnade ... wird euch, die ihr eine kleine Zeit leidet, aufrichten, stärken, kräftigen, festigen!*" (1.Petrus 5,10) – und eben nicht „*befreien*" oder „*heilen*"!

Der eben geschilderte unsachgemäße Umgang mit Jesu Jesaja-Zitat damals in Nazareth und dessen falsche Interpretation unterlief übrigens nicht nur den damaligen Schriftkundigen in der dortigen Synagoge, sondern auch heutigen, durchaus renommierten Theologen. Noch immer wird landauf, landab dieses Jesaja-Zitat falsch ausgelegt, weil einfach überlesen wird, was tatsächlich dasteht.

Das hat allerdings einen simplen Grund: Wir <u>wollen</u> es so verstehen, dass Gefangene frei, Blinde sehend und Zerschlagene in die Freiheit entlassen werden. Weil wir von Jesus einfach erwarten, dass er - wenn nötig auch durch Wunder - seine Nachfolger von allem Übel befreit und erlöst! Dass der Messias dies nur ankündigt, ist uns definitiv zu wenig, genauso wie damals den Theologen von Nazareth. Deshalb weigert sich bis heute auch unser Verstand, dies beim Lesen zur Kenntnis zu nehmen! Es manifestiert sich hier sozusagen eine „automatisierte Verweigerung", da bereits vorab durch unser Vorverständnis gefiltert wurde.

Weil auch bei unsere Bibellektüre zuweilen eben *„nicht sein kann, was nicht sein darf"*!

Das ist reale Umsetzung eines „Wohlfühlevangeliums", so funktioniert Bibellese unter dem Vorbehalt des mainstreamhaften Denkens *„Hauptsache, es geht mir gut!"*

„Und da ich ja auch noch Christ bin: Umso mehr! Dank Jesus!"

Die Bibel belehrt uns jedoch eindeutig, dass das Streben nach Wohlfahrt und glückseligem Leben – was durchaus „menschlich" und insofern völlig normal ist! - geistlich gesehen eindeutig zum *„alten Menschen"* gehört. Einen echten Nachfolger aber wird das gemäß Epheser 4,22-24 (*„Legt von euch ab den alten Menschen ... erneuert euch aber in eurem Geist und Sinn ... zieht den neuen Menschen an"*) nicht mehr charakterisieren! Eine wohlfahrtsorientierte Art der Lebenserfüllung hat nach erfolgter „Umkehr" in Jesu Nachfolge hinein keinerlei Priorität mehr.

So lautet zumindest Jesu Plan für unser Leben; da ist das Neue Testament eindeutig. Das können wir annehmen oder auch nicht. Wenn wir jedoch für eine solche Führung Jesu durch unser Leben hindurch nicht bereit sind, dann praktizieren wir Mainstream statt Jesusnachfolge.

Auch diese Schwachstelle scheint mir durchaus nicht unbedeutend zu sein ...

***

Und dann setzen wir bei genauem Hinsehen noch einen obendrauf: Wir lassen es nicht wirklich beim „Wohlfühlevangelium" bewenden, sondern wir lassen – quasi durch die Hintertür – dann sehr wohl trotzdem noch das „Wohlstandsevangelium" betreffend Geld und materiellem Wohlstand bei uns einschleichen.

Jawohl, genau dieses amerikanisch geprägte „Wohlstandsevangelium", dass wir vorneherum so vollmundig ablehnen!

Natürlich propagieren wir das weiterhin nicht. Die schräge Theologie, dass Geld und Wohlstand der von Gott spendierte Beweis für richtig gelebtes Christsein sei, wird in unseren Kreisen nicht verkündigt.

Brauchen wir auch gar nicht. Denn wer in einem so reichen Wohlfahrtsstaat wie Deutschland leben darf, der braucht den theologischen Unterbau gar nicht, um finanziellen Wohlstand im Überflussbereich zu erlangen. Wir schaffen ihn ziemlich problemlos und zumeist schon in noch recht jungen Jahren dank fundierter Ausbildung mit anschließend gut bezahltem Job, oft noch ergänzt durch üppige Erbschaften (allein 2022 wurden laut Statistik in Deutschland über 100 Milliarden Euro vererbt). Wir erwerben uns also sozusagen den „Wohlstandssegen Gottes" selbst.

Zugegeben: Nicht jeder hierzulande kommt gleichsam automatisch in den Luxus-Lebensbereich, das stimmt. Aber einer überwiegenden Mehrheit von uns geht es schon nach wenigen Jahren Berufstätigkeit finanziell richtig gut, diese brauchen sich materiell sehr bald keine wirklichen Sorgen mehr zu machen. Und ungefähr ab der Lebensmitte haben die meisten nicht nur ausgesorgt, sondern lebt bereits im klaren Überfluss. Selbst wenn das Eigenheim noch nicht ganz abbezahlt ist und die eine oder andere Luxusanschaffung vielleicht noch auf Kreditbasis getätigt wurde.

Wozu also bräuchten wir eine „Wohlstands-Theologie", wenn wir es auch ohne Gottes Segen durch einen halbwegs seriösen Lebensstil sowie einer ordentlich bezahlten Arbeitsstelle ziemlich problemlos zu reichlich Geld und materiellem Überfluss bringen?

Für nachdenkenswert halte ich in diesem Zusammenhang auch folgende Beobachtung: Manche unserer jungen evangelikalen Christen setzen noch relativ viel Geld für Evangelisation und Gemeindebau ein. Sie sind begeisterte Nachfolger, und Jesus ist ihnen das wert.

Ein Beispiel dafür sind momentan vielleicht die im jugendlichen Trend liegenden ICF-Gemeinden. Dort trifft sich die nachwachsende Generation von Nachfolgern, und zumeist sind deren Räumlichkeiten gut bis üppig mit modernster Technik ausgestattet und stylisch ansprechend gestaltet. Vielleicht nicht immer nach dem Gusto älterer Glaubensgeschwister, aber dass das alles Geld kostet, ist nachvollziehbar. Den jungen Christen ist es das offensichtlich wert.

Allerdings lässt das mit zunehmendem Alter nach. Viele Gemeinden der etwas reiferen und älteren Christen tun sich bereits erkennbar schwerer, Geld in ihre Gemeindehausausstattung zu investieren – obwohl sie eigentlich mehr Geld zur Verfügung hätten als die junge Generation.

Wie kommt's?

Gerade reifere Christen müssten doch verinnerlicht haben, dass eine Gemeinde den *Leib Jesu* darstellt und es deswegen ein direkter Liebesdienst an Jesus ist, finanziell in die Gemeinde zu investieren. Ganz abgesehen davon, dass ein repräsentatives Gemeindehaus eine gute Basis für erfolgreiche Nachbarschaftsevangelisation bieten könnte. Aber es ist oftmals fast schon mit Händen zu greifen: Parallel zum Nachlassen der ersten Begeisterung für die Nachfolge Jesu lässt auch das finanzielle Engagement für die eigene Gemeinde mit den Jahren spürbar nach. Man hat zwar mehr Geld zur Verfügung, aber weniger für die Gemeinde und für das Reich Gottes. Was habe ich schon kärgliche Gemeindehäuser erlebt, die ausgesprochen reichen Christen gehört haben!

Aber *„wes das Herz voll ist, des geht nicht nur der Mund über"*, sondern *„des fließt auch das Geld hin"*! (nach Lukas 6,45), denn *„Wo euer Schatz ist, da wird auch euer Herz sein!"* (Lukas 12,34).

Offensichtlich nimmt unsere Begeisterung für Jesus und die Mitarbeit am Reich Gottes im Verlauf des Lebens ab, die Begeisterung für unseren Wohlstand jedoch zu. Wir investieren in jungen Jahren mancherorts durchaus noch in die Sache Jesu, in reiferen Jahren jedoch vorwiegend nur noch in unseren Wohlstand und eigenen Luxus.

Nur Einzelne?

Nein, eben nicht. Es ist üblich so bei uns, es ist evangelikaler Usus.

Damit ziehen wir Älteren die nachwachsende Generation von Nachfolgern unbarmherzig mit hinein in unsere Wohlstandshörigkeit. Wir demonstrieren es ihnen vor: Wohlstand und üppiger Lebensstil lässt sich problemlos mit Christsein vereinbaren und keiner braucht auf Luxus zu verzichten, nur weil er fromm ist. Das leben wir als reifere Generation so überzeugend vor, dass sich dem über kurz oder lang auch frisch begeisterte Jesus-Nachfolger nicht entziehen können. Nicht nur die Welt lockt sie vom Engagement für Jesus und seiner Sache weg, sondern auch die „reiferen" Mitchristen mit ihrer gelebten Dauerbotschaft *„Luxus ist auch für Christen kein Luxus!"*

Diesem Sog kann auf Dauer keiner widerstehen.

Unser „Wohlstandsevangelium" besteht also darin, dass wir unseren Wohlstand so ganz nebenbei und unauffällig zum eigentlichen „Evangelium" mutieren lassen. Die „Frohe Botschaft" (das bedeutet nämlich *„Evange-*

lium") ist für die meisten Christen ziemlich bald weniger die, dass wir dermaleinst als Erlöste bei Gott einziehen werden, sondern dass wir uns momentan hier auf Erden alles reichlich leisten und den Überfluss genießen können. *„Wir haben's ja!"* – das macht uns froh! Das ist unsere "frohe Botschaft", unser Evangelium.

Dass wir hoffentlich dank unserem „Christsein" am Ende unseres Luxuslebens dann zusätzlich auch noch mit in den Himmel dürfen, ist dabei lediglich das Sahnehäubchen obendrauf. Wir wechseln dann vom hiesigen Überfluss in den jenseitigen. Noch eine weitere „frohmachende Botschaft".

Auch diesbezüglich liegen wir also wieder voll im Mainstream: Wohlstand ist bekanntlich jedermanns *„Evangelium"* hierzulande.

***

Zum Abschluss messen wir auch diese Schwachstelle *„Mainstream-Lebensstil"* nochmals an den *„Früchten des Geistes"* nach Galater 5,22+23: *„Die Frucht aber des Geistes ist Liebe, Freude, Friede, Geduld, Freundlichkeit, Güte, Treue, Sanftmut, Keuschheit."*

Wir haben bereits darüber nachgedacht, dass diese Früchte niemand je bemerken wird, wenn wir all diese aufgezählten Tugenden und Charakterstärken nur in unser Denken integrieren, dort hätscheln und pflegen und versuchen, sie irgendwo in unserem Selbstbewusstsein unterzubringen. Selbst wenn wir diese Verhaltensnormen lautstark und öffentlich als *„absolut wichtig und unerlässlich"* propagieren, interessiert das noch niemanden. Umsomehr tugendhafte Früchte dieser Kategorie auch von jedem halbwegs humanen Politiker oder Philosophen laufend eingefordert werden und eine nicht unerhebliche Anzahl von Mitmenschen das ziemlich vorbildlich umzusetzen in der Lage ist, ohne selbst einen persönlichen Bezug zu Jesus zu haben.

Nein, in unseren Köpfen nützt das nichts. Es muss stattdessen gelebt werden. Und zwar nicht von irgendwem, sondern von uns, den echten Nachfolgern Jesu. Und zudem eigentlich auch noch auf hohem Level.

Betrachten wir dazu beispielhaft einmal den ersten Begriff der Aufzählung: Die *„Liebe"*. Wie nun soll diese von „geisterfüllten" Nachfolgern Jesu gelebt werden? Dass wir einfach „liebevoll" mit anderen Menschen umgehen sollen, kann wohl kaum als besondere Auszeichnung von Geisterfüllung angesehen werden, denn das ist ein simples Gebot allgemeiner Mitmenschlichkeit und sinnvolles soziales Verhalten. Um einzusehen, dass dies dem Zusammenleben von Menschen dienlich ist, braucht keiner Christ zu sein.

Aber es gibt ja einen speziellen „christlichen" Aspekt gelebter Liebe. Der Apostel Johannes, der bekanntlich als „Spezialist in Sachen Liebe" gilt, nimmt in seinen Briefen darauf Bezug: *„Denn das ist die Botschaft, die ihr gehört habt von Anfang an, dass wir uns untereinander lieben sollen"* (1. Johannes 3,11). Diese „Liebe untereinander" ist ein Schwerpunkt in seinen Briefen. Es ist ihm so wichtig, dass er mindestens sechsmal in seinem 1. Brief und dann im 2. Brief gleich nochmals darauf zu sprechen kommt. Dreimal verweist er dabei sogar darauf, dass diese Liebe unter Mitchristen nicht weniger als ein *„Gebot Jesu"* sei (1. Johannes 3,23, 4,21 und 2. Johannes 5). Er nimmt damit Bezug auf das *„neue Gebot"*, das Jesus gemäß seinem Evangelium den Jüngern ans Herz gelegt hat: *„Daran wird jedermann erkennen, dass ihr meine Jünger seid, wenn ihr Liebe untereinander habt!"* *(Johannes 13,34+35)*.

„Liebe untereinander haben" ist offensichtlich ein bedeutender Aspekt christlichen Verhaltens! Also nicht einfach *„lieben"*, sondern explizit *„lieben untereinander"*.

Aber was meint denn Jesus konkret damit? Geht es ihm womöglich um unsere Liebesgefühle den Gemeindegliedern gegenüber, unsere gegenseitige Gewogenheit, unser Gefallen aneinander, unsere innere Zuneigung zueinander und unsere herzlichen Gedanken übereinander? Und geht Johannes nun davon aus, dass wir Glaubensgeschwister uns auf diese Art und Weise einfach „herzlich gernhaben" sollten?

Wohl kaum! Wenn wir laut Jesus daran „*erkannt*" werden sollen, dann kann das nur dadurch geschehen, dass wir mit unserem Lebensstil nicht nur „*Liebe à la Jesus*", also gelebte Liebe auf unüberbietbar höchstem Niveau, vordemonstrieren, sondern indem wir, darin eingebettet, gleichzeitig auch noch all die anderen „*Früchte des Geistes*" konkret ausleben!

Denn es ist derselbe Geist, der nach Römer 5,5 zuerst „*Gottes Liebe ausgießt in unsere Herzen*" und auf dieser Basis dann die „*Früchte des Geistes*" entstehen lässt, an denen wir erkennbar werden. Erkennbar natürlich dadurch, dass wir diese nicht nur einfach „in uns" haben, also sozusagen einfach „charakterlich mit uns tragen", sondern indem wir sie natürlich auch leben! Ausleben!

An diesem „*Tun*" der Geistesfrüchte, eingebettet in die „*Liebe untereinander*", werden wir erkannt, und nicht an unseren Gedanken und inneren Haltungen - mögen diese noch so positiv und liebevoll sein! Das war die Intension Jesu, nur das entspricht seinem „*neuen Gebot*". Gewiss nicht zufällig hat ja Jesus dieses „Liebesgebot" nach Johannes 13 direkt im Anschluss an seine demonstrative Fußwaschung den Jüngern ans Herz gelegt – damit diesen gleich von Anfang an klar ist, von welcher Art von „Liebe" er spricht: von tätiger Liebe!

Dieses „*Tun der Liebe*", an dem man also echte Jesus-Nachfolger erkennen kann, wird sich dann jedoch merklich vom Mainstream unserer heutigen Kultur unterscheiden.

Und zwar nicht nur an unserem vorbildlich liebevollen Umgang miteinander innerhalb der Gemeinde. Sondern beispielsweise auch dann, wenn wir als Nachfolger Jesu von Leid, Problemen und Anfeindungen, von Krankheit, Verfolgung und Hass heimgesucht werden – und selbst dann an uns immer noch die „*Früchte des Geistes*" erkennbar sind! Weil wir imstande sind, diese „*Früchte*" trotzdem zu leben! Wenn wir es also nicht besser als der Rest der Welt haben - aber wesentlich besser damit umgehen können! Unser Charakter, unser Wesen, unser Glaube hält das aus und hält das durch.

Vorbildlich, weil geistgeprägt!

Oder besser „*abbildlich*". Weil wir dadurch Jesus „*abbilden*": Sein Wesen, seine Art, sein Charakter. Weil wir darin dann „jesusähnlich" sind. Nicht nur betreffend „*Liebe untereinander*", sondern auch betreffend all der anderen aufgezählten positiven Geistesfrüchte: „*Freude, Friede, Geduld, Freundlichkeit, Güte, Treue, Sanftmut und Keuschheit.*" Es wird einen Unterschied bewirken, wenn wir diese Tugenden leben können inmitten einer „gefallenen Welt" mit all ihren Widerwärtigkeiten und Problemen, in der auch wir selbst von Angst, Leid und Schmerzen nicht verschont und bewahrt bleiben.

Dazu will uns der Geist Gottes ertüchtigen und befähigen! Denn so zu leben – in demselben Geist, wie Jesus damals gelebt hat - wäre eben seine „*Frucht*"! Und damit wären wir dann sicher nicht mehr mitten im „*Main-stream*"!

Allerdings: Solange wir an unserer Wohlfahrt und unserm Wohlstand festkleben, solange wir auch unsere Gemeinden lediglich als ergänzenden Faktor unseres Wohlstands-Lifestyles behandeln und betreffend „Geschwisterliebe" nicht über wohlwollende Kumpanei hinauskommen, solange wir keinerlei Anstalten machen, „Umkehr" ernst zu nehmen und einen Lebensstil anzupacken, dem das Attribut „neu" tatsächlich entsprechen würde, solange es uns nicht gelingt, wenigstens in Ansätzen ein alternatives „Aussteigermodell" zu entwickeln, solange kann und wird der Heilige Geist nicht aktiv werden. Er wird und kann also unseren Charakter nicht jesusähnlicher zu formen beginnen.

Denn Grundlage zu einer Aktivierung des Heiligen Geistes dürfte unsere Bereitschaft zur Heiligung in Richtung einer ernsthaft gestalteten Nachfolge anstelle von rundum angepasstem Mainstream sein.

Davon sind wir aber ziemlich weit entfernt.

4.3 Schwachstelle „Auftragsvergessenheit"

Jesus hat seine Nachfolger beauftragt. Wer zu ihm gehört, hat einen Auftrag. Und wenn Jesus tatsächlich *„unser Herr"* sein sollte, dann gehört Auftragserfüllung zum absoluten Pflichtprogramm, und zwar mit höchster Priorität. Selbstverständlich ist nur dies das adäquate Verhalten einem *„Herrn"* gegenüber; umso mehr, wenn es sich – wie bei uns der Fall - beim beauftragenden *„Herrn"* nicht nur um einen großen und einflussreichen König handelt, sondern um den größten und einflussreichsten aller Zeiten schlechthin!

Mal abgesehen davon, dass der spezifische Auftrag dieses Herrn und Königs für unser Leben durchaus auch individuell ausfallen kann und deshalb nicht jeder immer genau dasselbe auszuführen hat wie alle anderen seiner Nachfolger, gibt es doch zumindest einen Auftrag, den er universell allen seinen Getreuen aufgeben hat: Den sogenannten *„Sendungsbefehl"*, auch *„Missionsbefehl"* genannt. Man könnte sogar sagen: Dieser Befehl spannt sich wie ein zusammenfassendes Dach über alle personenbezogenen Detailaufträge seiner Mitarbeiter. Diesem einen, übergeordneten Befehl des Königs haben sich demzufolge alle anderen Beauftragungen unterzuordnen.

Fakt ist nämlich, dass wir ausschließlich zur Umsetzung dieses höchsten und dringlichsten Anliegens des Königs überhaupt noch auf der Erde sind! Denn Jesus hätte seine Nachfolger eigentlich lieber gleich sofort zu sich in den Himmel mitgenommen, wie wir seinem Gebet im 17. Kapitel des Johannesevangeliums entnehmen können: *„Vater, ich will, dass, wo ich bin, auch die bei mir seien, die du mir gegeben hast, damit sie meine Herrlichkeit sehen!"* (Johannes 17,24). Kurze Zeit danach geht er tatsächlich in den

Himmel, also dorthin, wo seine Nachfolger nun seine „*Herrlichkeit*" in vollem Umfange sehen könnten – aber er nimmt sie nicht mit!

Sein Wille „*Vater, ich will ...*" kommt also nicht zum Tragen! Das ist absolut außergewöhnlich, denn ansonsten passiert selbstverständlich immer genau das, was Gottes Sohn „*will*"!

Hier ausnahmsweise einmal nicht. Stattdessen betet Jesus: „*Ich bitte nicht, dass du sie aus der Welt nimmst ...*" (Johannes 17,15) und genauso geschiehts. Seine Jünger bleiben bei Jesu Himmelfahrt zurück. Entgegen Jesu klar und deutlich geäußertem Willen.

Warum?

Es muss einen Grund geben - und zwar einen überaus triftigen, wenn sogar Jesu Willen hier hintanstehen muss!

Der Grund ist genau dieser: Seine Mitarbeiter haben noch einen Auftrag. Nämlich die Ausführung des Missionsbefehls. Der ist unserem König dermaßen wichtig, dass ihn seine Truppe gleich mehrfach und in unterschiedlichen Formulierungen erhalten hat, wie wir bereits im Kapitel „Fehlendes Gemeindewachstum" gesehen haben: „*Geht hin und macht zu Jüngern ...*" (Matthäus 28,19); „*Ihr werdet* [sollt] *meine Zeugen sein ...*" (Apostelgeschichte 1,8); „*Siehe, ich sende euch ...*" (Matthäus 10,16 und Lukas 10,3); „*Geht hin in alle Welt und predigt ...*" (Markus 16,15); „*Seid ... Zeugen!*" (Lukas 24,48) oder auch „*... so sende ich euch!*" (Johannes 20,21).

Sollten wir diesen Auftrag unseres Herrn erfüllen? Wäre es sinnvoll, hier dem König kompromisslos zu dienen?

Zweifellos. Denn gegenüber all denen, die an dieser Stelle trotzdem noch den geringsten Zweifel haben könnten, stellt der König klar: „*Nicht ihr habt mich erwählt, sondern ich habe euch erwählt und bestimmt, dass ihr hingeht und Frucht bringt!*" (Johannes 15,16), wobei hier nicht unerheblich ist, dass er das „*Frucht bringen*" nachdrücklich mit „*hingehen*" verbindet. Somit ist unmissverständlich klargestellt, dass er von seinem Sendungsbefehl spricht. Zur Umsetzung dieses Auftrags hat er uns „*bestimmt*".

Deshalb kann sich hier keiner rausmogeln: Diesen Auftrag zu erfüllen, ist oberste und dringlichste Priorität jedes Nachfolgers Jesu. Wer immer im Dienst dieses Königs steht, hat diese Aufgabe umzusetzen. Ohne Wenn und Aber, denn an Deutlichkeit hat unser Herr diesbezüglich nun wirklich nichts zu wünschen übriggelassen.

Das bedeutet also, dass der Missonsbefehl als genereller und allem übergeordneter Auftrag unseres Herrn unser ganzes Leben, unseren ganzen Alltag bestimmen muss. Denn nur deshalb sind wir noch hier auf der Erde. Der Sendungsbefehl – und nur der – ist der Sinn und Grund unseres Hierseins. Ohne diesen würde Jesus die Seinen auf der Stelle in den Himmel holen, damit sie *„seine Herrlichkeit sehen"*.

Da er uns aber noch hier auf Erden belässt, bedeutet „sinnvoll leben" für jeden seiner Nachfolger, sich dem Herrn und König zur Verfügung zu stellen und seinen Willen auszuführen. Und der Sendungsbefehl ist sein oberster und dringlichster Wille. Der Sinn der Nachfolge Jesu, der Sinn also christlichen Lebens überhaupt und eben auch der Sinn unseres vorläufigen Aufenthalts noch hier auf der Erde, besteht in allererster Linie also aus Mission beziehungsweise Evangelisation.

Wobei der Missionsbefehl natürlich nicht nur im Zentrum unseres Bewusstseins, sondern im Zentrum unseres ganzen Wesens inklusive unseres Handelns stehen muss. Und zwar unangefochten an oberster Stelle, weil er bei unserem Herrn und König an oberster Stelle steht.

Genauso wie es uns Jesus ja auch vorgelebt hat: Auch bei ihm bestimmte das Thema „Errettung von Menschen" nicht nur sein Bewusstsein, sondern war Maxime seines täglichen Tun und Lassens, seines realen Alltagsvollzugs. So sollte das auch bei uns sein, denn das ist selbstverständlich ein wesentlicher Bestandteil des *„Jesus ähnlich Werdens"*.

Und hier schließt sich der Kreis: Diese Auftragserfüllung gehört dann nicht nur zu einem „alternativen Lebensstil", sondern begründet diesen regelrecht! Denn: Diesen Missionsbefehl unseres Königs anzunehmen und in höchster Priorität umzusetzen, wird sich mit Sicherheit nicht mit einem Lebensstil harmonisieren lassen, der sich in jeder Beziehung und allezeit der „Welt" anpasst!

Wie also sieht es nun damit bei uns, in unserem evangelikal frommen Leben, aus?

Die Anwendung der paulinischen Aufforderung *„Prüft, was dem Herrn wohlgefällig ist!"* (Epheser 5,10) ergibt mit Sicherheit und ganz oben auf der Rangliste den wichtigsten Auftrag des Königs an seine Truppe. Da hat die Prüfung primär anzusetzen, denn *„wohlgefällig"* dürfte ihm natürlich vor allem sein, wenn man das tut, was er mehrfach befohlen hat! Nicht, dass wir etwa noch unter das Verdikt seines *"Was nennt ihr mich aber »Herr!«, »Herr!«, und tut nicht, was ich euch sage?"* (Lukas 6,46) geraten und er dies dann womöglich noch mit einem für uns katastrophalen *„Ich habe euch nie gekannt, weicht von mir!"* (Matthäus 7,23) ergänzen müsste.

Welches Resultat also zeitigt ein paulinisches *„Seht nun sorgfältig darauf, wie ihr euer Leben führt!"* (Epheser 5,15), wenn wir das einmal explizit auf den vordringlichsten Wunsch und Willen Jesu anwenden? Wie und mit welcher Intensität setzen wir den mehrfach und ausdrücklich befohlenen Auftrag unseres Königs um?

Vorsichtig formuliert: Allerhöchstens *„mit beschämender Nachlässigkeit"*! Wenn nicht vielleicht ein *„Gar nicht!"* der Wahrheit sogar noch näher kommt ...

***

Nun kann sich jeder Christ natürlich ans vermeintlich sichere Ufer retten, indem er darauf hinweist, dem *„Tun"* von Jesu Willen insofern nachzukommen, dass er sich eben sozial engagiert: *„Die Pietisten haben doch Waisenhäuser, Krankenstationen und Schulen gegründet, wir heute leisten Nachbarschaftshilfe, organisieren Vesperkirchen und unterstützen tat-*

kräftig etliche weitere soziale Projekte, und das alles aus christlicher Gesinnung heraus, oder? Hat nicht Jesus uns auch dies wärmstens ans Herz gelegt? Wir »tun« doch was, oder?"

Richtig. Und unser soziales Engagement soll auch nicht schlecht geredet werden. Aber es ist nicht das Eigentliche des Christseins, sondern: Es ist das Eigentliche simpler Mitmenschlichkeit! Aktive Pflege des Gemeinwohls ist eben nicht das Markenzeichen echter Nachfolger. Für sozialen Einsatz brauchts, wie bereits schon mal erwähnt, eigentlich keinen Jesus und auch keinen christlichen Glauben. Dazu reichen Humanität und etwas Barmherzigkeit als Triebfeder vollkommen aus.

Deshalb sind ja nicht nur wir Christen diakonisch tätig, sondern ganz viele Vereine, Organisationen und sogar einige staatliche Institutionen. Und zuweilen sogar engagierter und oft auch effizienter als wir Frommen.

Aktives Handeln aus Nächstenliebe ist eine Selbstverständlichkeit für jeden, der nicht nur sich selbst, sondern auch seinen Mitmenschen im Blick hat. Und Jesus hat natürlich alle Menschen im Blick; er will, das keiner vergessen wird und ist deshalb eindeutig auch ein Proklamator für soziales Engagement. Weil er die Menschen liebt, erwartet er grundsätzlich von jedermann mitmenschliches Verhalten und Einsatz für seinen Nächsten. Nicht nur von seinen Nachfolgern. Aber von denen erwartet er es natürlich ganz besonders. Denn die sollen ja Gottes Liebe zu den Menschen auch sicht- und spürbar darstellen, und zwar dergestalt, dass sie genauso wie Jesus damals den Menschen durch aktives Tun Gutes angedeihen lassen. Deshalb legt Jesus seinen Jüngern mitmenschliches Handeln auch immer wieder wärmstens und ausdrücklich ans Herz.

Aber eben: Es ist nicht das Eigentliche, zu dem wir ausdrücklich berufen sind. Sozialer Einsatz ist durchaus auch eine Beauftragung Jesu, aber eine, die allen Menschen gilt und eigentlich jedermann anpacken und ausleben sollte, weil jeder Mensch auch Mitmensch ist und nicht alleine auf der Welt lebt.

Die andere Beauftragung jedoch, die wir „*tun*" sollten, ist ganz anderer Art! Sie ist so wichtig, umfangreich und komplex, dass nur wahre Nachfolger dazu berufen werden können: Wir sollen die ganze Welt mit dem Evangelium erreichen!

Der Sendungsbefehl ist damit eine ganz andere Kategorie gegenüber unserem sozialen Auftrag. Er ist einzigartig und Jesus so wichtig, dass er absolute Vorfahrt genießt. So sehr, dass sich alle anderen Aufträge – auch soziales und diakonisches Engagement! – diesem Generalauftrag unterzuordnen haben. Der Sendungsbefehl ist mehr als nur ein Auftrag, er ist ein königlicher Befehl!

Soziale Taten allein sind deshalb nicht die Umsetzung von Jesu Willen. Wenn wir „nur" Gutes tun, tun wir noch nicht das, was Jesus wirklich von seiner Truppe erwartet!

Und unser soziales Engagement darf uns auch keinesfalls vortäuschen, dass wir damit bereits Jesu Willen ausgeführt hätten. Selbst wenn wir noch so engagiert anderen Menschen dienen: Es ist noch nicht der Einsatz für Jesu Herzensanliegen!

Den Menschen Gutes zu tun ist gut. Aber sie für die Ewigkeit zu retten: Das ist das wahre Ziel, das Jesus mit unserer Hilfe erreichen möchte! Und dazu sind wir berufen.

Alles andere ist zu wenig.

***

„*Evangelisation*" wäre dann wohl das passendste Stichwort zum Hauptauftrag Jesu. Wenn wir seinen Sendungsbefehl umsetzten, dann „*evangelisieren*" wir.

Leider ist es aber schlicht und einfach nicht wahr, dass Evangelisation – egal ob als Gemeindeveranstaltung oder als „persönliche Evangelisation" –

bei uns eine hohe Wichtigkeit hätte. Es braucht keinerlei prophetische Gabe, um dies mühelos festzustellen.

Ich erinnere mich noch gut an den „Tee-Bus", den der Pastor meiner freikirchlichen Gemeinde für eine Woche in die Fußgängerzone unserer Stadt stellen ließ. Damit dieser zum Café umgebaute Reisebus mit einladenden Bistrotischchen davor betrieben werden konnte, benötigte man lediglich ein paar Kuchenspender sowie einige Mitarbeiter zum Servieren und im günstigsten Fall zum Führen von Gesprächen (vielleicht sogar evangelistischen?) mit möglichen Gästen. Unsere Gemeinde hatte weit über hundert Mitglieder, aber schon bezüglich der Kuchenspender haperte es, und zur Mitarbeit vor Ort war lediglich eine kümmerliche Handvoll bereit. Der Pastor benötigte mehrere eindringliche Aufrufe, damit der Bus wenigstens täglich für zwei bis drei Stunden betrieben werden konnte.

Als wir in einer anderen Gemeinde eine Woche lang eine „Pro-Christ"-Veranstaltung organisierten, beschränkten wir uns bewusst auf das einfachste Format: Die gesamte Veranstaltung ließen wir uns per Videoschaltung auf unsere Leinwand frei Haus liefern. Somit war nur noch der Raum nett herzurichten sowie Kaffee und Kuchen bereitzustellen. Ich war der Pastor dieser Gemeinde und nur schon deswegen mit meiner Frau natürlich jeden Abend anwesend. Aber ich brauchte meine ganze Überredungskunst, um zu verhindern, dass es Abende gab, an denen nur wir zwei dort anzutreffen waren. Mit *„Jesu Sendungsbefehl!"* zu argumentieren hätte dabei keinen Sinn gemacht, stattdessen versuchte ich – beschämenderweise - meine Glaubensgeschwister wenigstens noch mit *„Wie sieht denn das für unsere Gäste aus, wenn nur zwei von unserer Gemeinde anwesend sind?"* etwas zu motivieren.

So sieht real gelebte Evangelisationskultur in vielen unserer Gemeinden aus.

Und bezüglich unserer „persönlichen Evangelisation", also dem individuellen Bekennen unseres Glaubens im Alltag, dem Bezeugen von Jesus vor unseren Freunden, Nachbarn oder Arbeitskollegen und dem Einladen zu Events, bei denen Jesus im Zentrum steht, sieht es nicht besser aus. Obwohl es für einen Mitstreiter Jesu selbstverständlich sein müsste, dies jederzeit und offensiv so zu leben.

Paulus beispielsweise verdeutlicht die Selbstverständlichkeit einer missionarischen Lebensweise dadurch, dass er die Philipper nicht nur dazu ermutigt durch das Vorbild von Brüdern, die *„umso kühner geworden sind, das Wort zu reden ohne Scheu"* (Philipper 1,14), sondern ihnen darüber hinaus noch darlegt, dass er sich sogar darüber freuen könne, wenn Christus *„aus Neid und Streit"* und *„zum Eigennutz"* statt *„in guter Absicht"* gepredigt werde (Philipper 1,15-17). Hauptsache, *„wenn nur Christus verkündigt werde auf jede Weise, es geschehe zum Vorwand oder in Wahrheit"*! (Philipper 1,18).

Dass Jesus von Christen etwa <u>nicht</u> bezeugt oder gepredigt werden könnte, kommt ihm offensichtlich gar nicht in den Sinn! Die Frage ist für ihn lediglich, wie intensiv und hingebungsvoll und mit welcher Motivation evangelisiert wird. Dass Nachfolger aber komplett auf die missionarische Weitergabe ihres Glaubens verzichten könnten, ist für ihn völlig abwegig und undenkbar. Ein konsequent evangelistischer Lebensstil ist für Paulus die schiere Selbstverständlichkeit für jeden Jünger Jesu.

Er selbst hat das natürlich auch persönlich genau so vorgelebt. Aus dem Gefängnis in Rom beispielsweise bittet er die Kolosser um Fürbitte für ihn und seine Gefolgschaft: *„Betet zugleich für uns, dass Gott uns eine Tür auftue!"* (Kolosser 4,3). Welche *„Tür"* meint er? Es ist nicht die Gefängnistür, von der er spricht. Es geht ihm nicht darum, aus der Haft befreit zu werden, obwohl er genau weiß, dass Gott das kann und durchaus hin und wieder auch macht. Er selbst ist ja schon einmal durch ein Wunder aus einem Gefängnis befreit worden: Nach Apostelgeschichte 16,26 fielen ihm im Kerker von Philippi völlig überraschend plötzlich die Fesseln ab und gleichzeitig ließ ein Erdbeben seine Gefängnistür aufspringen!

Trotz dieses zweifellos sehr einprägsamen Erlebnisses einer wunderhaften Befreiung bittet Paulus nun nicht etwa um erneute Öffnung seiner Gefängnistür, sondern darum, *„dass Gott uns die Tür für das Wort auftue und wir das Geheimnis Christi sagen können ...“* (Kolosser 4,3).

Diese Tür will Paulus unbedingt geöffnet haben!

Das ist real gelebte Umsetzung des Sendungsbefehls, so geht Auftragsorientierung!

Und was machen wir daraus?

Natürlich wissen wir, dass sämtliche Menschen, die Jesus nicht in ihr Leben aufnehmen, in alle Ewigkeit verloren gehen. Das gehört nach wie vor zum festen Bestandteil evangelikaler Theologie und ist sehr wohl in unserem Bewusstsein präsent. Allerdings nur als Theorie, denn wir ziehen die selbstverständliche Schlussfolgerung daraus im Sinne von *„Da sollten wir unbedingt was dagegen unternehmen!“* nicht. Dazu scheint weder unsere Nächstenliebe noch unser Gehorsam gegenüber dem Auftrag des Königs auszureichen.

Mal Hand aufs Herz: Für wessen Bekehrung unter unseren Bekannten arbeiten wir gerade aktuell, und zwar geistlich durch andauerndes Fürbittegebet für diese Person(en) sowie natürlich auch praktisch durch offenes Bekennen von Jesus, dem Angebot tiefergehender Gespräche und mit Einladungen? Und, falls wir in dieser Hinsicht gerade niemanden im Blick haben sollten: Unterstützen wir wenigstens andere Christen, die diesbezüglich gerade konkret aktiv sind, in ihren Bemühungen? Beispielsweise durch begleitende Gebete, motivierendes Nachfragen und dem Angebot, sie gerne dabei zu unterstützen, wenn nötig auch unter Einsatz von Zeit und Geld?

Ich persönlich kenne eine ganze Reihe von an sich ernsthaften Christen, die hier leider vollumfänglich passen müssen. Um ganz ehrlich zu sein: Es ist sogar nicht nur *„eine ganze Reihe“*, sondern schlicht die Mehrheit.

Und es würde mich nicht wundern, wenn ich bei weitem nicht der Einzige bin, in dessen Umfeld „Christsein“ genau so umgesetzt wird. Nämlich unter vollumfänglicher Vernachlässigung des Missionsbefehls unseres Königs. Das, was für ihn vordringlich ist, spielt bei uns keine Rolle. Wir praktizieren eine Nachfolge, bei der der klar und mehrfach geäußerte Wille unseres „Herrn" ignoriert und beiseitegeschoben wird. Wir sind wohl genau diejenigen, über die Paulus das Verdikt *„Sie suchen alle das ihre, nicht das, was Jesu Christi ist!"* (Philipper 2,21) fällen muss.

Johannes stellt klar: *„Wer sagt, dass er in ihm [Jesus] bleibt, der soll so leben, wie er gelebt hat!"* (1. Johannes 2,6).

Und wie hat Jesus gelebt?

Zu einhundert Prozent „auftragsorientiert"!

Zu jeder Zeit, mit jeder Tat und mit jeder Rede hat er auf das Reich Gottes hingewiesen und dafür geworben. Er war sozusagen „verkörperte Evangelisation". Die Menschen zur Umkehr zu Gott einzuladen war nicht nur sein übergeordnetes und wichtigstes Ziel, sondern sein einziges! Nur dafür hat er gelebt - und dafür hat er sogar sein Leben hingegeben, und zwar freiwillig.

So sieht *„auftragsorientiert"* aus! Denn das war sein Auftrag.

Und jetzt ist es unser Auftrag. Jetzt sind wir dran: *„So leben, wie Jesus gelebt hat!"* bringt das Johannes auf den Punkt, und er stellt klar, dass das eine Selbstverständlichkeit für jeden ist, der behauptet *„in Jesus zu bleiben"*. Oder, um es nochmals mit dem eben zitierten Philipervers auszudrücken: Ein strikt auftragsorientierter Lebensstil ist genau *„das, was Jesu Christi ist!"*

Aber diesen Lebensstil leben wir nicht. Obwohl es hier eigentlich kein Missverstehen geben kann, denn der mehrfach (in Befehlsform!) geäußerte Wille unseres Herrn ist klar und deutlich; die Apostel, beispielsweise Paulus, lebten es vor und Johannes stellt uns dazu sogar gleich Jesus selbst als Vorbild vor Augen.

Warum prägt diese oberste Priorität für Jesus-Jünger unseren Lebensstil nicht?

Unbesehen dieser unglaublichen Auftragsvergessenheit fühlen wir uns aber nichtsdestotrotz „von Herzen fromm" und „dem Herrn innig verbunden", lobpreisen ihm allsonntäglich und feiern andächtig sein Abendmahl.

„Placebo-Glaube"?

***

Eigentlich handelt es sich betreffend Jesu Sendungsbefehl ja gar nicht um „Auftragsvergessenheit". Korrekter müsst es nämlich „Auftragsverweigerung" heißen. Denn die Ausrede, dass wir es „vergessen" hätten, kann angesichts der uns vorliegenden Bibel, die uns immer wieder an den Willen Jesu erinnert (sofern wir sie denn auch lesen), nicht ernsthaft aufrechterhalten werden. Man muss schon beide Augen willentlich zuschließen beim Lesen von Jesu klaren Aussagen über das, was er von seinen Jüngern erwartet sowie dem, was seine ersten Nachfolger laut Apostelgeschichte und den neutestamentlichen Briefen ab Pfingsten – Jesu ausdrücklichem Willen entsprechend – vordringlich anpackten.

Man kommt am Sendungsbefehl nicht vorbei. Definitiv nicht. Außer man will. Beziehungsweise, in unserem Falle: Man will eben nicht!

Warum eigentlich? Was ist unser Problem? Warum sind wir hier, an dieser Stelle, gegenüber diesem klar geäußerten Willen unseres Herrn, so resistent? Warum verweigern wir den Missionsauftrag auf der ganzen Linie?

Die Antwort ist schnell gefunden und völlig unspektakulär: Weil sich ein evangelistischer Lebensstil leider nicht mit unserem Wohlfühlevangelium harmonisieren lässt! Einen Auftrag auszuführen ist unbequem – und „unbequem" mögen wir halt nicht!

Nochmals Paulus dazu. Es ist sicher kein Zufall, dass mehr als die Hälfte der Apostelgeschichte von seinen Aktivitäten handelt und von keinem Anderen so viele Briefe Eingang in das Neue Testament gefunden haben: Wer dermaßen viel Platz in Gottes Wort einnehmen darf, der sollte von uns unbedingt als nacheifernswertes Vorbild wahrgenommen werden. Auch und gerade darin, wie er Jesu Sendungsbefehl umgesetzt hat.

Jesu Missionsbefehl hat er ja nicht nur persönlich angenommen und als seine oberste Priorität mit vollem Einsatz angepackt, sondern er war nachweislich auch noch sehr erfolgreich darin: Seine evangelistischen Bemühungen trugen reichlich Früchte und etliche Gemeinden sind dank seines Einsatzes entstanden. Wer immer eine biblische Vorlage zum Thema „Gemeindebau" benötigt, ist bei ihm genau an der richtigen Adresse: So geht Gemeindegründung und Gemeindeaufbau!

Dass er bei seinen missionarischen Vorstößen auch auf den sprichwörtlich „harten Boden" stieß, haben wir bereits an einem Beispiel aus Apostelgeschichte 16 betrachtet. Wenn wir also argumentieren, dass auch wir derzeit bei all unseren Verkündigungsbemühungen leider diesen „harten Boden" vorfinden – auch dann sind wir bei Paulus genau richtig. Das war bei ihm nicht anders.

Wie also hat er, unser Vorbild, dort die Umsetzung von Jesu Sendungsbefehl angepackt? Wie hat Paulus auf „hartem Boden" evangelisiert?

In 1. Thessalonicher 2,2 fasst er in einem einzigen Vers prägnant zusammen, was es bedeutet, Jesu Sendungsbefehl aktiv umzusetzen in einer Kultur, die absolut nicht offen ist für das Evangelium: *„Denn obgleich wir zuvor in Philippi gelitten hatten und misshandelt worden waren, wie ihr wisst, fanden wir dennoch in unserm Gott den Mut, bei euch das Evangelium Gottes zu sagen unter viel Kampf."*

Gleich dreimal spricht hier Paulus die Kosten eines missionarischen Engagements an:

1.) Es kann *„Leiden und Misshandlungen"* provozieren wie in Philippi;

2.) es kostet womöglich *„viel Kampf"* wie in Thessaloniki;

3.) man muss dazu echten *„Mut"* aufbringen.

Das ist an Deutlichkeit nicht zu überbieten: Jesu Auftrag auszuführen ist offensichtlich nicht sehr bequem! Ein evangelistischer Lebensstil nach Jesu Vorstellungen ist offensichtlich nicht vereinbar mit einem Wohlfühl-evangelium. Schon gar nicht, wenn wir es mit „hartem Boden" zu tun bekommen.

Sagt uns das Vorbild Paulus.

Sagt uns also die Bibel.

Sagt uns also Gott.

Man könnte hier natürlich die Frage stellen: Warum mutet Jesus das seinen Nachfolgern zu? Muss das so sein?

Gegenargument 1: Nichts anderes hat Jesus doch angekündigt (Wir erin-nern uns: „sich verleugnen", „sein Kreuz auf sich nehmen", „sich selbst erniedrigen", „sein Joch auf sich nehmen", „aller Diener sein" oder „wer sein Leben verliert, wird's finden" und „ich sende euch wie Lämmer mitten unter die Wölfe" usw.). Jesus hat echte Nachfolge nie als Lustwandel im Feenwald angepriesen!

Gegenargument 2: Wenn irgendjemand Verschonung von „Leiden und Misshandlung" verdient hätte, dann doch wohl Paulus, der so viel für das Reich Gottes eingesetzt hat! Ihn zuallererst hätte Jesus doch für sein vorbild-liches Engagement „segnen" können durch Leidensverhinderung, Verscho-nung von böswilligen Personen und Bewahrung vor schwierigen Situatio-nen. Falls Jesu Willen für seine Nachfolger tatsächlich deren Wohlergehen wäre, dann hätte Paulus, der vollen Einsatz für Jesus geleistet hat, dies als Allererster verdient.

Welchen vollen Einsatz für Gottes Reich bringen wir?

Und möchte uns Jesus durch Wohlergehen segnen, auch wenn wir wesentlich weniger für ihn tun als etwa ein Paulus?

Hier gibt es ganz offensichtlich eine klar ersichtliche Differenz zwischen unserem biblischen Vorbild Paulus und unserem aktuell gelebten Nachfolgestil.

Im Gegensatz zu Paulus, dessen jesusgemäßes Nachfolgeverständnis wir anstreben sollten, hat bei uns, wie bereits erörtert, eben nicht Jesu Wille, sondern unser Wohlbefinden höchste Priorität. Wir wollen, dass Jesus es uns gut gehen lässt. Das ist unser Anspruch an ihn, dafür hat er da zu sein, das hat seine Liebe an uns zu bewirken. Unsere Wohlfahrt ist seine Aufgabe, sein Dienst an uns und für uns.

So würden wir es natürlich niemals formulieren. Aber de facto leben wir genau dies. Das ist das Jesus-Bild, das sich in unserem Unterbewusstsein breit gemacht hat; das ist der unausgesprochene Hintergrund unseres tatsächlichen Jüngerschafts-Verständnisses. Auf dieser fundamentalen Maxime basiert unser „Christsein".

Und daraus resultiert dann eben auch, dass wir nicht auftragsorientiert, sondern stattdessen unterhaltungsorientiert leben. Denn: Unterhaltung zu konsumieren ist stets der billigste, bequemste und angenehmste „Mainstream". Dabei ist eigentlich egal, wer oder was uns unterhält, welcher Art unsere Unterhaltung ist. Sie muss uns nur gefallen. Deshalb darf es dann gerne und bevorzugt durchaus „christliches" Entertainment sein. Dieses hat nämlich den Vorteil, dass es uns vorgaukelt, direkt mit unserer Gläubigkeit zusammenzuhängen und uns das fromme Gefühl vermittelt, wir würden damit etwas „Geistliches" erleben und vielleicht sogar irgendwie „Nachfolge" praktizieren. Deshalb sind wir immer wieder an christlichen Veranstaltungen anzutreffen und oft dann sogar durchaus mit ganzem Herzen mit von der Partie. Allerdings nur bei den Anlässen, die so auf uns zugeschnitten sind, dass wir uns dabei rundum wohl und heimisch fühlen.

Die tiefe Sehnsucht, die uns zu diesen christlichen Events treibt und die Motivation, uns dabei ganz „hinzugeben", entstammt aber zum allergrößten Teil nicht unserem Wunsch, Jesus als Nachfolger zu dienen, sondern unse-

rem Drang nach Unterhaltung. Auch wenn wir uns das natürlich nicht eingestehen und unsere Teilnahme daran dann gerne mit dem Wunsch nach
„Erleben von schöner Gemeinschaft" begründen, was dann wiederum den
argumentativen Vorteil bietet, dass doch *„Gemeinschaft"* durchaus ein wichtiger christlicher Wert sei, den man zu pflegen und zu bedienen habe.

Was uns zu einer weiteren Orientierungs-Schieflage führt: Unserem
degenerierten Gemeinschaftsverständnis.

Natürlich ist es richtig, dass Gemeinschaft ein wichtiger und unverzicht-
barer Bestandteil echter Jesus-Nachfolge darstellt. Nur packen wir auch das
leider nicht wirklich clever an: Wir suchen zwar Gemeinschaft, übersehen
aber geflissentlich, was jeder Psychologe, jeder Pfadfinder-Gruppenleiter
und jeder Familienvater weiß: Echte und tiefe Gemeinschaft entsteht vor
allem dort, wo man gemeinsam eine Aufgabe anpackt!

Ich habe viele Freizeiten geleitet. Manche Teilnehmer haben sich zuweilen etwas skeptisch darüber geäußert, dass dazu auch „Spüldienst" in der
Küche gehörte. Nach getanem Dienst kamen aber genau diese Skeptiker
zumeist fröhlich und feixend zurück: Am Spülbecken wurden sogar Freund-
schaften fürs Leben geschlossen! Und nicht nur Pädagogen und Lehrer
wissen, dass der Klassenzusammenhalt durch Gruppenaufgaben gestärkt
wird, auch Väter lernen ihre Söhne am besten beim gemeinsamen Werkeln
kennen und wenn Mutter und Tochter es schaffen, gemeinsam zu nähen
oder zu kochen, dann stimmt die Gemeinschaft!

Eigentlich wüssten wir also sehr wohl, dass Gemeinschaft vor allem dort
entsteht, wo man gemeinsam etwas anpackt; sie gedeiht als Produkt gemeinsamen Arbeitens; sie ist eine (durchaus erwünschte) Folge eines gemeinsam
ausgeführten Auftrags.

Hat Jesus das vielleicht auch gewusst?

Die Frage ist natürlich lächerlich: Selbstverständlich weiß der Sohn
Gottes längst alles, was sich Pädagogen, Freizeitleiter und Eltern erst durch
Ausbildung und Lebenserfahrung von der Pike auf erarbeiten müssen. Jesus

weiß natürlich, dass sich bei seinen Jüngern Gemeinschaft und Auftragserfüllung gegenseitig bedingen: Der Auftrag ist so groß, dass er nur gemeinschaftlich ausgeführt werden kann, und umgekehrt entsteht wahre und tiefe Gemeinschaft genau dort, wo man gemeinsam etwas Großes bewegt.

Wir aber glauben immer noch, dass wir unser Verlangen nach Gemeinschaft stillen könnten, indem wir uns gemeinsam unterhalten lassen! Meinen wir wirklich allen Ernstes, dass tiefe Gemeinschaft entsteht, indem wir aufgereiht nebeneinandersitzen, vor uns ein durchgestyltes Programm abspulen lassen und an passender Stelle durch Mitsingen oder Rhythmusklatschen unsere Bühnendarsteller unterstützen?

Auch beim Kaffeekränzchen mit Andacht oder in der regelmäßigen Austauschgruppe über Gott und die Welt wird unser Verlangen nach Gemeinschaft nicht wirklich gestillt. Selbst dann nicht, wenn wir uns sogar dazu bequemen, uns mit eigenen Beiträgen daran zu beteiligen.

Natürlich, Gemeinschaft zu haben ist für jeden Menschen elementar wichtig. Kein Mensch ist zum Einzelkämpfer geboren oder als einsamer Wolf, der solo durch abgelegene Wälder streift, ausgelegt. Ohne Gemeinschaft verkümmert unser Menschsein. Das hat Gott von Anfang an so angelegt, und seit seinem *„Es ist nicht gut, dass der Mensch allein sei!"* (1. Mose 2,18) sind wir grundsätzlich so konzipiert.

Und dann wundern wir uns doch zuweilen, wie oberflächlich und wenig nachhaltig unser Grundbedürfnis nach Gemeinschaft unter unseren „Geschwistern im Herrn" gestillt wird. Leider, leider.

Gemeinsam anpacken wäre der wesentlich gemeinschaftsfördernde Weg. Und siehe da: Jesus hat den Jüngern nicht nur etliche Maßstäbe für interne Gemeinschaftspflege an die Hand gegeben, sondern gleichzeitig auch einen überdimensionalen Auftrag erteilt!

Zufall oder Konzept?

Muss man womöglich auch hier wieder etwas resigniert konstatieren: *„Alle kapieren es, nur die Frommen mal wieder nicht!"*?

***

Unsere Auftragsvergessenheit widerspiegelt sich auch in unserem Gebetsverhalten. Wie oft und wie intensiv wir das Gespräch mit unserem Herrn suchen, sei mal dahingestellt. Aber wenn wir dann mal beten – egal, ob in einer Gebetsgemeinschaft mit lieben Geschwistern oder im Stillen für uns selbst -, stehen bei genauerer Betrachtung doch allermeist unsere Bitten im Vordergrund. Und zwar fast durchgängig Bitten, die unser Wohlergehen betreffen: Wir bitten um Heilung, um Gelingen, um Bewahrung und um Leitung, und zwar in erster Linie für uns selbst und für unseren Alltag, und in zweiter Linie dann in gleicher Manier um Heilung, Gelingen, Bewahrung und Leitung für unsere Nächsten und deren Alltag. Da, im alltäglichen Leben hier in der Welt, möge es uns allen möglichst gut, problemlos und gesund ergehen! Darin möge uns Gott segnen!

Diese Fürbitten haben bei uns allermeist oberste Priorität und werden ausgiebig gepflegt.

Aber: Müssten unsere Gebet nicht hauptsächlich Jesu Auftrag widerspiegeln, weil doch dieser die oberste Priorität für unser weltliches Dasein darstellt? Müsste nicht sein Anliegen mehr Gewicht haben als unsere Anliegen und sich dies selbstverständlich in unseren Gesprächen mit ihm oder mit seinem Vater widerspiegeln?

Nicht, dass Bitten um unser eigenes Wohlergehen nicht erlaubt wären - aber das Verhältnis zwischen „Bitten für unsere Anliegen" und „Bitten für sein Anliegen" ist schlicht erschreckend!

Wer steht hier eigentlich in wessen Dienst?

Als Paulus seinem Mitarbeiter Timotheus erklärte „*Wer in den Krieg zieht, verwickelt sich nicht in Geschäfte des täglichen Lebens, damit er dem gefalle, der ihn angeworben hat!*" (2.Timotheus 2,4), hat er genau dieses Verhältnis zwischen unseren Alltagsprioritäten und Jesu Auftrag dargestellt. Wir aber bitten fast ausschließlich für uns selbst und nur nebenbei manchmal auch ein wenig für die Umsetzung des wichtigsten Herzensanliegens unseres Herrn!

Erst neulich habe ich ein Gebetstreffen für eine bevorstehende Großevangelisation, organisiert von den fünf größten freikirchlichen Gemeinden der betreffenden Stadt mit zusammengezählt weit über tausend Mitgliedern, besucht. Die dafür extra eingesetzten beiden „Gebetsbereichsleiter" luden zum „*Gemeinsamen Gebet*" in eine der Gemeinden ein. Erschienen sind zu diesem Abend 26 (!) Christen. Von einer der Gemeinden weiß ich, dass sie am gleichen Abend noch zwei weitere Veranstaltungen anbot, zu denen auf ihrer homepage geworben wurde, ein Hinweis auf das „*Gemeinsame Gebet*" für die Großevangelisation suchte man dort jedoch vergeblich.

Unser reales Gebetsverhalten zeigt ziemlich klar, wofür unser Herz schlägt und worauf wir wirklich Wert legen. Und das ist nicht der Sendungsauftrag Jesu (der einzige Grund, warum wir überhaupt noch in dieser Welt leben!), sondern unser Wohlergehen.

In Lukas 11,1 treten die Jünger mit der Bitte „*Herr, lehre uns beten!*" an Jesus heran. Die Antwort Jesu auf diese Bitte ist das bekannte „*Vater-Unser*"-Gebet. Dasselbe Gebet, das „*Vater-Unser*", legt Jesus auch seinen Zuhörern der „Bergpredigt" ans Herz, dort mit den einleitenden Worten: „*Darum sollt ich so beten: ...*" (Matthäus 6,9).

Zweimal dasselbe Gebet, und man muss mit Fug und Recht davon ausgehen, dass Jesus uns dieses Gebet als Mustervorlage, sozusagen als exemplarische „Blaupause" ans Herz gelegt hat. Nicht nur, dass wir also gut daran tun, dieses Gebet im Herzen zu tragen und oft zu beten, sondern wir sollten daran auch Maß für all unsere anderen Gebete nehmen: So, auf diese Art, wird gebetet. So gefällt es unserm Herrn, diese Art des Betens ehrt Gott den Vater und entspricht dem Willen und der Intension unseres Herrn Jesus.

Fällt uns in diesem Zusammenhang eigentlich noch auf, dass nur eine einzige Bitte dieses Vorlage-Gebets – nämlich die nach dem „*täglichen Brot*"

– unser persönliches Wohlbefinden betrifft, alle anderen Gebetsanliegen jedoch ausschließlich die Angelegenheiten und Prioritäten Gottes sowie sein Umgang mit uns thematisieren? Umso mehr selbst das Gebetsanliegen für das *„tägliche Brot"* bei genauerem Hinsehen ebenfalls nicht auf unser Wohlergehen abzielt, sondern lediglich die Gewährung einer existentiellen Lebengrundlage abbildet!

Wenn also dieses *„Vater-Unser"* die Mustervorlage für unsere Gebetspraxis darstellt, dann sind wir mit unserem real gelebten Gebetsalltag – sofern wir denn überhaupt noch ein geregeltes Gebetsleben pflegen – allermeist weit weg von der Intension Jesu. Auch hier brauchen wir uns nichts vorzumachen, unsere egozentrische Gebetspraxis überführt uns. Umso mehr wir ja davon ausgehen, dass wir im Gebet unser Innerstes Gott hinlegen; das, was uns wirklich bewegt und unsere Herzen umtreibt.

Voilà: Unser Wohlergehen treibt uns um. Eindeutig.

Aber nicht die Prioritäten unseres Erretters und auch nicht der zentrale Wunsch und Befehl unseres Königs ...

Inzwischen sind wir ja bereits so weit, dass wir gar nicht wirklich Jesus nachfolgen, sondern vielmehr Jesus nachfolgen lassen, nämlich hinter unseren Wünschen, Hoffnungen, Sehnsüchten und vermeintlichen Dringlichkeiten her. *„Jesus, tu doch..."*, *„Jesus, mach doch..."*, *Jesus, hilf doch..."*, *„Jesus, schenk doch..."*, *„Jesus, segne doch..."* sind unsere liebsten und häufigsten Intensionen, mit denen wir Jesus bitten, dass er unseren Alltag verbessere: durch Erfolg am Arbeitsplatz, durch harmonisches Miteinander, durch erholsamen Urlaub, durch brave Kinder, durch gelingende Gemeindeanlässe, durch Gesundung oder gar Wunderheilung, durch unfallfreie Autofahrten und durch passendes Wetter. Stets geht es dabei um unser Wohl und ein problembefreites Leben durch Entfernung möglichst vieler Widrigkeiten beziehungsweise Herbeiführung möglichst passender Umstände. Jesus wird in unseren Gebeten laufend beauftragt oder mit unseren Wünschen bombardiert. Er hat unserem Leben nachzufolgen: in den Beruf hinein, in die Familie hinein, in den Urlaub hinein, in unsere Hobbies hinein: *„Jesus, komm doch bitte mit, sei doch bitte bei uns und mach doch, dass ...!"*

Folgen wir wirklich Jesus nach – oder lassen wir ihn in unseren Alltag hinein nachfolgen? *

✱ Mehr zu diesem Thema findet sich in meinem Buch „**Hundertachtzig Grad verkehrt**" (siehe Anhang)

Das ist Auftragsvergessenheit: Wir leben ausschließlich zum Selbstzweck und nicht für Jesu Auftrag. Sein Sendungsbefehl ist keine Maxime für unser Leben, keine verinnerlichte Headline und keine übergeordnete Verpflichtung. Wir selbst sind uns alles - und Jesus ist unser persönlicher Lebensveredler im Alltag dieser Welt.

Aber nicht *„Herr"*! Und schon gar nicht *„König"*!

***

Dass wir unserem Hauptauftrag nur marginal beziehungsweise überhaupt nicht nachkommen, weil uns Bequemlichkeit und Wohlfahrt viel wichtiger sind als Jesu Auftrag, ist dabei nur die Spitze des Eisbergs. Denn bei etwas genauerem Hinsehen ist unschwer erkennbar, dass wir nicht nur beim Sendungsauftrag denkbar schwach sind auf der Brust, sondern auch anderweitig sehr nachlässig mit unbequemen Aufforderungen Jesu umgehen.

Dazu nur zwei Beispiele: Wie gehen wir mit den biblisch mehrfach vorkommenden und ausdrücklich auf den Lebensstil von uns Nachfolgern zielenden Begriffen *„Kampf"*/*"kämpfen"* und *„Gehorsam"*/*"gehorchen"* um?

Mal wieder Hand aufs Herz: Wann haben wir zuletzt eine ernsthafte Predigt zu einem dieser Begriffe gehört? Schon länger her? Oder vielleicht sogar noch gar keine?

Das kann eigentlich nicht sein! Denn beide Begriffe kommen häufig im Neuen Testament vor und sind deshalb von ziemlich zentraler Bedeutung.

Beispielsweise das Stichwort „Kampf": Paulus ermahnt Timotheus gleich zweimal, „den guten Kampf des Glaubens zu kämpfen" (1. Timotheus 1,18 und 6,12), weist die Epheser sowie auch die Korinther darauf hin, dass sie „nicht mit Fleisch und Blut zu kämpfen" beziehungsweise „nicht auf fleischliche Weise zu kämpfen" hätten (Epheser 6,12 und 2. Korinther 10,3), er bittet die Römer, dass sie ihm „kämpfen helfen" (Römer 15,30) und die Philipper, dass sie „einmütig mit ihm kämpfen für den Glauben des Evangeliums (Philipper 1,27), weil sie ja „denselben Kampf" wie er hätten (Philipper 1,30). Außerdem beruft er sich immer wieder darauf, dass auch er zu „kämpfen" hätte, beispielsweise in Kolosser 2,1; 1. Thessalonicher 2,2; 1. Timotheus 4,10 oder 2. Timotheus 4,7.

Der Hebräerbrief wiederum erinnert seine Leser daran, dass sie doch „einen großen Kampf des Leidens" erduldet hätten (Hebräer 10,32), ruft sie dazu auf, weiterhin „mit Geduld in dem Kampf, der uns bestimmt ist, zu laufen" (Hebräer 12,1) und weist darauf hin, dass sie „noch nicht bis aufs Blut wiederstanden im Kampf gegen die Sünde" hätten (Hebräer 12,4).

Man kann also mit gutem Recht behaupten, dass „kämpfen" ein wichtiger Begriff zur Charakterisierung typischer Nachfolge ist. Warum aber wird in unseren Kreisen so wenig darüber gesprochen oder gepredigt?

Übrigens lässt Paulus gegenüber den Philippern auch keinen Zweifel daran, wo genau er den Schwerpunkt des „Kämpfens" in der Nachfolge Jesu verortet: „... dass ihr einmütig mit uns kämpft für den Glauben des Evangeliums und euch in keinem Stück erschrecken lasst von den Widersachern, ... denn euch ist es gegeben um Christi willen, nicht allein an ihn zu glauben, sondern auch um seinetwillen zu leiden, habt ihr doch denselben Kampf, den ihr an mir gesehen habt und nun von mir hört." (Philipper 1,27-30). Mit dem „Kampf für den Glauben des Evangeliums" kann Paulus doch nur die Weitergabe des Evangeliums, also die Umsetzung des Missionsbefehls, mei-

nen. Dass sich der Kampf etwa um persönliches Wohlergehen (wie beispielsweise bei unseren Gebetskämpfen für Heilung oder dergleichen!) drehen
könnte, wird mit der Formuliereng „leiden um seinetwillen" eindeutig ausgeschlossen.

Aber nicht nur das „kämpfen" ist bei uns derzeit klar unterbelichtet,
sondern wir gehen eben beispielsweise auch mit dem Begriff „gehorchen"
um, wie wenn wir ihn komplett vergessen hätten. Obwohl „Gehorsam" in der
Bibel sehr präsent ist: Schon Jesus erklärt, dass derjenige „das Leben nicht
sehen wird, der dem Sohn nicht gehorsam ist" (Johannes 3,36); folgerichtig
wurden dann in Jerusalem auch Jünger und sogar Priester „dem Glauben
gehorsam" (Apostelgeschichte 6,7); den Heiligen Geist gibt Gott laut Petrus
nur „denen, die ihm gehorchen" (Apostelgeschichte 5,32); außerdem er-
läutert er, dass wir ohnehin „durch die Heiligung des Geistes zum Gehorsam
ausersehen" seien (1. Petrus 1,2) und dass wir unsere „Seelen im Gehorsam
der Wahrheit reinigen" sollen (1. Petrus 1,22).

Paulus erklärt den Römern gleich zweimal, dass er unter den Heiden „den
Gehorsam des Glaubens aufrichte" (Römer 1,5 und 16,26) beziehungsweise
sie „durch Wort und Werk zum Gehorsam bringen" wolle (Römer 15,18),
dankt ihnen dafür, dass sie „nun von Herzen gehorsam geworden sind der
Gestalt der Lehre" (Römer 6,17) und dass ihr „Gehorsam bei allen bekannt
geworden sei" (Römer 16,19). Die Thessalonicher informiert er darüber,
dass Gott „Vergeltung üben werde an denen, die ... nicht gehorsam sind
dem Evangelium unseres Herrn Jesus" (2. Thessalonicher 1,8); auch die
Galater sollen nach Galater 5,7 „der Wahrheit gehorchen"; bei den
Korinthern prüft er deren „Bewährung" daran, ob sie „gehorsam seien in
allen Stücken" (2. Korinther 2,9), lobt sie dann aber trotzdem für bereits
erwiesenen „Gehorsam" (2. Korinther 7,15 und 9,13), legt ihnen außerdem
dar, dass er „gefangen nehmen will alles Denken in den Gehorsam gegen
Christus" und dass er darüber hinaus sogar bereit sei „zu strafen allen
Ungehorsam, sobald deren Gehorsam vollkommen geworden sei" (2. Korinther 10,5+6).

„*Gehorsam*" ist offensichtlich ebenfalls ein wichtiges neutestamentliches Stichwort im Kontext der Nachfolge Jesu. Aber natürlich ebenfalls kein bequemes! Offenbar sogar so unbequem, dass auch dieser Begriff in unseren Kreisen derzeit kaum mehr Erwähnung findet …

Die Beispiele unbequemer biblischer Begriffe, die wir allzu gerne ausblenden, ließe sich fortsetzen. Paulus beispielsweise hat oft „*ermahnt*", zuweilen sogar „*geboten*". Wer dürfte das heute in unseren Gemeinden noch tun? Wem würden wir das erlauben? Fast undenkbar, oder?

Noch schlimmer: Womöglich könnte dann gar noch jemand auf die Idee kommen, nicht irgendwo irgendwelche anderen, sondern uns höchstpersönlich ins Visier zu nehmen beim „*Mahnen*" oder „*Gebieten*"!

„*Bewahre!*"

Allerdings wären auch das biblische Handlungsweisen, die nun nicht etwa dem individuellen Charakterzug oder stringenten Autoritätsverständnis von Paulus entstammen, sondern die dieser von Jesus übernommen hat. Auch dieser hat nämlich „*ermahnt*" (z.B. in Lukas 3,18) oder „*geboten*" (z.B. in Johannes 15,14+17).

Warum findet sich so etwas in unseren Kreisen nicht mehr?

Es ist erneut nicht zu übersehen, dass wir die Bibel selektiv lesen und ganze Passagen darin durch unser evangelikales Vorverständnis filtern. Wobei der Filter in diesem Fall erneut den Namen „*Unbequem*" trägt! Wir überlesen und ignorieren einfach all das, was unsere besinnliche Ruhe stören und uns aus unseren wohlfeil eingerichteten Frömmigkeitsausformungen aufschrecken könnte. Zumeist, ohne uns dessen wirklich bewusst zu sein, denn das automatisierte Überlesen unbequemer Bibelstellen ist wesentlicher Bestandteil unserer Vermeidungsstrategien, mit denen wir unseren Wohlfühl-Lebensstil schützend ummanteln.

Dass also nicht nur der Sendungsbefehl bei uns unterbelichtet ist, sondern dass wir uns auch noch erlauben, gleichzeitig eine ganze Reihe unbequemer biblischer Begriffe einfach auszublenden, macht unsere Schieflage allerdings mehr als deutlich!

Aber es fügt sich nahtlos in unsere Auftragsvergessenheit ein: Wenn's nichts Wichtiges anzupacken gibt, dann brauchen wir auch keine *„Ermahnung"*, uns für den Auftrag zuzurüsten; niemand braucht uns zu *„gebieten"*, am Auftrag dranzubleiben; es muss auch nicht *„gekämpft"* werden (wofür auch?), und *„gehorchen"* macht ohnehin nur Sinn gegenüber jemandem, der uns befehlen oder wenigstens beauftragen dürfte.

So kann's nix werden!

Wir sollten gar nicht erst versuchen, zu vertuschen, dass bei uns Bequemlichkeit und Wohlfühl-Lifestyle im Fokus steht statt der Bereitschaft, Jesu Willen umzusetzen. Unsere evangelikalen Alltagsgepflogenheiten überführen uns mit stupender Eindeutigkeit!

***

Hat nun auch diese Schwachstelle *„Auftragsvergessenheit"* Auswirkungen im Hinblick auf die *„Früchte des Geistes"* nach Galater 5,22+23 namens *„Liebe, Freude, Friede, Geduld, Freundlichkeit, Güte, Treue, Sanftmut, Keuschheit"*?

Eins ist klar: Wenn wir, die Nachfolger des Königs Jesus, dessen Hauptauftrag gar nicht erst anpacken, dann wird uns der Heilige Geist auch nicht mit Gaben, die für diesen Auftrag vorgesehen sind, ausstatten. Weder mit natürlichen noch mit übernatürlichen. Logisch: Kein Soldat wird jemals von seinem Oberkommando trotz Befehlsverweigerung Waffen und Munition erhalten!

Der Heilige Geist wird bei uns also nicht aktiv, obwohl wir eigentlich nach 2. Thessalonicher 2,13+14 dazu *„erwählt"* und *„berufen"* wären: *„... dass*

Gott euch als Erstlinge erwählt hat ... in der Heiligung durch den Geist ..., *wozu er euch auch berufen hat".*

Wenn aber keine „*Heiligung durch den Geist*" einsetzt, dann heißt das, dass wir uns auch seine eigentlich als Geschenk vorgesehenen „*Früchte*" selbst erarbeiten müssen. Was uns – ebenfalls logischerweise - zumeist nur mit relativ mäßigem Erfolg gelingt. Denn ohne den Heiligen Geist sind wir auch diesbezüglich natürlich nur Menschen wie alle anderen auch. Statt echte, geistgewirkte „*Früchte des Geistes*" einfach sozusagen „aus dem Handgelenk heraus" ausleben zu können, kommen wir über ein human-ethisches Bemühen nach weltlichem Muster und Vermögen nicht hinaus. Wir bleiben in unserem Verhalten und Charakter völliger Durchschnitt, und wenn wir uns moralisch doch noch etwas verbessern möchten, gelingt uns das nur mit etlichen Mühen – wenn überhaupt. Es fällt uns eben nicht einfach zu; diese Früchte wachsen an uns nicht „wie von selbst" wie beispielsweise diejenigen an der von Jesus zitierten Weinrebe.

Das ist folglich dann unser „christlicher" Alltag: Dauerndes Bemühen um ein etwas *liebevolleres* Benehmen, *Friede* muss mühsam erarbeitet werden, *Freude* empfinden wir nur streckenweise und ausschließlich innerhalb passender Umstände, wir kämpfen gegen unsere *Ungeduld* an und wirken in all dem nicht übermäßig *freundlich* oder *gütig*, wir strahlen in aller Regel auch keine *Sanftmut* aus, und unsere *Treue* wie auch die *Keuschheit* muss immer wieder durch Selbstdisziplin und Beherrschung neu erarbeitet werden.

Was für eine mühsame Plackerei! Und nicht nur eine letztlich ziemlich sinnlose, sondern auch noch eine höchst überflüssige! Denn eigentlich müssten diese „*Früchte*" von allein, aus uns selbst heraus, entstehen. Gemäß alttestamentlicher Verheißung haben echte Nachfolger Jesu nämlich ein erneuertes Herz (nach Jeremia 31,33) beziehungsweise ein „*fleischernes statt steinernes*" Herz (Hesekiel 11,19 und 36,26), was uns auch der neu-testamentliche Hebräerbrief (in 8,10 und 10,16) bestätigt.

Christen sind deshalb eigentlich diejenigen, deren *„Herz gereinigt ist durch den Glauben"* (Apostelgeschichte 15,9), denen Gott *„als Unterpfand den Geist in die Herzen gegeben hat"* (2. Korinther 1,22), und zwar *„den Geist seines Sohnes"* (Galater 4,6), so dass jetzt *„Christus durch den Glauben in deren Herzen wohnt"* (Epheser 3,17). Außerdem ist in ihren Herzen ohnehin *„die Liebe Gottes ausgegossen"* (Römer 5,5), und wenn sie das *„behalten in einem feinen, guten Herzen"*, dann *„bringen sie Frucht in Geduld"* (Lukas 8,15).

Unzweifelhaft, dass also der Heilige Geist völlig automatisch aus unserem Herzen heraus seine Früchte treiben sollte. Aber das funktioniert leider bei uns nicht. Da geht nichts *„von alleine"* oder *„automatisch aus dem Herzen heraus"*!

Charakterbildung ist deshalb für *„Placebo-Gläubige"* durchgängig ein mühevoller und steiniger Weg und kommt im besten Fall über ein *„etwas netteres Verhalten als der Durchschnitt"* nicht hinaus. Jede kleinste Verhaltensverbesserung muss mit Willen, Disziplin und Kampf gegen sich selbst errungen werden, und die Rückfallgefahr in althergebrachtes, untaugliches Benehmen bleibt unsere latente Bedrohung.

Wer sich in dieser Hinsicht in unseren Gemeinden etwas umsieht, wird schnell verstehen, was ich meine. Denn das ist eine der nie endenden Kampfplätze bei uns Christen (hier wird tatsächlich noch hin und wieder etwas *„gekämpft"*, wenn auch leider an der falschen Stelle!) – obwohl diese *„Früchte"* eigentlich als Geschenk des Heiligen Geistes längst schon bereit liegen würden.

Aber wir kommen an das Geschenk nicht ran – die Früchte hängen zu hoch, für notorische Auftragsvermeider allemal.

Aus einem *„Placeboglauben"* heraus fruchtet eben nichts!

4.4 Schwachstelle „Ichbezogenheit"

Das Christentum ist, wie wir bereits erörtert haben, eine Gemeinschaftsreligion.

Nirgendwo entdecken wir im Neuen Testament irgendeine Art von „Solochristentum", es gab von Anfang an keine „Einzelkämpfer für Christus".

Jesus hat seine Jünger als Gruppe ausgebildet, und diese haben sofort nach seiner Himmelfahrt begonnen, sich in Gemeinden zu organisieren. Jesu Nachfolger haben es also von Anfang an stets gemeinsam angepackt und in Gemeinschaft gelebt. Bei Jesus wurde immer im Team gearbeitet; und danach verstand sich jeder selbstverständlich als ein Glied der Gemeinde und pflegte bewusst den engen Umgang und Austausch mit den Glaubensgeschwistern: Aufgaben wurden gemeinsam angepackt, man unterstützte sich gegenseitig und hatte stets die anderen wertschätzend im Blick. Von der ersten Gemeinde in Jerusalem, die uns Vorbild sein sollte, betont die Apostelgeschichte ausdrücklich, dass sie nicht nur Lehre, Abendmahl und Gebet kontinuierlich gepflegt hätten, sondern dass sie auch *„beständig in der Gemeinschaft geblieben"* (Apostelgeschichte 2,42) und *„täglich einmütig zusammen"* gewesen wären (Apostelgeschichte 2,46); ja, dass sie sogar dermaßen *„ein Herz und eine Seele"* geworden seien, dass sie selbst materiell *„alles gemeinsam"* gehabt hätten (Apostelgeschichte 4,32)!

Letzteres übrigens, ohne dass dazu eine Anweisung oder ein Befehl Jesu vorgelegen hätte! Aber Gemeinschaft hatte für sie offensichtlich einen so hohen Stellenwert, dass sie freiwillig noch intensiver zusammenleben wollten, als von ihrem Herrn ausdrücklich erwartet wurde!

Wobei das so formuliert vielleicht gar nicht stimmt: Es wurde vermutlich von Jesus durchaus erwartet, dass seine Jünger ausgesprochen intensiv zusammenleben sollten. Denn nur innerhalb einer andauernden und tiefgehenden Gemeinschaft war das neue Lebenskonzept, dass Jesus ihnen ans Herz legte, ausführbar.

Schon mal darüber nachgedacht, warum Jesus während seiner Erdenzeit seine engsten Jünger komplett aus ihrem bisherigen Alltag herausholte und sie zu einer völlig neuen „24/7-Gemeinschaft" zusammenstellte? Warum hat er seine neuen Ideen, seine anders geartete Lebensphilosophie und seine göttlichen Einsichten nicht einfach in einem Schul- und Ausbildungssystem an seine „Lehrlinge" weitergeben, bei dem diese morgens antanzten, tagsüber seinen Lehren lauschten und abends wieder in ihre Familien zurückkehrten? Warum hat er sie vollständig aus ihrem gewohnten Milieu herausgeholt und ihnen fast sämtliche Rückverbindungen erst mal gekappt?

Wir knüpfen hier nochmals an den *„Alternativer Lebensstil"* aus Kapitel 4.2 an: Die Lehre, die Jesus ihnen weiterzugeben hatte, war nur im Rahmen einer gleichzeitigen Umgestaltung des bisherigen individuellen Alltags und der Aufnahme einer völlig neuen Art zu leben erfassbar. Ohne einen völlig umgekrempelten, konsequent „alternativen" Lebensstil hätte das Vermitteln der Botschaft Jesu nicht funktioniert.

Denn bei Jesus geht es radikal um das „Ganze", um „Alles oder Nichts". Deshalb muss das „Alte" erst mal komplett aufgegeben werden, damit das „Neue" aufgenommen werden kann! Denn Jesu Konzept soll eben nicht lediglich denktechnisch aufgenommen werden, sondern will das komplette Leben und den gesamten Alltag umfassen!

Und das war nur möglich innerhalb einer Gruppe, die teilweise sogar derart in sich geschlossen war, dass sie sich nicht nur in ihren Ansichten und in ihrer Lebensphilosophie, sondern über weite Strecken gleich auch noch geographisch und gesellschaftlich von ihrer Umwelt absonderte. Jesus bildete mit ihnen eine Gemeinschaft, die sich in gewissem Sinne durchaus als exklusiv „ausgeklinkt" präsentierte und benahm. Offensichtlich sah Jesus dies als notwendig an!

Diese Notwendigkeit und das dahintersteckende Motiv ist meines Erachtens bis heute durchaus nachvollziehbar. Und zwar sowohl sichtbar wie auch erlebbar.

Sichtbar etwa darin, dass mit etwas Menschen- und Geschichtskenntnis zu erkennen ist, dass jegliches echt „alternatives" Lebenskonzept, egal ob fromm oder sonstwie motiviert, ausschließlich in Gemeinschaftsform überleben kann. Nur als Gruppe ist ein von der übrigen Gesellschaft unterschiedliches Lebensmodell auf Dauer lebbar, und je konsequenter der neue Lebensentwurf gelebt werden soll, je extremer die zu verwirklichende Lebensphilosophie sich darstellt, desto stärker muss sich die Gruppe abschotten, damit ihr „anderer" Lebensstil langfristig überlebt (es sei denn, man versucht sich als „Einsiedler", wodurch allerdings jegliche Chance auf „Wachstum" verspielt würde). Man denke hier etwa an die „Amischen" in Amerika oder auch an manche Sekten unterschiedlicher Prägung, die sich sehr oft in ausgesonderte Höfe oder Siedlungen zurückziehen, um ihrer jeweiligen Sonderlehre zu frönen. Auch diese benötigen eine enge Gemeinschaft sowie ein gewisses Maß an Absonderung aus der Gesellschaft, um dem aus ihrer Lehre hervorgehenden Lebensstil nach neuem Konzept dauerhaft eine Chance zu geben.

Das ist dasselbe soziale Verfahren, das schon Jesus damals mit seinen Jüngern praktizierte und die nachfolgenden Christen dann in den neu gegründeten Gemeinden fortsetzten. Und genauso ist bis heute ein Nachfolge-Lebensstil, der tatsächlich den Vorgaben Jesu entsprechen will, nur in enger und beständiger Gemeinschaft mit „Gleichgesinnten" möglich. Ohne gegenseitige Unterstützung und Bestätigung hält ein konsequenter Glaube mit entsprechendem Lebensstil nicht durch.

Ein Holzscheit wird schnell ausbrennen und erkalten, wenn man es aus dem Feuer entfernt. Denn es braucht zum kontinuierlichen Weiterbrennen das Feuer und die Glut der anderen Hölzer. Genauso wird auch jeder Versuch, Jesus-Nachfolge allein und als Einzelkämpfer durchzuhalten, ziemlich kläglich scheitern; „Solochristen" brennen stets über kurz oder lang aus.

Ich kann diesen Prozess an mir selbst nachvollziehen: In Zeiten, in denen ich aktiv als Pastor tätig war, präsentierte sich mein Glaubensleben wesentlich intensiver als in den Phasen, in denen ich beruflich woanders engagiert war. Woran lag das? Natürlich wollte ich das so nicht, aber es ließ sich offensichtlich nicht vermeiden: Als Pastor war ich fast jeden Tag geistlich herausgefordert, denn ich musste mich andauernd mit biblischen, seelsorgerlichen oder gemeindebezogenen Themen befassen und hatte als Gemeindehirte fast täglich Berührungspunkte mit meinen Glaubensgeschwistern. Dadurch war ich stets mittendrin in der Gemeinschaft der Gemeinde – und gleichzeitig auch mittendrin in der Gemeinschaft mit Gott! In den Phasen, in denen ich jedoch „nur" Gemeindeglied und temporärer Mitarbeiter im dem einen oder anderen Projekt war, ansonsten aber den Alltag in einen anderen Beruf investierte, flachte auch mein geistliches Leben ab. Dieser Automatismus war nur dadurch zu durchbrechen, dass ich mich bewusst immer wieder in das Gemeindeleben einklinkte.

Durch diese Eigenbeobachtung wurde mir bewusst, was Jesus bewogen haben muss, seine Jünger ganz zu sich zu nehmen. Und es wurde mir auch klar, was die erste Gemeinde vermutlich veranlasst hat, sich täglich zu treffen und nur schon dadurch eine überdurchschnittlich enge Gemeinschaft zu pflegen! Sie hatten wohl verstanden (und wurden sicher durch die Apostel auch dazu ermutigt!), dass ein Lebensstil à la Jesus und eine erfolgreiche Umsetzung des Sendungsbefehls nur in dieser Form angepackt werden kann: als enge Gemeinschaft!

Ähnliches ist übrigens auch in unserer Kirchengeschichte gut nachweisbar: In Erweckungszeiten, während der Reformation oder auch bei der Installation bahnbrechender pietistischer Glaubenswerke, also immer dann, wenn es einen echten, geistlich gewirkten Aufbruch gab, waren die daran beteiligten Christen eng miteinander verbunden. Sie legten stets gesteigerten Wert auf Gemeinschaft und Zusammenarbeit und trafen sich ähnlich intensiv und oft wie die „Urchristen": zum Gebet, zum Bibelstudium, zum geistlichen Austausch.

„Ja, das stimmt schon, aber bei uns heute geht das leider so nicht mehr!"

Fast immer, wenn zu diesem Thema dieser Einwand kommt, folgt dann auch die stets gleiche Begründung: *„Wir wohnen halt viel zu weit weg von der Gemeinde!"*

Als Pastor bin ich dieser Behauptung mehrfach nachgegangen und habe stets ein oder mehrere der folgenden Fakten bei den einzelnen „Weitentfernten" angetroffen:

- Näher liegende Gemeinden sind nicht gut genug;

- für den ebenso weit entfernten Tanzkurs und den noch weiter entfernten Kaffeeklatsch mit der besten Freundin ist regelmäßig und oft Zeit vorhanden;

- für den Weg zu Arbeit nimmt man locker eine Stunde oder mehr Anfahrtsweg in Kauf, vor allem dann, wenn dort das Gehalt höher ist;

- bei der Wohnsitzwahl war das nette Häuschen in Grünen wichtiger als die Gemeindenähe;

- Zum Aufbau eines Haus- oder Bibelkreises am eigenen Wohnort, wodurch mehr Gemeinschaft möglich wäre, fehlt je nachdem ein passendes Wohnzimmer, begabte Leiter, genügend interessierte Teilnehmer, die freien Abende – aber auf jeden Fall immer die Motivation;

- ... und so weiter ...

Wahr ist doch, dass wir bei einer Lebensplanung, in der die enge Gemeinschaft mit den Glaubensgeschwistern hohe Priorität hat, diese auch auf die Reihe kriegen. Wie alles andere auch, was bei uns Priorität genießt!

Mobilität ist dabei für die meisten von uns kein Problem, sie wird aber selektiv eingesetzt. Nämlich genau für das, was uns wichtig ist. Und das, was uns wichtig ist, das geht! Was wir wollen, das kriegen wir auch hin!

Alles andere ist Augenwischerei, auch „Ausrede" genannt.

Damit schaden wir jedoch in erster Linie uns selbst. Verbindliche und enge Gemeinschaft ist nun mal unerlässlich, Absonderung in ein „Solo-Christsein" hingegen lässt den Glauben absterben. In einem gemeinschaftsvernachlässigenden Lebensvollzug driften wir in dem Maße ab, in dem wir unsere Ichbezogenheit und unseren Eigendrehungs-Lebensstil hätscheln und pflegen.

***

Ist uns eigentlich schon mal bewusst geworden, dass sämtliche Briefe des Neuen Testaments Gemeinschaftsbriefe sind? Die große Mehrheit dieser Briefe sind ohnehin an Gemeinden gerichtet und beinhalten nur ganz selten Anweisungen an Einzelne, Adressat ist fast durchgehend die geschwisterliche Gemeinschaft. Selbst die paulinischen Briefe an die Einzelpersonen Timotheus und Titus beinhalten über lange Strecken gemeindebezogene Anweisungen; die Verhaltensvorgaben, die Paulus darin seinen Mitarbeitern weitergibt, sind immer wieder auf die Gemeinschaft innerhalb ihrer jeweiligen Gemeinde bezogen.

Es gibt diesbezüglich gerade mal eine einzige Ausnahme unter den neutestamentlichen Briefen: Der Philemonbrief. Der umfasst allerdings lediglich ein einziges Kapitel. Ansonsten dominiert in allen Briefen stets der Gemeinschaftsbezug. Es dürfte kein Zufall sein, dass durchs ganze Neue Testament hindurch stets das Kollektiv und nicht der individuell Einzelne im Fokus steht!

Wir entdecken außerdem, dass im Neuen Testament weit über hundert sogenannte „einander"-Verse zu finden sind wie etwa: „helft einander", „erbaut einander", „liebt einander", „ermahnt einander", aber auch: „sorgt füreinander", „seid freundlich untereinander", „lasst uns aufeinander achthaben" und noch viele ähnliche Verse, die allesamt das Wort „einander" in irgendeiner Variation enthalten. „Einander"-Verse aber haben bekanntlich die Eigenschaft, dass sie nie an sich selbst ausgeführt, sondern ausschließlich in Beziehungen gelebt werden können!

Auch das ist Programm!

Dementsprechend betont dann Paulus beispielsweise, dass wir durch Gottes Treue berufen seien zur *„Gemeinschaft seines Sohnes Jesus Christus, unseres Herrn"*(1. Korinther 1,9), er spricht von der *„Gemeinschaft des Heiligen Geistes"* (2. Korinther 13,13) oder stellt das Abendmahl ausdrücklich als *„Gemeinschaft des Blutes und des Leibes Jesu"* dar (1. Korinther 10,16); Johannes weist darauf hin, dass wir, wenn wir *„im Licht wandeln, wie Jesus im Licht ist, Gemeinschaft untereinander haben"* (1. Johannes 1,7); und wenn Jesus seine Nachfolger immer wieder als *„Kinder"* seines Vaters bezeichnet und uns somit in eine (geistliche) Familienbeziehung einbindet, verpflichtet er uns - gerade auf dem Hintergrund der damaligen kulturellen Wertschätzung und Hochachtung familiärer Beziehungen - ebenso auf eine gelebte Gemeinschaftskultur.

Die Gemeinschaft, das Kollektiv, das gemeindliche Miteinander wird im Neuen Testament dermaßen überproportional betont, dass nicht übersehen werden kann, wie untrennbar Gemeinschaft zu den konstituierenden Charakteristika der Nachfolge Jesu gehört. Wie Jesus es mit seinen Jüngern vorgelebt hat und wie sich die ersten Christen verbindlich und hingebungsvoll zu Gemeinden zusammenschlossen, so muss auch heute noch individuelle Jüngerschaft zweifellos immer in Gemeinschaft mit anderen Gläubigen eingebettet sein. Jeder gehört untrennbar in seine Gemeinde-Familie; christlicher Glaube ist keine Religion der Einzelgänger und Individualisten! Darin stimmen Jesu Lehren, die anschließende Umsetzung seiner Apostel und die Briefe des Neuen Testaments eindeutig und unmissverständlich überein.

Wir aber haben's verlernt.

Wir leben stattdessen in unseren Gemeinden fast durchgehend diese typisch zeitgenössische „Ichbezogenheit", die sich von unserem kulturellen Umfeld und von den Lebensgewohnheiten unserer Mitbürger so gut wir gar nicht unterscheidet. Eine große Mehrheit von uns Christen pflegt ziemlich genau dieselbe Egozentrik, dieselbe permanente Eigendrehung wie jedermann. Unser Gemeinschaftssinn ist verkümmert, kollektives Denken und

Handeln haben wir weitestgehend verlernt. Bei genauerem Hinsehen muss man sogar konstatieren, dass zuweilen auch manche von uns Frommen sich im Grunde genommen bereits schon als „Nabel der Welt" wahrnehmen, dem – wann immer möglich - höchste und erste Priorität eingeräumt werden soll.

Und was das Ganze besonders heimtückisch macht: Auch diese „Schwachstelle" hat sich wieder so unmerklich bei uns eingenistet, dass wir es noch nicht einmal bemerkt haben! Da wir ganz sanft und im Kollektiv abgedriftet sind, ist uns unsere inzwischen permanente Eigendreherei nicht bewusst!

***

Man kommt nicht daran vorbei: Wir Evangelikalen sind weitgehend gemeinschaftsunfähig geworden!

Woher kommts?

Unsere sukzessive Mutation hin zur individuellen Egozentrik folgt einer zweifachen Logik: Einer inneren und einer äußeren.

Die innere Logik besteht darin, dass wir mit einem fromm kaschierten Ego-Livestyle die Ernte unseres verkümmerten Glaubensverständnisses einfahren. Wenn es uns Gläubigen im Wesentlichen nur noch darum geht, dass jeder individuell *„die Wahrheit"* anerkennt, Gott für *„existent"* akzeptiert und Jesus als *„seinen persönlichen Erretter"* wahrnimmt, dann ist tatsächlich jeder nur noch auf sich selbst geworfen. Ein *„Hauptsache, ich selbst bin gerettet!"* genügt dann jedem einzelnen von uns völlig. Und wenn jetzt, basierend auf diesem Glaubens-Vorverständnis, auch noch die Schwachstelle *„glauben statt tun"* voll durchschlägt, dann verlieren wir erst recht jeglichen Nächsten sowie auch die Geschwister im Glauben aus den Augen. Denn an denen sollten wir ja eigentlich *„tun"*. Würden wir tatsächlich *„tun"* statt nur *„glauben"*, dann ginge das ja nur am Nächsten. Aber wir glauben eben nur: Jeder für sich, individuell, selbstbezogen.

Hier lässt übrigens der „*barmherzige Samariter*" grüßen! Wer die Geschichte gerade nicht präsent hat, der lese Lukas 10,29-37: Vor dem barmherzigen Samariter gingen bekanntlich zwei „*Gläubige*" an dem Schwerverletzten vorbei, ohne sich um diesen zu kümmern – und repräsentieren mit diesem Verhalten haargenau unser „*glauben statt tun*"!

Und auch wir lassen uns genauso wieder an einem „*Hauptsache, selber gerettet!*" genügen ...

Allerdings bleibe da trotzdem noch Jesu Sendungsauftrag, der uns veranlassen könnte, mal von sich wegzusehen und sich dem Nächsten zu widmen. Aber auch hier: Fehlanzeige, wie wir bereits festgestellt haben ...

Dazu kommt nun auch noch die äußere Logik unserer Entwicklung hin zu einem übertrieben individuell geprägten Glauben. Sie besteht darin, dass dieser Trend eindeutig dem derzeit aktuellen Zeitgeist folgt: Wir haben es leider durchaus nicht automatisch und „*von Kindsbeinen an*" gelernt, gemeinschaftlich zu denken! Denn die Gesellschaft unserer westeuropäischen Kultur ist momentan stark durchdrungen und beherrscht von Egozentrikern, Selbstüberschätzern und Narzissten!

Das „*Ich*" dominiert!

Erfolg haben bei uns fast nur noch Menschen, die ihre Ellenbogen gezielt einzusetzen verstehen, und wer nicht wahrnimmt, dass unsere politischen und gesellschaftlichen Volksvertreter sowie Prominente und „Influencer" in aller Regel ein deutlich übersteigertes Selbstwertgefühl aufweisen und vom Bewusstsein ihrer Macht inspiriert und motiviert werden, der muss sich zu Recht eine gewisse Naivität vorwerfen lassen.

Das ist unsere Kultur! Und wir Frommen leben mittendrin!

Wir kleben fest an diesem ich-bezogenen Grundmuster all unseres Denkens und Handelns, obwohl Jesus genau dazu ein klares Statement abgegeben hat: „*Wer mir nachfolgen will, der verleugne sich selbst!*" (Markus 8,38). Damit meint Jesus selbstverständlich genau diese egozentrische Eigenrotation (was sonst sollte er gemeint haben?), und seine Wertung dazu ist an Deutlichkeit nicht zu überbieten: *„Selbstverleugnung"* heißt sein verordnetes Gegenprogramm, und er verknüpft dessen Notwendigkeit mit nichts Geringerem als seiner grundsätzlichen Akzeptanz unserer Nachfolge.

Noch zugespitzter kann er es nicht formulieren!

Wir aber übernehmen dessen ungeachtet nicht nur die kulturell allgegenwärtige Egozentrik, sondern gleich auch noch die vorherrschende Ansicht unserer Kultur, was Religiosität im Allgemeinen anbelangt.

Zum Beispiel den Grundsatz *„Glaube ist Privatsache!"*

Dieser Satz stammt mit Sicherheit nicht von Jesus! Trotzdem haben wir diese Leitlinie nicht nur übernommen und akzeptiert, sondern beherzigen und leben sie auch gleich noch umfassend und treu. Damit einhergehend haben wir dann natürlich auch die gesellschaftliche Unfähigkeit, irgendetwas auch mal von einer „Gemeinschaft-Sicht" her zu denken, verloren. Auch das ist typisch für unsere westliche Kultur.

Aber nicht selbstverständlich! Orientalische Kultur (aus der übrigens auch Jesus stammte!) kennt stattdessen ein übergeordnetes und dominierendes familiäres Denken: Das *„Wir"* steht dort im Vordergrund und nicht das *„Ich"*!

Egozentrisches Alltagsverhalten gehört also durchaus nicht unausweichlich zum Menschsein als solchem, sondern lediglich zu unserer westlichen Denk- und Lebensphilosophie.

Wer glaubt, dass diese bei uns momentan vorherrschende, kulturbasierte Ichbezogenheit nicht auf uns Christen abfärbt, denkt ziemlich weltfremd. Und ist gleichzeitig auch noch ziemlich ungeistlich, denn das von Paulus angemahnte *„Stellt euch nicht dieser Welt gleich, sondern ändert euch!"* (Römer 12,2) oder auch sein *„Zieht den neuen Menschen an!"* (Epheser 4,24) unterstellt doch, dass auch wir Frommen offenbar „zeitgeistversuchlich" sind. Dem kann natürlich nur begegnet werden, indem wir äußerst aufmerksam die vorherrschenden Geister unserer Umwelt beobachten und analysieren, um uns anschließend gezielt gegen identifizierte „Ungeister" jeglicher Couleur zu wappnen. Denn: Entsprechend Jesu Grundsatzerklärung „Nicht gebe ich euch, wie die Welt gibt" (Johannes 14,27) haben wir als Jünger keinerlei Zeitgeistströmungen zu folgen!

Die diesbezügliche Verweigerung muss unabdingbar eines unserer unverwechselbaren Markenzeichen sein! Nur schon deswegen, weil sich auch Jesus hier konsequent verweigert hat. Und er ist unser Vorbild!

Warum aber sind wir trotzdem diesem Zeitgeist-Phänomen vollumfänglich erlegen? Und warum dringt es nicht in unser Bewusstsein, dass auch hier wieder keinerlei Differenz zum Rest der Welt besteht; dass wir auch diese soziale Unart wieder als selbstverständliches Denkmuster in unseren „christlichen" Lebensstil integriert haben?

Könnte das erneut ein Hinweis darauf sein, dass unser Glaubensvollzug ein ziemliches „Placebo-Unternehmen" darstellt?

***

Unsere „Ichbezogenheit" prägt natürlich unseren Umgang mit der eigenen Gemeinde. Wir begegnen ihr permanent und ausschließlich mit der Grundeinstellung „Was habe ich von der Gemeinde?"; die alternative Sichtweise „Was bringe ich der Gemeinde?" hingegen zählt nicht zu unseren Denkrastern. Jeder geht stets und wie selbstverständlich davon aus, dass Gemeinde ihm zu dienen habe.

Dem diametral entgegengesetzt belehrt uns die Bibel, dass Gemeinde der „Leib Jesu" sei. *

* In meinem Buch „**Leib Jesu**" (siehe Anhang) habe ich die „Leib-Jesu-Theologie" des Neuen Testaments ausführlich dargestellt.

Paulus betont das mehr als ein dutzend Mal in seinen Briefen! Müssten nicht wir also grundsätzlich stets der Gemeinde (also dem „Leib Jesu" und damit direkt Jesus selbst!) dienen?

Aber weil wir ohnehin verlernt haben, Jesus zu dienen, dienen wir natürlich auch nicht seinem „*Leib*". Und wenn Jesus seine fast schon legendär gewordene Fußwaschung an seinen Jünger ausdrücklich als „*Beispiel*" bezeichnet und sie ausdrücklich darauf verpflichtet, dass „*ihr tut, wie ich euch getan habe*" (Johannes 13,15), um dann auch gleich noch ein „*selig seid ihr, wenn ihrs tut!*" (Johannes 13,17) nachzuschieben und damit ein klares Signal zu setzen, wie er sich praktische Gemeinschaftsorientierung vorstellt und was „*seinem Leib dienen*" beinhaltet: Es tangiert uns nicht ...

In diesem Umgang mit unseren Gemeinden widerspiegelt sich nicht nur unser Zeitgeist-Egoismus, sondern wir bewegen uns auf genau derselben Ebene wie beim Besuch im Kino oder am Stammtisch: Es regiert der Alleinherrscher namens „*Lustprinzip*".

Gesteuert durch diesen egomanen Befriedigungstrieb suchen wir uns beispielsweise in unserer Gemeinde - so wir denn überhaupt noch bereit sind zur Mitarbeit - in der Regel auch diejenigen Jobs aus, bei denen wir uns einigermaßen „in Szene setzen" können oder engagieren uns lediglich nach dem Hobby-Prinzip: Wir machen nur das, worin wir überdurchschnittlich begabt sind und deshalb ohnehin Lust dazu haben. Wir arbeiten somit also nicht wirklich „dienend", sondern weil wir Anerkennung wollen! Am liebsten mit bewunderndem Unterton von den Geschwistern, und wenn das nicht klappt, zumindest von uns selbst. Ein beweihräucherndes „*gut gemacht*" wollen wir hören oder wenigstens innerlich fühlen, indem wir es uns selbst schulterklopfend zusprechen. Soviel Befriedigung muss schon rausspringen, wenn wir denn tatsächlich mitarbeiten sollten!

Der Rest unseres Gemeindebezugs ist dann Gewöhnung, beispielsweise der sonntägliche Gottesdienstbesuch, ergänzt durch die eine oder andere punktuelle Mitarbeit, wenn wir mal nicht den Mut hatten, eine Anfrage abzuweisen.

Diese Umgangsformen (oder präziser gesagt: „Nicht-Umgangsformen") mit unseren „Nächsten", die ja zuallererst unsere Gemeinde-Geschwister darstellen und deswegen exemplarisch sind, demonstrieren nicht nur unsere überzogene Ichbezogenheit, sondern gleichermaßen auch unsere „glauben statt tun"-Grundeinstellung: „Hauptsache, ich bin gerettet! Und was dich anbelangt: Sorg halt dafür, dass auch Du gerettet bist, dann ist ja allen geholfen!".

Der destruktive „Lustprinzip"-Virus vervielfältigt sich übrigens völlig selbständig. Denn wenn dann mal neue Menschen in unsere Gemeinden kommen, die sich vielleicht erstmalig für Christus entschieden haben und einen „christlichen Lebensstil" noch gar nicht wirklich kennen, werden sie an uns und unserem Umgang miteinander Maß nehmen.

Einige von uns gehen nämlich fälschlicherweise immer noch davon aus, dass neue Christen doch an der Bibel, an Gottes Wort, Maß nehmen und von dort die Anregungen zu einen Jesus-gemäßen Lebensstil erhalten. Das ist natürlich viel zu optimistisch gedacht: Bis sie nämlich die Bibel so gut kennen, dass sie ihr Leben tatsächlich sinnvoll danach ausrichten könnten, vergeht ziemlich viel Zeit. Bis dahin aber studieren sie den individuellen Lebensstil der Christen und ihren Umgang miteinander in der Gemeinde. Und gehen dabei selbstverständlich davon aus, dass diese „erfahrenen Nach-folger" vermutlich so leben, wie Jesus das wohl haben will. Folglich kopieren sie erst mal diese durch uns vorgelebte Umsetzung von „Glauben".

Was nichts anderes bedeutet als: Sie lernen von uns ganz schnell, dass „glauben statt tun" völlig ausreicht, dass wir in der Gemeinde nach demselben Lustprinzip zusammenarbeiten, wie sie's von ihrem vorherigen Leben bereits bestens kennen und beherrschen, dass sie ihren gewohnten egozentrischen Lebensstil getrost beibehalten können und dass es sowieso im Wesentlichen lediglich darauf ankommt, seinen persönlichen Glauben an und in sich selbst zu hätscheln.

Oder anders ausgedrückt: Wir liefern ihnen sofort nach ihrer Bekehrung jede Menge anschaulicher Beispiele, wie ein Pseudo-Glaube real ausgelebt werden kann!

Gleichzeitig werden wir ihnen aber bei jeder sich bietenden Gelegenheit versichern, dass sie sich auf dem „richtigen Weg" befinden, dass sie „vollwertige Christen" sind und dass man ihnen das Wichtigste, nämlich „Jesus von Herzen zu lieben", abspüren könne. Kurz: Wir versichern ihnen andauernd, dass alles in Ordnung sei, und versichern sie damit eines Glaubens, der genau dem unseren entspricht. Das ist natürlich äußerst angenehm, denn unter Gleichgesinnten tummelt sich's bekanntlich völlig entspannt, und wenn sich diese „Neuen" möglichst schnell mit uns gleichschalten lassen, stellen sie uns beziehungsweise unseren Glaubensstil gar nicht erst in Frage.

Tatsache ist jedoch, dass sie durch Anpassung an uns sowohl intellektuell wie auch punkto konkretem Lebensvollzug unseren *„Placebo-Glauben"* übernehmen. Was bedeutet, dass auch Neubekehrte in unseren Kreisen schon seit längerem keinerlei Chance mehr erhalten, ein echtes Christsein à la Jesus zu entwickeln.

Denn bei dieser Art der Eingliederung von neuen Glaubensgeschwistern kann leider auch Gottes Wort nichts ausrichten. Unsere Neubekehrten nehmen eben logischerweise auch Maß an der Art und Weise, wie wir mit der Bibel umgehen. Auch darin sind wir sofort und unausweichlich ihre Vorbilder, und sie werden sehr schnell die Bibel durch unsere Brille wahrnehmen: Wie ernst wir sie nehmen, wie damit umzugehen ist und wie wir sie auslegen. Die Bibel ist ja so umfangreich, dass erst mal viel Zeit investiert werden muss, bis man deren Inhalte eigenständig erarbeiten kann. Es reicht bekanntlich eben nicht, einzelne Bibeltexte, wichtige Passagen oder ein paar einprägsame Geschichten zu kennen; schriftgemäße Interpretation benötigt auch noch eine gute Kenntnis der Zusammenhänge innerhalb der biblischen Schriften und Aussagen inklusive der klaren Unterscheidbarkeit von Altem und Neuem Testament.

Bis es soweit ist, hat aber jeder Neubekehrte längst unsere vorgelebten Glaubensmuster übernommen, auch diejenigen, die unser Bibelverständnis betreffen.

***

Eine weitere Beobachtung im Zusammenhang mit unserer *„Ichbezogen-heit"*: Wir haben keine *„Väter in Glauben"* mehr!

Als ich noch jung im Glauben war, gab es in unserer Gemeinde etliche ältere Geschwister, zu denen wir aufblickten. Deren Wort hatte Gewicht; man hörte sie nicht nur an, sondern hörte ihnen zu und nahm sie ernst. Wir jungen Christen trauten ihnen eine gute Portion Lebenserfahrung zu und waren bereit, gegebenenfalls von ihnen zu lernen.

Natürlich war nicht jeder in unserer Gemeinde ein *„Vater* (oder eine *Mutter) im Glauben"*, das Alter als solches machte schon damals nicht automatisch aus jedem ein ernstzunehmendes Vorbild, dessen Autorität wir demütig respektierten. Aber es gab sie, und sie waren wichtig für uns, denn sie prägten unsere Glaubensentwicklung. Oft sogar entscheidend.

Auch während meines Theologiestudiums waren manche der Dozenten seelsorgerlich so gereift, dass sie für mich ebenfalls zu vorbildvermittelnden *„Vätern im Glauben"* wurden. Und bis heute bin ich ihnen sehr dankbar für die wertvollen Glaubensimpulse, die sie in mein Leben legten.

Heute fehlen diese *„Väter im Glauben"*. Und zwar ziemlich vollständig. Nicht nur, dass ich selbst keiner geworden bin, sondern: Ich entdecke auch sonst keine mehr!

Sind sie einfach ausgestorben? Und warum?

Eins ist sicher: Biblisch wären sie. Nicht nur das Alte Testament schätzt die Weisheit des Alters hoch ein (vgl. dazu etwa 3. Mose 19,32 oder Hiob 32,7), sondern auch Paulus baut auf die Vorbildfunktion erfahrener Christen, wenn er beispielsweise die Thessalonicher ermahnt mit *„Ihr wisst, wie ihr unserm Vorbild folgen sollt!"* (2. Thessalonicher 3,7), die Philipper auffordert: *„Seht auf die, die so leben, wie ihr uns zum Vorbild habt!"*

(Philipper 3,17), seinen Mitarbeiter Titus anweist: *„Mache dich selbst zum Vorbild guter Werke!"* (Titus 2,7) und Timotheus ebenso ermutigt: *„Sei den Gläubigen ein Vorbild!"* (1. Timotheus 4,12).

Gesunde Glaubensentwicklung und Heiligung benötigt auch das Vorbild erfahrener und gereifter Nachfolger!

Wo aber sind unsere *„Väter im Glauben"*, die heute diese Vorbildfunktion übernehmen könnten?

Es gibt sie so gut wie nicht mehr. Und der Grund scheint mir nicht so sehr der zu sein, dass es halt keine „gereiften" Christen mehr gibt, weil selbst unsere älteren Geschwister es nicht mehr geschafft haben, ein überzeugendes Glaubensformat zu entwickeln. Vielmehr habe ich den Verdacht, dass diese Vorbilder ganz einfach nicht mehr gefragt sind!

Keiner benötigt mehr ein Vorbild, keiner erachtet es für hilfreich, an erfahrenen Glaubensgeschwistern Maß zu nehmen und seinen eigenen Glauben danach auszurichten! *„Väter im Glauben"* sind schlicht überflüssig geworden, und zwar wegen fehlender Nachfrage!

Der Grund dafür ist simpel: Vorbilder würden unsere egomane Eigendrehung stören! Wir sind uns längst selbst gut genug und sehen keinerlei Veranlassung, uns noch irgendwie verändern oder gar verbessern zu müssen.

„Wozu brauche ich ein Vorbild, wenn mein Glauben längst ausreichend entwickelt ist?"

In der Tat: Es gibt nichts mehr dazu zu lernen, wenn lediglich *„das Richtige für wahr"* zu halten sowie Gottes Existenz nicht zu leugnen als völlig ausreichend für „christlichen Glauben" angesehen wird! Wir brauchen uns nichts mehr zu erarbeiten, wenn wir uns dank unserer Auftragsvergessenheit keiner Aufgabe (geschweige denn Herausforderung!) mehr stellen müssen! Ernsthafte Inputs vermeiden wir ohnehin, damit unsere eingeübte Wohlfühlmentalität nicht gestört wird, und folgerichtig ist dann auch „Heiligung" längst kein Thema mehr für uns, weil wir uns ja immer gegenseitig versichern, wie überdurchschnittlich „*geistlich*" und „*richtig-gläubig*" wir als Evangelikale per se sind.

Solange wir also rundherum keine Veranlassung für geistliches Wachstum verspüren, sind Vorbilder bei uns tatsächlich völlig deplatziert. „*Väter im Glauben*" gibt's folglich nicht mehr, eine Übernahme von gereiftem, bewährtem und geheiligtem Leben erfahrener Glaubenskämpfer meinen wir nicht zu benötigen und die Weitergabe echter Jüngerschaft von der erfahrenen Generation auf die nachrückende haben wir deshalb ad acta gelegt.

Bequem, aber ungeistlich.

Und erneut typisch für „*Placebo-Gläubige*".

***

Man lese einmal das 7. Kapitel des 1. Korintherbriefs bewusst zum Thema "*Ichbezogenheit*". Da erteilt Paulus nämlich 34 Verse lang ethische Verhaltensregeln, und zwar für die unterschiedlichsten sozialen Lebenslagen: Für Verheiratete und Ledige, für Heirats- und Scheidungswillige, für Witwen und Knechte, ja sogar für Beschnittene und Unbeschnittene. Und mehrmals betreffen seine Anweisungen sogar das Sexualverhalten des Einzelnen in seiner jeweiligen Lebensform. Im Vers 35 kommt er dann zur Begründung all dieser Verhaltensnormen. Er leitet ein mit: „*Das sage ich zu eurem eigenen Nutzen, damit …*".

Und? Wie beendet er jetzt diesen Satz? Wie wird er wohl diese lange Liste von Verhaltensnormen begründen? Worin nun besteht laut Paulus deren „*Nutzen*"?

Nun, wenn er ja ausdrücklich betont, dass es um den „*eigenen*" Nutzen gehe und da die vorangegangenen Anweisungen samt und sonders immer die jeweils persönlichen Lebenssituationen Einzelner betreffen, wären wohl etwa Begründungen dieser Kategorie zu erwarten: „*… damit ihr glücklich* *werdet!"* oder *„... damit eurer Leben gelingt!"* oder vielleicht auch *„... damit ihr Ruhe und inneren Frieden findet!"* oder so ähnlich. Das wären dann allesamt individuelle, personenbezogene Begründungen, die insofern auch logisch wären, da er ja soeben explizit lauter individuelle, personenbezogene Verhaltensweisen gepredigt hat. Noch individueller oder personenbezogener als beispielsweise mit Anweisungen zum persönlichen Sexualverhalten kann man ja gar nicht werden!

Aber Paulus begründet nicht personenbezogen. Seine Begründung lautet nämlich: *„... damit es recht zugehe und ihr stets und ungehindert dem Herrn dienen könnt!"* (1. Korinther 7,35).

Das ist ein typisches Beispiel gemeinschaftsbezogenen Denkens! Seine Begründung zielt nicht auf das Wohlergehen des Einzelnen, sondern auf geordnetes und sinnvolles Zusammenleben (*„damit es recht zugehe"*) und auf den gemeinsamen Auftrag (*„dem Herrn dienen"*). Oder anders ausgedrückt: Paulus gibt seine Anweisungen mit dem Blick auf den Nächsten beziehungsweise auf die Gemeinschaft sowie auf Gott. Also konsequent mit dem Blick genau auf das, was Jesu wichtig ist. Und da unsere persönliche Wohlfahrt nicht zuvorderst auf Jesu Prioritätenliste steht, ist sich Paulus nicht zu schade, bis in das Sexualleben eines Nachfolgers hinein so für Ordnung zu sorgen, dass Jesus gedient ist und unseren Nächsten auch!

Und wir? Mal ehrlich: Wenn wir 1. Korinther 7 lesen, dann nehmen wir Paulus zwar durchaus mehr oder weniger ernst und verstehen, dass wir unseren persönlichen Lebensstil sinnvollerweise danach ausrichten sollten. Aber nicht wegen der anderen und auch nicht wegen Jesu Auftrag, sondern wegen uns selbst! Damit es uns selbst gut gehe!

„Beziehungen (und Sexualität sowieso!) haben doch uns selbst zu dienen, oder?" Mit genau dieser Intension und Zielrichtung wird über dieses Kapitel auch stets bei uns gepredigt; landauf und landab.

Individualistisch eben. Und absolut adäquat unserer evangelikalen *„Ichbezogenheits"*-Ideologie.

Die Begründung des Paulus – und damit die biblische Begründung (!) – ist allerdings eine andere. Aber das fällt längst keinem mehr auf; zu sehr haben wir uns den konsequent ichbezogenen Blick in die Bibel angewöhnt. Wir können inzwischen gar nicht mehr anders. Es hat sich eben längst wieder ein egomanes Grundmuster in all unser Denken eingeschlichen, und ein latenter Trieb zur Selbstverwirklichung hat das jesusgemäße Gemeinschaftsprinzip dienender Nächstenliebe nachhaltig überlagert.

Eine biblische Interpretation von 1. Korinther 7 schaffen wir deshalb nicht mehr.

***

Ein weiteres Beispiel von ichzentriertem Bibellesen ist auch unsere allgemein geläufige Interpretation des bekannten und beliebten „Trost- und Mutmacherverses" 2. Timotheus 1,7: *„Gott hat uns nicht gegeben den Geist der Furcht, sondern der Kraft und der Liebe und der Besonnenheit!"*

Wie oft haben wir uns selbst diesen Vers schon als Hilfskrücke zum eigenen inneren Wiederaufbau zugesprochen, als es gerade mal nicht so rund lief in unserem Alltag; wie oft haben wir ihn schon als persönliche Verheißung beansprucht in entmutigenden Zeiten und Situationen; wie oft haben wir ihn schon an die Adresse unseres Gemütszustands gepredigt gekriegt als geistliche Sichtkorrektur in Richtung der positiven göttlichen Geschenke *„Kraft"*, *„Liebe"* und *„Besonnenheit"*?

Das alles ist natürlich nicht falsch. Aber die Bekämpfung unserer Angstgefühle ist einmal mehr nur die Hälfte dessen, was dieser Vers beinhaltet. Denn all diese Interpretationen haben eins gemeinsam: Sie zielen auf mich als Individuum, betonen das Persönliche an mir, stellen mein momentanes Glaubensvermögen und insbesondere meinen aktuellen Gemütszustand ins Zentrum. Kurz gesagt: Der Vers wird dadurch strikt „ichbezogen" ausgelegt.

Er hat jedoch auch eine gemeinschafts- und auftragsbezogene Komponente, also einen von mir weg gerichteten Aspekt.

Warum fällt uns dieser nie ins Auge?

Wenn man nämlich die vier prägenden Hauptworte dieses Verses genauer anschaut und zueinander in Beziehung setzt, dann stellt man plötzlich fest, dass sich nur der erste Begriff, nämlich die *„Furcht"* (wörtlich übersetzt: *„Verzagtheit"* oder *„Feigheit"*) auf unseren Gemütszustand bezieht; die drei Alternativen dazu, die *„Kraft"*, die *„Liebe"* und die *„Besonnenheit"* (oder auch *„Vernunft"*), jedoch alle stark nach außen gerichtet sind: Mit *„Kraft"* ist nämlich weniger unsere eigene „innere Stärke" gemeint, sondern sie soll vor allem von uns ausgehen, um an einem Objekt außerhalb uns selber (an einer Person, einer Aufgabe, einer Hilfestellung usw.) zur Wirkung zu kommen; die *„Liebe"* muss selbstverständlich am Nächsten, und nicht etwa dauernd nur - als Eigenliebe - an uns selbst, wirkungsvoll werden und die *„Besonnenheit"*, die eben auch mit *„Vernunft"* übersetzt werden könnte, mahnt uns, diese positiven Handlungsaufgaben mit Verstand und Klugheit anzupacken statt unsere *„Kraft"* beziehungsweise unsere *„Liebe"* lediglich emotionsgesteuert aus unserer Gefühlslage (die möglicherweise eben *„furchtgesteuert"* und von *„Verzagtheit"* und *„Feigheit"* durchdrungen ist) heraus auszuleben!

So besehen ermuntert uns der Vers nicht so sehr zur eigenen Gemütspflege durch eine positivere Sicht der Dinge, sondern er fordert uns schlicht zum Handeln auf, zum Aktiv werden, zum *„nach Außen gehen"* – trotz möglicher Ängste.

Erst recht, wenn man sich parallel dazu den übergeordneten Auftrag Jesu sowie den von uns erwarteten zeugnishaften Umgang unter Geschwistern nochmals in Erinnerung ruft. Denn dann dämmert uns plötzlich, dass uns Gott möglicherweise vor allem deswegen *„Kraft"* gibt, um den Auftrag seines Sohnes anzupacken, und *„Liebe"* in erster Linie deshalb, damit wir zeugnishaft Jesu Wunsch *„seid an der Liebe untereinander erkennbar"* (nach Johannes 13,35) umsetzen können. „*Kraft*" wäre somit auftragsbezogen zu interpretieren und „*Liebe*" zeugnisbezogen.

Wir hingegen deuten reflexartig die „*Kraft*" sofort als Kraft, mit der wir unseren Alltag bewältigen können (also ichbezogen) und die „*Liebe*" als Erinnerungsaufforderung, dass Gott uns doch liebt (also ichbezogen), womit dann für die „*Besonnenheit*" in logischer Konsequenz nur noch die Auslegungsvariante „*Sei besonnen und gebrauche doch deinen Verstand: Beides, seine Kraft und seine Liebe, sind Geschenke Gottes, die du täglich beanspruchen darfst!*" (also ichbezogen) übrigbleibt. Als Ergebnis erhalten wir somit den ultimativen „Seelentröstervers". Und genau den wollten wir ja auch haben, wenn wir ganz ehrlich sind.

Bingo! Ziel erreicht!

Unser Ego steht mal wieder im Zentrum ...

Allerdings geht es Paulus in seinen Briefen an Timotheus weniger darum, den Gemütszustand seines Mitarbeiters zu stabilisieren, sondern vielmehr um „*Kämpfe den guten Kampf des Glaubens*" *(1. Timotheus 6,12)*. Deswegen ist davon auszugehen, dass wir mit der gemeinschafts- und auftragsbezogenen Auslegung wesentlich näher an die eigentliche Intension von 2. Timotheus 1,7 herankommen: Timotheus soll ermutigt werden, aus seiner Eigendrehung (ausgelöst durch „*Angst*") herauszukommen, indem er sich wieder zeugnishaft (mit Gottes „*Liebe*") um den Auftrag Jesus (mit Gottes „*Kraft*") kümmert, anstatt seinem eigenen Seelenjammer zu verfallen. Denn das gebietet die von Gott verliehene „*Besonnenheit*", also der Verstand, die Vernunft.

Eine Beherzigung dieser Auslegungsvariante ist allerdings wesentlich unbequemer, als den Vers lediglich als seinen persönlichen „Seelenpfleger im Jammertal" zu interpretieren. Das kann man tun, aber die nach Außen zielende Auslegung ist die eindeutig biblischere, denn sie nimmt den eigentlichen Wortlaut präziser auf als die individuelle Auslegung und entspricht zudem der Gesamtintention der Timotheusbriefe sowie dem geoffenbarten

Willen Jesu. Durch unsere ichbezogene Bibelbetrachtung unterschlagen wir aber diese wichtige Zielrichtung dieses Verses.

Wir haben also erneut wieder nur einen Bruchteil eines biblischen Textes verstanden.

Ziel also verfehlt.

Nach diesem unseligen Schema verfahren wir leider laufend im Umgang mit neutestamentlichen Texten, beileibe nicht nur bei den beiden eben genannten Beispielen: Durch unsere automatisch auf „individuell" getrimmte Sicht interpretieren wir immer wieder einseitig und verlieren damit die ganze Bandbreite vieler biblischer Wahrheiten; große und wichtige Aussagen des Neuen Testaments gehen uns damit verloren. Ohne dass wir es bemerken würden, denn weil wir flächendeckend allesamt an demselben egomanen Knick in der Bibellese-Optik leiden, fällt das auch keinem unserer Mitgeschwister auf.

Wir sind hier durchs Band weg alle vom selben Virus befallen, halten uns allerdings fälschlicherweise für durchaus gesund. Weil jeder unisono mit derselben Egozentrik-Schlagseite die Bibel interpretiert, ist dies längst zur durchgehend gängigen Auslegungspraxis bei uns geworden und wird als „völlig normal" empfunden.

Es darf aber nicht „völlig normal" sein, dass wir es nicht mehr schaffen, zentrale biblische Texte und Botschaften in ihrer ganzen Bedeutung zu erfassen! Die Bibel ist zu wichtig, als dass wir so mit ihr umgehen dürften, denn uns geht dadurch ja nicht nur ein Teil unserer Erkenntnisse verlustig, sondern wir verstehen dann nicht wirklich, was Gott will, wie unser Glauben funktionieren soll und was Jüngerschaft eigentlich beinhaltet. Wir berauben uns damit selbst der Möglichkeit, „Christsein" so zu leben, wie unser Herr das vorgesehen hat!

Das ist alarmierend fahrlässig! Unsere Schwachstelle „Ichbezogenheit" zeitigt schlimme Früchte!

Für einen „*Placebo-Glauben*" mag das vielleicht genügen; echter Glaube hingegen soll und will sich auch den etwas herausfordernden biblischen Wahrheiten stellen!

***

Auch hier schauen wir uns abschließend wieder die Auswirkungen dieser Schwachstelle auf die „Früchte des Geistes" nach Galater 5,22+23 an: „*Die Frucht aber des Geistes ist Liebe, Freude, Friede, Geduld, Freundlichkeit, Güte, Treue, Sanftmut, Keuschheit.*"

„*Ichbezogenheit*" ist eindeutig zeitgeistiges Verhalten. Echte Nachfolger aber sind absolut „zeitgeistfrei", weil sie nicht vom Zeitgeist, sondern vom Heiligen Geist erfüllt sind. Auch hier gilt wieder: „*Erneuert euch aber in eurem Geist und Sinn und zieht den neuen Menschen an, der nach Gott geschaffen ist!*" (Epheser 4,23+24). „*Geist und Sinn*" eines echten Nachfolgers Jesu ist also völlig getrennt und damit unabhängig vom weltlichen Zeitgeist.

Wobei zu beachten ist, dass hier ein striktes „*Entweder–oder*" gilt: Entweder Zeitgeist oder Heiliger Geist. Das „*erneuern*" und „*anziehen des neuen Menschen*" nach Epheser 4,23+24 schließt jede Zwischenstufe, jeden Graubereich innerhalb unserer geistigen und geistlichen Erfüllung aus. Wer vom Heiligen Geist erfüllt ist, hat dem Zeitgeist abgesagt, und zwar umfassend.

Überschneidungen dürften dabei höchstens noch marginal zu erwarten sein, denn in der Regel vereinnahmt der Teufel die Welt und die darin herrschenden Geister – inklusiv den „Zeitgeist" - möglichst vollumfänglich! So sehr, dass auf der anderen Seite der Heilige Geist echte Nachfolger Jesu dahin führen wird, sich ebenso vollumfänglich vom Zeitgeist abzukoppeln.

Es versteht sich allerdings von selbst, dass ein „*Placebo-Gläubiger*" von einer solchen Freiheit vom Zeitgeist nur träumen kann. Seine ausgeprägte Ichbezogenheit im Denken und als Folge davon natürlich dann auch im

Lebensvollzug ist diesbezüglich derart deckungsgleich mit dem Zeitgeist, dass dem Heiligen Geist dadurch jede Möglichkeit zur Entfaltung genommen wird.

Die bereits im Kapitel 4.1 erwähnte unsachgemäße Auslegung der „Früchte des Geistes" als eine Aufzählung von persönlichen Gefühlen und eigener Gesinnung oder als Beschreibung unserer Geisteshaltung entstammt ja darüber hinaus ebenfalls unserem ego-bezogenen Denkstil, bei dem es stets um „ich-mich-meiner-mir" geht und ausschließlich ich selbst im Mittelpunkt des Glaubens stehe: „*Mein Gefühl, meine Gesinnung, meine Geisteshaltung ist Liebe, Freude, Friede, Geduld usw.!*".

Nur schon durch diesen Denkansatz schließen wir also die Entfaltung des Heiligen Geistes weitgehend aus. Der Heilige Geist unterstützt nun mal keinen Egoismus. Und wenn jetzt der Heilige Geist auch noch deshalb in seiner Entfaltung gehindert wird, weil wir permanent im Trend des Zeitgeists, also in einem erfolgreichen „Werkzeug" des Teufels, mitschwimmen, dann versteht sich von selbst, dass wir somit unsere persönlichen „*Früchte des Geistes*" mühsam und höchstselbst erarbeiten müssen.

Denn in alle dem sehen uns genötigt, trotzdem noch die eine oder andere dieser „*Früchte*" irgendwie nachweisen zu können, um unseren „*Placebo-Glauben*" damit zu kaschieren - und zwar nicht nur vor unseren Geschwistern, sondern insbesondere auch uns selbst gegenüber!

Denn wir gestehen uns unseren eingebildeten Glauben ja nicht ein!

Und nur nebenher soll hier auch noch erwähnt sein, dass unser Individualismus auch der Grund für weitestgehend fehlende „Geistesgaben", also der einen oder anderen übernatürlichen Begabung, die Gott uns möglicherweise verleihen möchte, ist. Denn Paulus belehrt uns, dass „*in einem jeden der Geist sich offenbart zum Nutzen aller!*" (1. Korinther 12,7), und rät allen, die sich Geistesgaben wünschen: „*Trachte danach, die Gemeinde zu erbauen*" (1. Korinther 14,12).

Dazu müsste man natürlich dann auch „alle" beziehungsweise „die Gemeinde" im Fokus haben, nicht nur sich selbst. Geistesgaben erhält man nun mal nicht für sich selbst. Sie sollen am Nächsten angewandt werden, denn als Paulus im 1. Korintherbrief zur praktischen Anwendung der Geistesgaben überleitet, eröffnet er diesen Abschnitt mit „Wenn ihr zusammenkommt, dann..." (1. Korinther 14,26). Und wenn er in demselben Vers auch noch ermuntert, „das alles zur Erbauung geschehen zu lassen", dann meint er sicher nicht die Eigen-Erbauung des individuell Geistbegabten, sondern die Erbauung der ganzen Gemeinschaft!

Ichbezogenheit und Heiliger Geist schließen sich halt auf jeder Ebene und vollumfänglich aus.

Und damit hoffen „Placebo-Gläubige" vergebens auf irgendwelche Erfüllung von oben.

4.5 Schwachstelle „Wehleidigkeit"

Der ichbezogene Selbstverwirklichungsdrang, der unterschwellig unser christliches Denken weitgehend durchdringt, hat unter uns Evangelikalen inzwischen auch noch eine ganz spezielle Ausprägung ausgebildet: Eine übersteigerte latente Wehleidigkeit!

Wobei „Wehleidigkeit" natürlich ein sehr unschönes Wort ist.

Lange habe ich geschwankt, ob ich diese Schwachstelle stattdessen besser mit „Selbstmitleid" oder sogar mit dem Fachbegriff „Larmoyanz", (ungefähr „sentimentale Weinerlichkeit") übertiteln soll. Aber dies wären auch keine schöneren Überschriften für diesen Abschnitt. Allerdings treffen sie allesamt zu!

Außerdem ist der Sachverhalt - dazu passend - ebenfalls ausgesprochen unschön.

Die Schwachstelle „Wehleidigkeit" in unserem Glaubensvollzug ist sozusagen die Kehrseite unserer Auftragsvergessenheit, über die wir bereits nachgedacht haben. Man könnte sogar sagen: Die überhandnehmende Wehleidigkeit unter uns Christen ersetzt immer mehr das Bewusstsein für unseren Auftrag.

„Selbstmitleid verdrängt Auftrag"!

Darüber hinaus ist unsere Wehleidigkeit auch noch eine direkte Ausprägung unserer Ich-bezogenheit, worauf uns auch der wechselseitig austauschbare Begriff *„Selbstmitleid"* durch seinen Wortlaut hinweist: Wehleidig sind wir immer hinsichtlich uns selbst. Und Selbstmitleid entzündet sich nun mal an überzogener Egozentrik, das dürfte allgemein bekannt sein.

„Zeitgeistig" ist unser aufgeblähtes Selbstmitleidsgehabe aber nicht nur betreffend einer übersteigerten Selbstbezogenheit, sondern auch in Bezug auf unsere momentan allgegenwärtig propagierte und vorherrschende „Spaß und Unterhaltungskultur". Denn diese weist uns bekanntlich permanent darauf hin, dass ein „normaler" Lebensstil selbstverständlich darin bestehen müsse, dass es uns stets gut zu gehen habe und wir uns laufend glücklich, erfüllt und zufrieden fühlen sollten.

Wenn beispielsweise eine Versicherung nicht etwa als Abfederung eines unerwarteten Schadens abgeschlossen wird, sondern *„Damit wir rundum glücklich leben können"*, ein Auto nicht gekauft wird, um sich von A nach B bewegen zu können, sondern um *„höchste Fahrdynamik zu erleben"* und unser Getränk nicht den Durst löschen, sondern *„Flügel verleihen"* muss, dann installieren sich solche Dauerberieselungsbotschaften eben irgendwann im Denken der breiten Bevölkerungsmasse. Alles hat dann in einen permanent glückseligen Lebensvollzug zu münden, in dem sich eine optimistische Grundeinstellung durch lauter aufbauende, ermutigende und optimal auf uns zugeschnittene Erlebnisse jederzeit zu bestätigen hat. Leben hat dann ausschließlich aus permanentem Glück zu bestehen.

Und in diese allgemeine zeitgeistige Glückseligkeitserwartung hinein trifft nun unser christliches Glaubensbekenntnis mit Jesus-Ansagen wie etwa in Johannes 10,10: *„Ich bin gekommen, damit ihr das Leben und volles*

Genüge habt!" oder seiner Verheißung von *„Erquickung"* für alle *„Müh-seligen und Beladenen"* (nach Matthäus 11,28), flankiert von Hinweisen, wie man *„Ruhe für die Seele"* (Matthäus 11,29) finden könne.

Versprechen also, die auf den ersten Blick punktgenau in dieselbe Richtung zu weisen scheinen: Bietet auch Jesus uns *„glückseliges Leben"* an? Gerne wollen wir das glauben, denn dann müssten wir ja bequemerweise mit unserer individuellen Frömmigkeit auch diesbezüglich absolut nicht von unserem weltlich bereits eingeübten Lebensstil abweichen: Wir streben weiterhin nach einem anhaltenden Glückszustand - und Jesus bietet uns jetzt auch noch den optimal dahinführenden Weg sowie seine übernatürliche Hilfe dazu an!

Könnte es vielleicht sein, dass wir bereits so sehr von unserer *„Spiel- und Spaßgesellschaft"* geprägt sind, dass wir unweigerlich auch in ein *„Spiel- und Spaß-Nachfolgeverständnis"* hineinrutschen? Unterhaltung, Bespaßung und Kurzweil als Maxime auch unseres geistlichen Lebens mit einem *„Spiel- und Spaß-Jesus"* als Entertainer?

„Mit Jesus zusammen schaffe ich das bestimmt noch viel besser als bisher! Jesus, du bist jetzt mein göttlicher Lebensveredler und Glückselig-keitsgarantierer, bei dir hole ich mir nun permanente Lebenserfüllung!"

Und wenn es dann doch nicht so klappt, wie wir uns das vorstellen; wenn unsere weltlich antrainierten sowie jetzt auch noch vermeintlich geistlich berechtigten Glücksgefühl-Ansprüche sich dann leider, leider, nicht er-füllen, dann ist der Katzenjammer umso größer! Und der äußert sich, absolut folgerichtig, natürlich punktgenau in immer wiederkehrenden Frustrations-gefühlen der Marke *„Ich bedauernswertes Geschöpf, was bin ich doch wieder arm dran!"*

Also in Selbstmitleid und Wehleidigkeit.

***

So richtig auf diesen Zusammenhang gestoßen bin ich als Pastor dadurch, dass mir zunehmend fast nur noch Gemeindeglieder begegneten, die durchs Band hinweg und unisono immer wieder signalisierten, dass das, was sie wirklich bräuchten, doch *„Trost und Ermutigung"* sei. Als Pastor möge ich doch insbesondere in meinen Predigten, Andachten und geistlichen Inputs bitte darauf Rücksicht nehmen und schwerpunktmäßig vor allem *„aufbauenden Zuspruch"* verkündigen.

Man könnte hier meinen, dass das vielleicht vorwiegend Gemeindeglieder gewesen wären, die ohnehin mit inneren Belastungen und psychischen Problemen zu kämpfen hatten. Es ist ja ein offenes Geheimnis, dass manche Gemeinden ein Übergewicht an seelisch belasteten Mitgliedern aufweisen, weil diese woanders aufgrund ihrer mentalen Determination oft durch das „soziale Netz" fallen und nur in christlichen Gemeinden noch auf Menschen stoßen, die bereit sind, ihnen zuzuhören und sie im Idealfall sogar in ihre Gemeinschaft aufzunehmen.

Aber weit gefehlt: Es waren durchaus auch „Säulen der Gemeinde", also engagierte Mitarbeiter, die allem Anschein nach fest im Glauben standen, die ebenfalls diesen Wunsch an mich herantrugen. Auch sie mahnten an, dass ich als Pastor bitteschön möglichst „aufbauend" predigen möge.

Damit hatte ich nun also ein Problem. Sollte ich jetzt schwerpunktmäßig das predigen, was unter der Kanzel gewünscht wurde, selbst wenn es möglicherweise nicht genau dem entsprechen sollte, was laut Jesus und laut biblischem Zeugnis eigentlich verkündigt werden müsste? Denn bei Jesus wie auch bei den Briefen des neuen Testaments findet sich doch beides: Zuspruch und Anspruch! Bei Jesus ist sogar zu beobachten, dass Letzteres – also der Anspruch - in seinen Reden zumeist überwiegt! Nur noch Zuspruch zu predigen, würde in der Konsequenz zwangsläufig zu opportunistischen Predigten führen – aber nicht mehr zu evangeliumsgemäßen!

Es geht bei dieser Schwerpunktsetzung also um Grundsätzliches, was das Amt eines Pastors ausmacht! Deshalb sollte man sich hier ins Bewusstsein rufen, dass ein Hirte (lateinisch „*Pastor*") qua Definition stets mehr als seine Schäflein wissen muss, insbesondere auch, was ihnen guttut und was eher nicht! Und weil er weiß, was seine Schäflein wirklich brauchen, geht er nur dann auf deren Wünsche ein, wenn er sich sicher ist, dass diese auch bekömmlich für sie sind. Das kennzeichnet bekanntlich einen der elementaren Unterschiede zwischen dem Hirten und seinen Schafen.

Woher aber bezieht nun ein guter „Gemeinde-Hirte" sein Wissen, was seinen „Gemeinde-Schäflein" guttut?

Natürlich aus der Bibel. Denn selbstverständlich weiß Gott, unser aller Schöpfer, viel besser, was wir benötigen, als wir selbst! Und er lässt uns, dank Bibel, darüber nicht im Unklaren. Die Erkenntnis, was wir Menschen wirklich nötig haben, gewinnen wir darum vor allem bei der Betrachtung und beim Studium seines Sohnes Jesus Christus. Denn dieser hat sich bekanntlich ebenfalls als Hirte geoutet: „*Ich bin der gute Hirte!*" (Johannes 10,11), und als Sohn Gottes hat er seinen „Hirtendienst" an uns Menschen in vollendeter Perfektion ausgeführt. An ihm, also quasi am „Oberhirten", habe ich für meinen Dienst als Pastor folglich Maß zu nehmen. Er weiß nicht nur am besten, was wir Menschen brauchen, sondern er weiß es sogar absolut perfekt! Je profunder also meine Jesus- und Bibelkenntnisse werden, desto fähiger werde ich als Hirte; und desto besser kann mich der Oberhirte Jesus, der mich idealerweise zum Hirtenamt berufen hat, auch einsetzen. Denn ich soll in dem Maße, wie ich bei ihm und in der Bibel an Erkenntnissen gewinne, diese auch an meine „Schafe" weitergeben. Daraus besteht das geistliche Amt des Hirten, sprich Pastors.

Sollte nun der Fall eintreten, dass vordringliche „Schäflein-Wünsche" nicht mit biblischen Schwerpunkten übereinstimmen, dann ist jeder aufrechte Pastor selbstverständlich verpflichtet, sich für die Bibel und die Vorgaben des Hirten-Vorbilds Jesus zu entscheiden – nötigenfalls also auch entgegen den Wünschen seiner Zuhörer.

Bei Jesus also können wir erkennen, was wirklich nötig und wichtig ist für uns. Und zwar nicht nur darin, wie wir seine Gegenwart individuell erleben, etwa wenn unsere Seele Wohlbehagen empfindet beim Gedenken an ihn oder im glückseligen Lobpreis, wenn wir ihn als *„Herrn und König"* besingen, sondern insbesondere im Erkennen und Begreifen, wie er damals mit den Menschen umgegangen ist, was er gepredigt und gesagt hat, wozu er sie aufgefordert und was er von ihnen erwartet, ja zuweilen sogar gefordert hat. Da nämlich – und nicht etwa lediglich im Spiegeln unserer emotionalen Gefühlslage und individuellen Jesus-Empfindungen - zeigt sich, was ihm wirklich wichtig ist.

<u>Für uns</u> wichtig ist!

Weil Jesus grundsätzlich weiß, was wir Menschen nötig haben, können wir davon ausgehen, dass er schon damals, während seiner Erdenzeit, seinen Mitmenschen genau das gegeben hat.

War dabei *„Aufbauendes"*, *„Ermutigendes"* und *„Tröstliches"* ein deutlicher Schwerpunkt bei ihm?

Zu dieser Fragestellung finden wir nun tatsächlich in der Bibel unzählige Erzählungen über ihn sowie Predigten und verbale Reaktionen auf seine Gesprächspartner, die allerdings stets aufs Neue und ziemlich drastisch darstellen, dass er zumeist ganz Anderes für existentiell wichtig erachtete als seine jeweiligen Zuhörer!

Fast jeder, der Jesus von Angesicht zu Angesicht begegnete, wurde erst mal in seinen Erwartungen enttäuscht. Selbst wenn er durchaus mit ehrlichen, ja sogar aufrichtig frommen Erwartungen an ihn herantrat: Die Rückmeldungen oder Statements, die er dann von Jesus erhielt, waren fast durchgehend Korrekturen oder Richtigstellungen. Weitaus die meisten Menschen, die Jesus damals begegneten, bekamen von ihm zu hören, dass sie aktuell gerade auf dem Holzweg seien!

Wir aber glauben, wir wüssten selbst gut genug, was wir nötig hätten und was wir wirklich bräuchten!

Wenn das wahr wäre, müssten wir uns auf einem ganz anderen, wesentlich höheren und geistlicheren Niveau befinden als die Menschen, die damals mit Jesus zu tun hatten!

Das glauben wir wohl kaum - und tun gut daran.

Wenn bei Jesu eines klar wird, dann ist es sicher dies: Er weiß, was wir wirklich brauchen – aber wir Menschen offensichtlich zumeist nicht! Aber immer dann, wenn wir uns persönlich auf ihn einlassen, dann will er uns umgehend das geben, was wir wirklich brauchen! Wobei das eben nicht unbedingt das ist, was wir zu brauchen meinen. Sogar überdurchschnittlich oft nicht, wie uns eben dutzende biblischer Beispiele aufzeigen!

Wenn ich das nun auf den Dauerwunsch meiner treuen Gemeindeglieder nach „Trost", „Erbauung" und „Zuspruch" herunterbreche, dann stelle ich ganz schnell fest, dass dies bei Jesus (und auch bei den Aposteln!) alles andere als ein Schwerpunkt war! Natürlich gibt es im Neuen Testament auch tröstende und aufbauende Aussagen und Erzählungen – aber die muss man fast schon suchen. Sie sind deshalb so selten, weil Jesu Schwerpunkt, wie bereits ausführlich dargelegt, beim „Auftrag" und beim „Tun" liegt, nicht bei der Seelentröstung. Diese hat ihren Platz fast ausschließlich im Zusammenhang mit der Verarbeitung von Leiden, insbesondere beim „Leiden um Jesu willen".

Also ausgerechnet dort, wo wir derzeit gerade gar kein Problem haben; genau an dem Punkt, an den wir momentan mit unserer vermeintlich „christlichen" Lebensgestaltung gar nicht hingelangen!

Warum aber glauben wir trotzdem, dass wir unglaublich viel „Seelentröstung" benötigen würden?

Die einzige sinnvolle Erklärung, die ich für dieses Phänomen „Wehleidigkeit" finde, liefert mir die oben genannte Analyse zur Entstehung dieses übersteigerten Wunsches nach Tröstung: Er wird verursacht durch unsere zeitgeistgesteuerte allgemeine „Glückseligkeitserwartung", die wir (fälschlicherweise) auch noch in die Bibel hineininterpretieren, wenn nicht sogar gleich noch Jesus in den Mund schieben.

An unserer übersteigerten Wehleidigkeit festzuhalten, ist deshalb ziemlich töricht und ungeistlich.

Und zu glauben, dass wir uns damit noch auf biblischem Grund bewegen würden, schafft man erneut nur als „Placebo-Gläubiger".

***

Nun ist es aber momentan trotzdem Fakt, dass wir eine beträchtliche Menge Mitchristen in unseren Reihen haben, die sich permanent in ihrer Wehleidigkeitsblase suhlen.

Das prägt natürlich unsere Gemeinden. Beispielsweise im Predigtstil: Es ist eben durchaus eine latente Versuchung für Pastoren und Theologen, sich eben doch an den mehr oder weniger penetrant eingeforderten Wünschen der treuen Zuhörerschaft zu orientieren. Wenn diese also andauernd mit dem Wunsch „Bitte aufbauend und tröstend predigen!" konfrontiert werden sowie nach jeder Predigt, die sie entsprechend diesem Gusto geliefert haben, auch noch überdurchschnittlich viel Lob einheimsen und Dankbarkeitsrückmeldungen in Fülle erhalten, kann mancher Theologe an dieser Stelle durchaus mal etwas „einknicken".

Unmerklich natürlich, denn pro forma ist er ja nach wie vor der Bibel verpflichtet statt Zuhörerwünschen. Und das weiß er eigentlich auch. Allerdings kann es eben auch hier ablaufen wie so oft: Die schwierigsten (also erfolgreichsten) Versuchungen sind zumeist diejenigen, die wir selbst gar nicht so recht wahrnehmen ...

Seit mir aber diese Zusammenhänge klar geworden sind, schau ich mich natürlich auch unter diesem Gesichtspunkt um, welche Gemeinden wachsen und wie dort vorwiegend gepredigt wird.

Das Ergebnis dürfte kaum überraschen: Rein menschlich bewirkt geht es vermutlich dann zu, wenn genau dort Gemeinden wachsen, wo nach den Wünschen der breiten Maße gepredigt wird. Geistlich gesehen müssten hingegen Gemeinden vorwiegend dort wachsen, wo konsequent nach biblischen Maßstäben und Schwerpunkten verkündigt wird.

Wachsen unsere Gemeinden diesbezüglich nun eher durch „menschliche" oder durch „geistliche" Veranlassung?

Ich bin mir nach etwaigen Predigtanalysen nicht immer sicher, dass bei eigentlich „löblichem" Gemeindewachstum stets Zweiteres zutrifft. Und ich bin mir – ketzerisch, ich weiß! – auch nicht immer sicher, dass sich manche meiner Pastorenkollegen deshalb einer breiten Beliebtheit erfreuen, weil sie so treu bibelbezogen auslegen.

Ist es unredlich, tatsächlich zu vermuten, dass auch bei uns zuweilen deshalb „Erfolg" generiert wird, indem die Gemeindeverkündigung sich schwerpunktmäßig dem Gusto der selbstmitleidsgesteuerten „Bitte aufbauend predigen!"-Mehrheit unterordnet statt Jesus, den Aposteln und dem Neuen Testament?

Wir hätten dann auch hier wieder das bereits im 3. Kapitel beschriebene „soziologische" anstelle eines „geistlichen" Wachstums; das eben geschilderten „Verkündigen nach Zuhörer-Gusto" ergänzt durchaus die dort bereits aufgelisteten menschlich generierten Wachstumsfaktoren.

Vielleicht ist dieses zuhöreraffine Predigen die neuzeitliche Ausprägung der „Zeit, in der sie die heilsame Lehre nicht ertragen; sondern nach ihrem eigenen Begehren sich selbst Lehrer aufladen, nach denen ihnen die Ohren jucken!" (2. Timotheus 4,3). Falls das zutrifft, würde das bedeuten, dass ein dadurch generierter Gemeindeaufbau-Erfolg also nicht „heilsam" ist.

Schade drum!

Und eine solche Verkündigung dürfte auf Dauer dann lediglich den „Placebo-Christen" genügen. Und die womöglich noch vermehren ...

***

Eigentümlicherweise geht übrigens von solchen „aufbauenden" Predigten, wenn sie denn im Übermaß gehalten werden, unterm Strich doch keine „Zurüstung" oder „Stärkung" aus, sondern höchstens „Beruhigung". Man schaue sich mal in unseren Gemeinden um: Sind Christen aus Gemeinden, in denen vorwiegend *„seelsorgerlich"* und *„aufbauend"* gepredigt wird, psychisch stabiler als diejenigen aus Gemeinden, die sich vorwiegend um den Auftrag Jesu kümmern, die sich laufend missionarisch und diakonisch unters Volk mischen, sich immer wieder an neue Herausforderungen herantrauen und deren Gemeindeveranstaltungen – inklusive Sonntagspredigten – bewusst evangelistisch ausgerichtet sind?

Eine Anhäufung von „Trostpflasterpredigten", die dann allzu oft auch noch den von manchen Frommen ersehnten Wohlfühl-Lebensstil bedienen, schafft immer nur kurzfristiges Wohlbehagen, das laufend neu bedient werden muss; oftmals von Sonntag zu Sonntag mit dem jeweils üblichen „Durchhänger" dazwischen.

War das von Jesus so geplant?

Vielleicht wäre es also doch angebracht, wir würden uns den Herausforderungen, die Jesus, die Apostel und das Neue Testament unisono an uns herantragen, einfach stellen. Nachfolge ist eben weder Ponyhof noch Elfentanz im Märchenwald!

Jesus konfrontiert uns mit der knallharten Wirklichkeit einer gefallenen Welt und bietet an, uns da rauszuholen. Mal ernsthaft: Glaubt etwa einer, dass es ein Spaziergang werde, wenn Jesus das ernsthaft in unserem Leben anpacken will? Glauben wir wirklich, dass ein paar seelentröstende Streicheleinheiten von ihm unser Leben entscheidend umkrempeln werden und an uns *„alles neu"* sowie resistent gegenüber einer vom Teufel raffiniert unterwanderten Welt machen werden?

Manchmal scheint mir, wir haben noch nicht mal in Ansätzen verstanden, um was es eigentlich geht und unsere Glaubensgewissheit gründet im Wesentlichen darin, dass wir doch bitteschön stets und unbedingt „Trost und Aufmunterung" brauchen ...

Und was braucht Jesus?

Er benötigt eine Truppe, mit er die Welt umkrempeln kann: *„Nicht ihr habt mich erwählt, sondern ich habe euch erwählt und bestimmt, dass ihr hingeht!"* (Johannes 15,16); er hat sich damit *„selbst ein Volk gereinigt zum Eigentum, das eifrig wäre zu guten Werken"* (Titus 2,14), das gemäß Hebräerbrief 12,1 *„alles ablegt, was beschwert"* und *„mit Geduld in dem Kampf, der ihm bestimmt ist, läuft"*, ausgestattet mit einer geistlichen *„Waffenrüstung"* (Epheser 6,11) und *„den Leib bezwingend und zähmend"* (1. Korinther 9,27), damit jeder aus der Truppe *„den Siegespreis erlangt"* (1. Korinther 9,24).

„Was ich jetzt aber vor allem brauche, ist Trost und Aufmunterung!"

???

Ich war mal Feldwebel. Und hatte einen Auftrag, der mit meiner Truppe umzusetzen war. Der Anteil derjenigen Soldaten, denen ich jemals tröstend über den Kopf gestreichelt hätte, ist gleich Null. Auch mit aufmunternden und liebevollen Worten bin ich recht sparsam umgegangen. Mein Oberkommando hätte mir den Marsch geblasen, wenn ich meiner Truppe überwiegend Trost und Aufmunterung hätte zukommen lassen! Welche Gefühlslage meine Kämpfer gerade durchliefen, war zweitrangig. Erstrangig war hingegen, für einen Ernstfall möglichst optimal gerüstet, austrainiert und jederzeit kampftauglich zu sein.

Wie oft und ausgiebig hat sich eigentlich Jesus während deren Ausbildung seiner Jünger um deren Gemütslage gekümmert?

Teilweise so spärlich, dass sie ihn sogar frustriert verließen (vergleiche Johannes 6,66)! Und wenn wir da genauer hinschauen, warum etliche Nachfolger denn nun frustriert den Glauben hinschmissen, entdecken wir, dass Jesus sie zuvor mit einer unglaublich herausfordernden Predigt regelrecht provoziert hatte. Ganz offensichtlich sogar auf die Gefahr hin, dass einige ihm daraufhin die kalte Schulter zeigen würden.

„Was ich jetzt aber brauche, ist Trost und Aufmunterung!"

???

Da haben wir Jesus unser Leben anvertraut und ihm „Lebenshingabe" versprochen – sagen ihm aber ganz genau, was wir brauchen und von ihm erwarten.

Unser Leben gehört natürlich ihm - aber er hat unserem Leben genau das zu geben, was wir für nötig erachten.

Er ist unser „Herr" und darf uns führen und leiten – allerdings soll er zuallererst mal unserem individuell empfundenen Mangel aufhelfen und unsere selbstanalysierten Defizite beheben.

???

Wenn wir partout nicht kapieren, worum es Jesus geht, und nicht erkennen können, dass dies möglicherweise (eventuell sogar mehrheitlich!) eben nicht deckungsgleich ist mit dem, worum es <u>uns</u> so geht und was <u>uns</u> gerade so umtreibt, dann taugt unser Glaube nicht viel.

Und wenn wir das auch nach jahrzehntelanger „Nachfolge" noch immer nicht kapiert haben sollten, dann weist auch dies erneut und sehr deutlich auf einen „Placebo-Glauben" hin.

***

War das schon immer so? Hatten wir innerhalb unserer unseligen Eigendreherei schon seit jeher auch noch diesen Überhang in Richtung Wehleidigkeit und Selbstmitleid?

Mir scheint, dass diese emotionale Ungeistlichkeit immer stärker um sich greift. Ich will das mal am Beispiel unserer Lieder, die wir bevorzugt in den

Gemeinden anstimmen, aufzeigen. Deren Texte scheinen mir nämlich im Verlauf der Zeit genau diese Tendenz hin zu sentimentaler Seelenpflege zu widerspiegeln.

In den letzten Jahrzehnten hat sich landauf, landab in fast allen Gottesdiensten die sogenannte „Lobpreiszeit" als fester und allsonntäglicher Programmblock etabliert. Der dazugehörende Musikstil nennt sich – logischerweise – „Lobpreislieder" oder neudeutsch „Worship-Songs". Die Stilrichtung, die sie vertreten, ist natürlich Ausdruck aktueller geistlicher Prägung, denn das war zu allen Zeiten so: Komponisten (sorry: „Songwriter" muss das natürlich heißen!) greifen stets die gerade vorherrschende Theologie und geistlichen Trends auf, damit sie als „aktuell" wahrgenommen werden. Und folgerichtig singen die Gemeinden dann auch bevorzugt diejenigen Lieder, die ihren Gliedern „aus der Seele" sprechen.

Was also widerspiegeln nun unsere derzeitigen Lobpreis-Lieder, insbesondere was Texte und Kernaussagen anbelangt?

Mir scheint, dass in den rund fünfzig Jahren, die ich durch persönliches Erleben überblicken kann, an dieser Stelle eine greifbare Tendenzverschiebung stattgefunden hat.

Die Liederbücher meiner Jugend, deren Songs wir als Teenager in unseren Jugendkreisen gerne und aus vollem Herzen anstimmten, boten sowohl Zusage-, Trost- und Ermutigungslieder an wie auch Lieder mit sehr herausfordernden, zuweilen fast schon provokativen Texten mit Zielrichtung Aufruf, Weckruf oder Sendung.

Wir sangen beide Liedarten mit Begeisterung – und nahmen deren Texte damals nicht nur auf, sondern auch ernst. Auch diejenigen der zweiten Kategorie.

Hier ein paar Beispiele von Liedzeilen, die früher noch gang und gäbe waren und in meiner Jugend gesungen wurden:

Beispielsweise mit „Aufruf-" beziehungsweise „Weckruf"-Charakter:

- *„Wir wollen weitergehn, man kommt nicht weit im Stehn ..."*

- *„Hilf Herr meines Lebens, dass ich nicht vergebens hier auf Erden bin!"*
- *„Mach mich allezeit ganz für dich bereit!"*
- *„Heute will dich Jesus fragen: Bist du ganz für mich bereit?"*
- *„Wer will ein Streiter Christi sein und nicht ein Widerchrist? Der stell' sich auf dem Kampfplatz ein wie er berufen ist!"*
- *„Handelt, bis ich wiederkommen, handelt bis zur letzten Frist!"*
- *„Herr, lass mich nicht nur reden. Herr gibt mir Kraft zur Tat!"*

Oder Lieder mit klarem Anspruch an konkret gelebtes Christsein:

- *„Hört, unser Gott braucht viele Hände, dass er die Not dieser Welt wende!"*
- *„Ich will streben nach dem Leben, wo ich selig bin, ich will ringen, einzudringen, bis dass ich's gewinn!"*
- *„Da wo Gott mich brauchet, will ich kämpfen!"*
- *„Was kann ich tun, o Herr, für diese Welt, die ohne dich tief ins Verderben fällt?"*
- *„Ein jeder trage die Last des andern ..."*
- *„Dir zur Verfügung, mein Gott und mein Herr! Dir zur Verfügung, je länger je mehr! Dir zur Verfügung in Freud und Leid, täglich und stündlich für Jesus bereit! Dir zur Verfügung, es bleibe dabei! Das ist ein Stand, der macht selig und frei!"*

Oder herausfordernde Texte:

- *„Sei ein lebendiger Fisch, schwimme doch gegen den Strom..."*
- *„Gott will mehr von deinem Leben, als du ihm bisher gegeben!"*
- *„Der hat sein Leben am besten verbracht, der die meisten Menschen hat froh gemacht!"*
- *„Zeig den Kämpfern Platz und Pfad und das Ziel der Gottesstadt!"*

- *„Wir sind unter Wölfen wie Schafe ... o Brüder, seid klug wie die Schlangen!"*
- *„Zünde an dein Feuer, Herr, im Herzen mir. Hell mög' es brennen, lieber Heiland dir!"*
- *„Wir stehn als junge Christen, dem Herrn zum Eigentum. Er weiß uns zuzurüsten zu seinem Dienst und Ruhm."*
- *„Reiß alles Morsche nieder, zerbricht die Heuchelei, vergib uns alle Lauheit und mach uns wahrhaft frei!"*
- *„Jesus kommt nun bald, o mache dich bereit ... nur kurz ist noch die Gnadenzeit!"*

Oder sogar regelrecht provozierende Testpassagen:

- *„Wir tragen viele Masken, und haben kein Gesicht!"*
- *„Viele sind am Bahnhof stehn geblieben, weil sie ganzen Einsatz scheuten!"*
- *„Als Jesus kam, fand er dich nicht bereit!"*
- *„Salz sollt ihr sein, doch mit euch ist nichts los. Feuer der Welt, doch die Angst ist zu groß."*
- *„Du hast es in der Hand, ob du wertvoll wirst oder Ekel erregst, ob du Speise wirst oder Tand!"*
- *„Brennt Gottes Licht in dir? Lass es doch alle sehn! Komm, versteck dein Licht doch nicht, lass es doch alle sehn! Vorsicht, Satan bläst es aus – lass es doch alle sehn!"*
- *„Warum bist du Christ? Woran zeigt sich, dass du anders bist und Leben weitergibst? Schaust du der Not der Menschen ins Gesicht? Verbreitest Du sein Licht?"*

Solche herausfordernden, appellierenden Texte; solche Lieder, die einen Anspruch geltend machen wollen oder zur konkreten Heiligung durch Veränderung aufrufen, suche ich in unserer heutigen Lobpreismusik vergebens. Unsere moderne Liedkultur liebkost fast ausschließlich unsere Gemüter:

Durch Trost- und Ermutigungstexte, mit Anleitung zur Anbetung des Königs oder mit Hinweisen auf die Zusagen Gottes und auf unsere Belohnung im Himmel.

Es hat sich hier eine inhaltliche Veränderung vollzogen. In unserem modernen Liedgut herrscht aktuell genau diejenige Einseitigkeit, die meines Erachtens unseren derzeitigen Hang zum Kreisen um den eigenen Bauchnabel, unsere unterschwellige Selbstbemitleidung sowie unsere latente Auftragsvergessenheit widerspiegelt.

Wir haben damit in unseren Gemeinden auch songtechnisch weder eine hilfreiche noch eine geistliche Tendenz etabliert.

***

Natürlich blockiert die Unsitte der übersteigerten Wehleidigkeit erneut den Heiligen Geist und seine „*Früchte*". Wenn wir uns vor lauter Selbstmitleid jeglichen Anspruch in unserer Jesus-Beziehung verbitten, wenn wir mit Hinweis auf unser trauriges Ergehen sämtliche biblischen Herausforderung zur Seite schieben und jeglichen appellativen Aufruf an unsere Adresse weinerlich zurückweisen, dann kann der Heilige Geist in uns nicht aktiv werden.

Denn der Heilige Geist ist ein Geist der Sendung!

Als Jesus nach seiner Auferstehung seine Jünger gleich bei der ersten Begegnung mit „*Wie mich der Vater gesandt hat, so sende ich euch!*" beauftragte, übergab er ihnen gleichzeitig auch das entsprechende Rüstzeug zur Ausführung dieses Sendungsbefehls: „*Und als er das gesagt hatte, blies er sie an und spricht zu ihnen: Nehmt hin den Heiligen Geist!*" (Johannes 20,21+22).

Der Heilige Geist ist also ein Geist des Auftrags!

Genauso war der Heilige Geist auch in Jesus selber aktiv, denn Petrus erklärt, dass Gott seinen Sohn höchstpersönlich für seine Verkündigung

„gesalbt hat mit Heiligem Geist und Kraft", so dass er *„umhergezogen und Gutes getan"* habe (Apostelgeschichte 10,38). Deckungsgleich dazu erklärt Paulus, dass Jesus *„eingesetzt ist als Sohn Gottes in Kraft nach dem Geist"* (Römer 1,4).

Der Heilige Geist ist also ein Geist, der die Kraft für heilbringendes Handeln verleiht!

Entsprechend hat dann der Heilige Geist durch Jesus, entsprechend seinem Auftrag an die Apostel, diesen ihre Aufgaben zugewiesen: *„... nachdem Jesus den Aposteln, die er erwählt hatte, durch den Heiligen Geist Weisung gegeben hatte ..."* (Apostelgeschichte 1,2).

Der Heilige Geist ist also ein Geist, der Aufgaben zuweist!

Ebenso ist es wiederum der Heilige Geist, der seine Nachfolger jeweils individuell aussendet, beispielsweise die Apostel Paulus und Barnabas gemäß Apostelgeschichte 13,4: *„Nachdem sie nun ausgesandt waren vom Heiligen Geist ..."*.

Der Heilige Geist ist also ein Geist, der zum Aufbruch ruft!

Immer wieder ist es der Heilige Geist, der aktiv macht! Wenn der Heilige Geist in uns aktiv wird, werden automatisch auch wir aktiv. Denn das ist immer die Folge eines aktiven Geistes. Dazu ist er in uns.

Wenn wir jedoch mit wehleidigem Selbstmitleid lediglich Trost und Ermutigung als „Glaubensertrag" erhoffen und gleichzeitig jeglichen Aufbruch verweigern, jeglichen Anspruch zurückweisen und jegliche Herausforderung ignorieren, verweigert sich auch der Heilige Geist. Er *„weht"* bekanntlich, *„wo er will"* (Johannes 3,8), und er *„will"* offensichtlich dort, wo Jesu Auftrag angepackt und sein Wille ausgeführt wird!

Dort, wo wir jedoch nur unseren eigenen Willen pflegen (*„Herr, was ich jetzt brauche, ist ..."*!) und Jesus beauftragen, diesen vorab zu erfüllen (*„Herr, gib mir, was ich jetzt brauche ..."*!), wird er nicht *„wehen"*. Unsere Wehleidigkeit blockiert einmal mehr den Heiligen Geist. Sie ist ein weiteres Hindernis, um mit seinen *„Früchten"* erfüllt zu werden.

Nochmal wird deutlich: Erfüllung mit dem Heiligen Geist bleibt für *„Placebo-Gläubige"* ein unerreichbarer Wunschtraum …

Was für eine bittere Pille!

5. Blockaden

Wir brauchen uns nichts vorzumachen: Die Summe all unserer soeben betrachteten „Schwachstellen" kann nur fehlende Heiligung sein. Höchstwahrscheinlich sogar Komplettausfall diesbezüglich.

„Heiligt eure Herzen!" (Jakobus 4,8) fordert uns Jakobus auf; also derjenige der neutestamentlichen Briefschreiber, der uns wie kein anderer der Apostel ausdrücklich auf das „Tun", das konkrete Ausleben unserer Nachfolge hinweist und damit unmissverständlich klarstellt, was unter „Heiligung" zu verstehen ist. Im *„Herzen"*, also im Zentrum, in unserem „Sein" schlechthin muss das geschehen. Heiligung muss konstituierende Substanz unserer Nachfolge sein und bleiben.

Jakobus weiß, warum das eingefordert werden muss. Denn wie wir bereits bei der Schwachstelle *„glauben statt tun"* erwähnt haben, ist Heiligung ein derart wesentlicher und unabdingbarer Bestandteil der Nachfolge Jesu, dass deren Fehlen mehr als nur ein Manko darstellt. Es stellt nicht nur den Sinn der Nachfolge auf den Kopf, sondern Nachfolge insgesamt in Frage. Nachfolge ohne Heiligung ist keine Nachfolge mehr.

Heiligung bedeutet bekanntlich Wachstum des persönlichen Glaubens. Dazu hören wir nochmals auf Paulus. Er setzt immer wieder voraus, dass der Glaube eines echten Nachfolgers Jesu stetig zunimmt, und erwartet, dass das in all seinen Gemeinden selbstverständlicher Standard ist.

Beispiele: Die Kolosser sollen *„Wachsen in der Erkenntnis Gottes"* (Kolosser 1,10), die Epheser sollen *„wachsen in allen Stücken zu Christus hin"* (Epheser 4,15), die Römer sollen *„immer reicher werden an Hoffnung"* (Römer 15,13), Timotheus soll ein Vorbild sein, damit sein *„Fortschreiten allen offenbar sei"* (1. Timotheus 4,15), die Thessalonicher sind *„zur Heiligung berufen"* (1. Thessalonicher 4,7) und sollen *„wachsen und immer reicher werden in der Liebe untereinander"* (1. Thessalonicher 3,12 sowie nochmals in 2. Thessalonicher 1,3).

Glaube ohne Wachstum ist für ihn also offensichtlich keine Option, sondern glaubenskonstituierend, und zwar unabdingbar.

Mehr noch, erklärt uns der Hebräerbrief: Der Heiligung soll man auch deshalb *„nachjagen"*, weil *„ohne Heiligung niemand den Herrn sehen wird!"* (Hebräer 12,14).

Das ist Klartext, und zwar neutestamentlicher!

Nehmen wir das noch zur Kenntnis? Nehmen wir das ernst?

Offensichtlich nicht, denn bei uns findet trotzdem keinerlei Heiligung statt. Das Hebräerbrief-Urteil, dass dadurch *„niemand den Herrn sehen wird"*, kümmert uns offensichtlich nicht die Bohne.

Auch dann nicht, wenn der Hebräerbrief wenige Verse später aus dieser Erkenntnis heraus zu einem Lebensstil auffordert, der sich charakterisiert durch *„Gott dienen mit Scheu und Furcht"* und dies damit begründet, dass Gott eben *„ein verzehrendes Feuer"* sei (Hebräer 12,28+29). Eine solcherart dienende Lebenshaltung, die gespeist wird aus geistlich gewirkter Ehrfurcht vor der Erhabenheit Gottes, soll also offenbar im Prozess der Heiligung eingeübt und ausgeprägt werden.

Mir scheint allerdings, dass ein *„mit Scheu und Furcht Gott dienender"* Lebensstil ganz und gar nicht unserem momentan verwirklichten Nachfolge-Lebensstil entspricht.

Oder entdecken wir denn irgendwo etwas dem Entsprechendes bei uns?

Es sind noch nicht einmal irgendwelche Anzeichen zu erkennen, dass wir wenigstens in zaghaften Schritten versuchen könnten, uns irgendwie in diese Richtung zu entwickeln. *„Scheu und* (Ehr-)*Furcht"* vor dem erhabenen Gott sind uns ziemlich komplett abhandengekommen, und dass wir aufgrund dieser Antriebsfeder, aus dieser Motivation heraus, Gott dienen könnten, ist uns keinen Gedanken wert. Erkenntnis folglich: Wenn sich also durch den Prozess fortlaufender Heiligung eine konkret gelebte Jesus-Nachfolge eigentlich zunehmend zu einem solchen *„Gott dienenden"* Lebensstil hin entwickeln sollte, dann findet bei uns offensichtlich keine Heiligung statt!

Unser frommer Lebensstil entspricht also auch nicht dem, den hier der Hebräerbrief erwartet, wenn er verstärkten Wert darauf legt, dass geistliches Wachstum – eben „Heiligung" - ernst zu nehmen und konkret zu vollziehen ist und sogar untrennbar mit dem Erlangen des ewigen Heils zusammen-hängt. Denn gemäß Hebräer 12,14 zieht ja Heiligungsverweigerung eben den Verlust des ewigen Leben nach sich.

Und uns kümmert das nicht?

Wobei sich unser geistlicher Wachstumsprozess auch nicht etwa nur ver-langsamt hätte, sondern wirklich zur Gänze zum Erliegen gekommen ist. Es herrscht totaler Stillstand, und das ist, wie so oft, natürlich Rückschritt. Unter anderem auch deshalb, weil dadurch unserem Glauben jegliche Span-nung fehlt, jegliche Neugier ausbleibt, keine Freude über Fortschritte, neu Erreichtes oder neu Erkanntes generiert wird und keine geistlichen Erfolge uns ermutigen. Stattdessen macht sich unweigerlich Lauheit, Interesselosig-keit und trister Gemeindealltag breit.

Und das flächendeckend, durch alle Gemeinden und Denominationen hindurch. So, dass jegliches Glaubenswachstum, dass vielleicht bei einem jungen, frisch bekehrten Christen noch kurzfristig aufkeimen könnte, inner-halb unserer Gemeinden unweigerlich und schnell wieder zum Erliegen kommt. Zu penetrant, zu unwiderstehlich leben wir „Etablierten" ihnen unseren „Schwachstellen"-Glauben vor: Einen auftragsvergessenen Mainstream-Lebensstil, geprägt von wehleidiger Ichbezogenheit, bei dem sich „Glauben" lediglich in „Das Richtige für Wahr halten" erschöpft und nur vermittels permanenter Selbstsuggestion aufrechterhalten werden kann. Und bei dem natürlich auch von „Früchten des Geistes" weit und breit nichts zu sehen oder zu spüren ist. Dessen Wirksamkeit sowie die Anwesenheit Gottes behaupten wir zwar penetrant – aber es sind inhaltsleere Proklamationsfloskeln, nicht durch die Wirklichkeit und das tatsächliche Leben gedeckt; es sind selbst erzeugte Wunsch-Projektionen und Statements ohne nachweisbare Belege. Aber in all diesem Irrlichterglauben bestätigen wir uns trotzdem immer wieder gegenseitig, so dass sich das Gefühl „Alles ist doch in bester Ordnung!" unwiderstehlich in sämtlichen Köpfen festbetonieren muss.

Dabei ist gar nichts in Ordnung. Wir erleben laufend Glaubenskrisen, aber keine Gebetserhörungen, Wunder müssen wir herbeireden und unsere Gemeinden wachsen nicht, sondern taumeln stattdessen zumeist von Krise zu Krise. Unser evangelikales Christsein ist inzwischen derart defizitär, dass nicht nur unser Heil auf dem Spiel steht, sondern dass man sich sogar die Frage stellen muss, ob Gott überhaupt noch unter uns ist oder sich nicht längst aus dem Staub gemacht hat.

Diese Frage stellen wir uns aber nicht. Wir stellen uns überhaupt keine Frage! Wir nehmen das alles als selbstverständlich einfach so hin. Uns erschreckt nichts, uns bringt nichts in Nachdenken, wir wachen aus diesem unseligen Dornröschenschlaf nicht auf.

Wie ist das zu erklären?

Eigentlich nur durch „Placebo-Glauben".

So etwas würde „echten" Nachfolgern Jesu nicht nur auffallen, sondern sie regelrecht aufschrecken! Das müsste geistlich geleiteten Christen eigentlich den Schlaf rauben, denn der Heilige Geist würde diese penetrant aufrütteln!

Aber bei „Placebo-Gläubigen" ist eben kein Heiliger Geist am Wirken.

„Placebo" bedeutet ja: „kein Wirkstoff vorhanden!". Der Heilige Geist wäre dieser „Wirkstoff". Aber der hat sich offensichtlich, genauso wie Gott, längst aus unseren Reihen verabschiedet. Logisch, denn Gott und der Heilige Geist sind eins, und wenn man den trinitarischen („dreieinigen") theologischen Gedanken hier noch vervollständigen will, dann erhält man ebenfalls ein stimmiges Bild: Die dritte Person, nämlich Jesus, ist ebenfalls weg, wenn sein „Leib" (die Gemeinde) nicht mehr seinen Auftrag ausführt und die „Glieder seines Leibes", also die „ausführenden Organe", nicht mal mehr seine Herrschaft und Göttlichkeit irgendwie der Welt gegenüber zu repräsentieren vermögen.

Alle drei weg.

So was hält nur ein „Placeo-Glaube" durch. Und nur ein „Placebo-Glaube" kann derart blind machen, um über dem allem trotzdem noch ein „Alles in Ordnung bei uns!" zu proklamieren.

Wir manövrieren uns damit unweigerlich in die Sphäre des Absurden hinein.

**

Warum ändern wir nichts daran? Was hindert uns denn, endlich den Rückwärtsgang einzulegen, umzudrehen, verlorenes Terrain wieder zu erobern, unseren Glauben wieder neu zu definieren und anzufangen, wieder wie echte Nachfolger zu leben? Warum finden wir einfach nicht mehr heraus aus unserem „Placebo"-Status?

Es dürften vermutlich zwei Hauptkomponenten sein, die einen Neuanfang unter uns blockieren: eine unbewusste, die unerkannt in uns schlummert, sowie eine zweite, die uns sehr wohl bewusst ist.

Die erste Komponente ist unsere Ahnungslosigkeit.

Die zweite heißt „Angst".

Und das Ganze wird zusätzlich noch verstärkt durch eine schleichend zunehmende Verunsicherung unter uns Evangelikalen.

5.1 Ahnungslosigkeit

Der wahre Schaden lauert hinter unserem Bewusstsein.

Wir haben uns an unsere Form der Frömmigkeit, des Verständnisses von Christsein und Nachfolge, von geistlichem Leben und frommer Spiritualität dermaßen gewöhnt, dass sie uns in Fleisch und Blut übergegangen ist. Wir kennen nichts anderes. Wir können uns „Glauben" nicht mehr anders vorstellen.

Die Gewöhnung an unseren evangelikalen Nachfolgestil ist dermaßen vereinnahmend, dass wir uns selber als „völlig normale Christen" wahrnehmen und mögliche Defizite an unserem Glaubensvollzug nur noch in marginalen Bereichen, nicht aber in einem größeren Zusammenhang oder sogar in einer grundlegenden Schieflage erkennen können. Wir merken nicht mehr, dass wir offensichtlich auf dem falschen Dampfer sind! Wir sind durch und durch so gepolt, so dass wir unsere Betriebsblindheit nicht mehr wahrnehmen und außerstande sind, Grundsatzfehler zu erkennen.

Und diese Betriebsblindheit durch umfassende Gewöhnung ist so stark, dass inzwischen auch die Bibel, Gottes Reden zu uns, nicht mehr dagegen ankommt. Selbst sie kann die Selbstverständlichkeit, mit der wir unseren derzeitigen Frömmigkeitsstil leben, nicht mehr aufbrechen.

Zwar glauben wir, dass die Bibel auf unserer Seite steht. In Wirklichkeit steht sie uns jedoch in weiten Bereichen diametral gegenüber!

Aber das nehmen wir nicht zur Kenntnis, dafür fehlt uns die Antenne. Wir schaffen es weitgehend nicht mehr, die grundlegenden Linien des Neuen Testaments zu erkennen. Das, worum es wirklich geht, ist uns in entscheidenden Teilen nicht mehr gewärtig; die Schwerpunkte, die uns das

Wort Gottes und darin vor allem Jesus, aber auch die Apostel, ans Herz legen, haben keine Chance gegenüber unseren eingeübten und alles vereinnahmenden Bibelauslegungsgewohnheiten – und schon gar nicht gegenüber unserem durchgängig in alle Gemeinden und Denominationen übereinstimmend praktizierten Lebens- und Glaubensvollzug.

Wir halten uns für „normal". Die Bibel jedoch ganz und gar nicht!

***

Wie konnte es soweit kommen?

Nochmal in aller Kürze die wesentlichen Faktoren, die zu unserem unbiblischen, betriebsblinden Glaubensverständnis und -vollzug geführt haben:

- Kulturverhaftung: Wir haben uns erlaubt, unser „christliches" Leben komplett den derzeit aktuellen Moralvorstellungen, sozialen Umgangsformen und philosophischen Denkstrukturen anzupassen;

- Bequemlichkeit: Wir haben uns dank unserem Wohlfahrtsstaat und kraft unserer finanziellen Mittel rundum abgesichert und so behaglich eingerichtet, dass wir diesbezüglich keinerlei Abstriche mehr zulassen;

- Auftragsvergessenheit: Wir haben jegliche Differenz zwischen allgemeinem „Gutmenschentum" und jesusgemäßer Herausforderung dergestalt eingeebnet, dass von Letzterer nichts mehr übrigbleibt;

- Bibelvernachlässigung: Die mediale Dauerberieselung inkl. „social media" hat eine weitaus höhere Prägungskraft als das Wort Gottes, weil wir uns der Ersteren umfassend ausgeliefert und die Zweitere fast komplett vernachlässigt haben;

- Gemeinde-Mobilität: Wir mischen uns querbeet durch alle evangelikalen Gemeinden hindurch laufend neu (und zwar nicht nur durch

Wohnortwechseln, sondern auch nach Gusto!), wodurch unweigerlich eine Art geistlicher Einheitsbrei entsteht, also ein gleichgeschalteter „Level", der sich durch die ganze evangelikale Christenheit zieht;

- Beruhigungskonsum: Wir bedienen uns einer christlichen Medienszene (Buch, Film, Internet ...), die sich an Verkaufszahlen und Verbreitungspotenzialen orientiert und folglich – dem Gusto der Konsumenten folgend – ausschließlich auf beruhigende Bestätigung des vorherrschenden Glaubensstils setzt, sich aber nicht mehr an Herausforderungen oder grundsätzlichen Infragestellungen (wie das beispielsweise Jesus seinen Zuhörern fast täglich zumutete!) herantraut;

- Glaubensverständnis: Wir praktizieren einen rein „intellektuellen Glauben", der sich darin erschöpft, das „Richtige" zu glauben und uns dadurch als „gerettet" zu verstehen, wodurch wir uns mit einer absoluter Minimalstufe real gelebter Nachfolge zufriedengeben.

Aus der Summe all diesen Faktoren resultiert dann eben zwangsläufig diese ahnungslose „Selbstverständlichkeit", die wir momentan unserem „modernen" und allseits praktizierten Nachfolgestil attestieren.

Wer sich allerdings in der Kirchengeschichte etwas umsieht, der weiß, dass sich die jeweiligen Gläubigen jeglichen Zeitalters in ihrem Glaubensverständnis immer auch mehr oder weniger als „Kinder ihrer Zeit" entpuppten und ihre geistlichen Schwerpunkte nie wirklich rein bibelaffin zu interpretieren und umzusetzen in der Lage waren. Der kulturelle, geistesgeschichtliche und philosophische Einfluss der „Welt" ging seit Jesu Zeiten nie spurlos an der Glaubenspraxis der jeweiligen Christenheit vorbei.

Sollte das heute – erstmalig in der Heils- und Weltgeschichte! – ausgerechnet uns gelingen? Etwas mehr Bescheidenheit, gepaart mit einer gesunden Wirklichkeitswahrnehmung, würde uns diesbezüglich gut anstehen!

Mit einem etwas realistischeren Blick würden wir nämlich zu erkennen beginnen, dass auch wir uns trotz aller gutgemeinten Frömmigkeit von einer Umwelt, die sich durch eine vielleicht noch nie dagewesene dekadente

Wohlfühl- und Genusszelebrierung auszeichnet, nicht gänzlich unbeeinflusst halten können. Mehr noch: Wenn wir uns diesen Einfluss bewusst machen und uns getrauen würden, unseren Glaubensstil sowie vor allem unsere Interpretationsgewohnheiten gegenüber der Bibel auf diesem zeitgeistigen Hintergrund zu reflektieren, dann würden wir vermutlich regelrecht erschrecken über unsere bereits vollzogene Vereinnahmung durch die in unserer „modernen" Gesellschaft dominierende Lebensart und Geisteshaltung.

***

Ein anschauliches Beispiel, wie wir mit stupender Selbstverständlichkeit einem zeitgeistigen Trend verfallen, ohne uns dessen bewusst zu werden, erkennen wir, wenn wir noch einmal kurz reflektieren, warum eigentlich fast alle Christen derzeit ihre Heiligung schon kurz nach der Beziehungsaufnahme zu Jesus, also ihrer „Bekehrung", nicht nur vernachlässigen, sondern gleich ganz einstellen.

Das auslösende Moment, das in diese zeitgeistige Nachfolgeblockierung hineinführt, könnte man zutreffend als „Spannungsabfall" bezeichnen.

Denn der Prozess des Christwerdens ist ja erst mal durchaus spannend!

Die Erkenntnis der Göttlichkeit dieser historischen Person namens Jesus; das plötzlich gewonnene Verständnis der Relevanz seines Todes und seiner Auferstehung für das eigene Leben; die überraschende Feststellung, dass eine persönliche Beziehung inklusive Kommunikation mit dem leibhaftigen Sohn Gottes nicht nur möglich, sondern sehr befreiend und lebensqualitätssteigernd ist; die Entwicklung einer realen Hoffnung auf ewiges Leben in unmittelbarer Gegenwart Gottes; aber auch das Kennenlernen einer neuen sozialen Familie namens „Gemeinde": Das alles bedeutet ja nicht nur die Entdeckung neuer Lebensfaktoren, sondern ist ein durchaus aufregender, aufwühlender und oft sogar bahnbrechender Prozess.

Das ist spannend!

Danach allerdings setzt bald eine gewisse Gewöhnung ein. Man weiß jetzt, dass man gerettet ist, man hat den Heilsweg, den Jesus eröffnet hat, im Wesentlichen verstanden, man hat sich in die Gemeinde integriert und einen ersten Fundus an zentralen Kernaussagen des christlichen Glaubens verinnerlicht. Dadurch werden wesentliche Bereiche der inzwischen aufgenommenen „Nachfolge" allmählich zu einer Art „geistlicher Routine".

Dass also auch hier über kurz oder lang eine gewisse Normalität einkehrt, muss nicht unbedingt negativ gewertet werden, sondern ist ein durchaus zu erwartender und nachvollziehbarer Vorgang.

Parallel zur Einkehr dieser Normalität erlahmt dann allerdings zumeist auch unser Interesse an der „Sache mit Jesus" etwas; unsere Neugier wird zunehmend schlechter bedient, Gewohntes setzt sich an deren Stelle. Das Neue, das Überraschende, das Ungewohnte macht Platz für Routine, Gewohnheit und Alltag.

Dieser an sich natürliche „Spannungsabfall" findet derzeit aber in unserer Gesellschaft eine höchst brisante Kompensation. Und hier nun kommt unsere zeitgeistige Kulturverhaftung ins Spiel.

Denn erlahmendes Interesse an einer Sache sucht sich gerne woanders frische Impulse, die dann unsere angeborene Neugier auf Neues befriedigen: *„Was wäre als Nächstes auch noch spannend?"*

Und hier nur bietet unsere „Spiel- und Spaßgesellschaft" reichlich *„spannende"* Alternativen! Unser derzeitiges Modewort dazu heißt: *„Neue Kicks"* erhalten.

Und diese *„Kicks"* werden uns in einer unübersehbaren Fülle angeboten.

Sie werden uns sogar nicht nur angeboten, sondern sie drängen sich, aufmerksamkeitserheischend und Nervenkitzel versprechend, regelrecht auf. Sie sind nur schon deshalb schlicht unausweichlich, weil unsere Unterhaltungsindustrie es darauf anlegt, dass möglichst jedermann sie wahrnimmt.

Das Ergebnis ist eine permanente Reizüberflutung, der wir alle unterliegen. Denn einerseits haben wir, im Gegensatz zu früheren Generationen, inzwischen sehr viel Freizeit; also Zeiten, über die wir frei verfügen können und in die wir mehr oder weniger sinnvoll investieren können. Andererseits sind die medialen Kanäle, die uns eben nicht nur zur Verfügung stehen, sondern über die wir dann auch beeinflusst werden, inzwischen fast unübersehbar.

Einige Beispiele zur aktuellen Flutwelle von stets neuen Anreizen beziehungsweise „Kicks":

- Fernsehen war noch vor wenigen Jahrzehnten ein punktuelles Feierabendvergnügen, das sehr eng mit „Vorfreude" verbunden war: Man freute sich auf eine bestimmte Sendung oder auf einen angekündigten Film, reservierte sich das Zeitfenster dafür und erzählte dann am nächsten Tag begeistert seinen Arbeitskollegen, was man sich am Vorabend Besonderes angeschaut habe.

  Diese Zeiten sind längst vorbei. Dank unübersehbar vielen Sendeanstalten, Mediatheken, integrierten Speichergeräten, Internetanbindung, Netflix, Sky usw. ist das Fernsehgerät inzwischen in der Ausprägung von überdimensionalen Flachbildschirmen zum Medium mutiert, das jederzeit jede Sendung und jedes Format für jede Interessenlage vorhält und nonstop „Kicks" abliefern kann, die genau dem Gusto des Konsumenten entsprechen.

- Der Telefon-Nachfolger „Handy" hat sich inzwischen zum „Smartphone" weiterentwickelt, das seinem Besitzer jederzeit und durchgehend im 24/7-Modus multimediale „Kicks" direkt an jeden persönlichen Aufenthaltsort liefert.

  Ich habe mich jüngst von meinen Kindern über „Instagram" informieren lassen und einen eigenen Account eröffnet (jawohl, „Stefan Michaeli" ist auch „auf Insta"...). Nicht weil ich diese Kommunikationsplattform wirklich benötigt hätte, aber da ich zeitweise auch noch in der Jugendarbeit aktiv bin, wollte ich mich informieren, womit sich denn die mir anvertrauten „Kids" in ihrer Freizeit handymäßig so beschäftigen.

Einer der Jugendlichen, der mir die Funktionsweise und die Vorteile von Instagram erklärte, gab mir folgenden Tipp: *„Stell Dir aber immer einen Wecker, bevor du auf Insta lossurfst – sonst sind plötzlich vier Stunden verflogen, ohne dass Du es bemerkt hättest!"*

Spontan habe ich darüber gelächelt, aber in den Tagen danach ganz schnell festgestellt, dass da durchaus was Wahres dran ist: Man kann auf Instagram stundenlang sogenannte „reels" und „posts" konsumieren, die nonstop reale Katastrophen, peinliche Missgeschicke, interessante Kochrezepte, tolle Naturphänomene, irrwitzige Mutproben, halsbrecherische Akrobatik usw. usw. auf den Handy-Bildschirm zaubern. Das Reservoir solcher Video-*„Kicks"* ist unerschöpflich, da Instagram ja weltumspannend vernetzt ist (sorry, muss natürlich *„verlinkt"* heißen!). Und Instagram ist ja nur eine „Social-Media-App" unter vielen auf unseren Handys, die jederzeit spannende Unterhaltung frei Haus liefern, simpel über den schnellen Griff in die eigene Gesäßtasche abrufbar.

- „Urlaub" war für unsere Vorfahren bis hin zu unseren Eltern immer eine spezielle Ausnahmezeit im Alltagsjahr, eine „Auszeit", auf die man sich im Idealfall bereits im Voraus monatelang freute und die dann für den Rest des Jahres in Form von süßen Erinnerungen nachhallte; man betrachtete seinen Urlaub als verdiente Erholungsphase und als Belohnung für geleistete Anstrengungen im beruflichen Alltag.

Auch das hat sich nachhaltig verändert: Aufgrund üppiger finanzieller Ressourcen sowie der Inanspruchnahme „arbeitnehmerfreundlicher Arbeitsplatzgestaltung" inklusive reichlicher Freizeittage hat es sich längst als Norm eingebürgert, dass mindestens drei- bis viermal jährlich ausgiebig „geurlaubt" wird, und zwar gerne in exotischem, luxuriösem und unterhaltungsdurchtränktem Ambiente, am liebsten auch noch geographisch weit entfernt. Damit sind an die Stelle eines einmaligen Urlaubserlebnisses mit nachhaltiger Wirkung fürs ganze Restjahr etliche „*Urlaubskicks*" getreten, die wir in kurzen Abständen, jeweils an stets neuen, aufregenden Orten und mit aufgefrischtem Unterhaltungsprogramm übers ganze Jahr verteilt, genießen. Wir haben uns an Urlaubszeiten mit Kick-Garantie im steten Wechsel mit Zeiten der Arbeit gewöhnt.

Das sind jetzt nur drei Beispiele, natürlich könnten hier noch weitere angeführt werden als Beleg, wie wir uns andauernd und aus unterschiedlichen Ressourcen problemlos unsere „Kicks" generieren, mit deren Hilfe wir unser Alltag permanent spannend und abwechslungsreich erhalten können.

Was hat das alles mit unserer christlichen Lebensgestaltung als „Nachfolger Jesu" und unserem nachlassenden Interesse an Heiligungswachstum zu tun?

Nun, unsere Aufmerksamkeit verlagert sich. Unsere Genussorientierung verleitet uns dazu, den „Spannungsabfall", der einer Neuentdeckung des persönlichen Glaubens folgt, nicht mit neuen geistlichen Herausforderungen, mit dem Erarbeiten tieferer biblischer Erkenntnisse und Einsichten, mit der Arbeit an sich selbst zur Verfestigung der eigenen Heilsgewissheit, mit Diensten am „Leib Jesu" oder mit einer engagierten Umsetzung seines Missionsbefehls zu kompensieren. Denn das alles hat ja auch eine unbequeme und mühsame Komponente: Es beinhaltet nämlich Einsatz, Überwindung und Arbeit.

Wieviel einfacher und bequemer ist es da, sich stattdessen das Neue, Aufregende, Spannende und Erfüllende frei Haus und multimedial einfach liefern zu lassen! Zu (un-)deutsch: „*Kicks zu konsumieren*" ...

Unsere Konsumgesellschaft hat sich so eingerichtet, dass sich jegliche Erarbeitung von schönen und erfüllenden Momenten, von Erfolgsgefühlen, spannenden Situationen und neugierbefriedigenden Eindrücken erübrigt: *„Wozu «erarbeiten», wenn man's doch bequem und jederzeit frei Haus geliefert kriegt?"*

Und wir Frommen mischen in diesem Spiel voll mit: Alles, was unser Leben irgendwie „spannend" machen könnte, wird konsumiert.

Da können biblische Erkenntnisse, geistliche Erfolge oder bewusste Charakterbildung nach Jesu Sinn nicht mithalten. Zu wenig spannend ...

Auch als Pastor im Gemeindedienst wurde ich immer mehr in die Rolle eines *„Kick-Vermittlers"* gedrängt. Fundierte Bibelauslegungen, geistlich tiefschürfende oder herausfordernde Predigten, Anleitungen zu einem jesusgemäßen Lebensstil oder konkrete Angebote zu diakonischem und auftragsorientiertem Wirken quittierten meine Gemeindeschäfchen je länger je mehr mit Überdruss und unübersehbaren Anzeichen von Langeweile. Es war nicht zu übersehen: Der Prozess der Heiligung, den ich mit diesen Impulsen fördern wollte, war zu wenig spannend für sie. Zustimmende Reaktionen erhielt ich in vorwiegend nur noch dann, wenn es mir gelang, ein Thema möglichst originell, multimedial ansprechend aufbereitet und mit stringentem Entertainment auf hohem Niveau zu präsentieren.

Es war offensichtlich: Die Form der Darreichung fand Zustimmung, wenn es gelang, diese irgendwie „spannend" zu gestalten. Aber nur die Form. Das Thema selbst nicht. Das war zweitrangig und wurde als ziemlich belanglos, um nicht zu sagen: langweilig, empfunden. Es vermittelte keinen „Kick"! Den musste der Pastor während der Präsentation künstlich generieren, damit der entsprechende Anlass einigermaßen „spannend" wurde.

Das ist Zeitgeistabhängigkeit! Wir verfallen damit genau der Schlagseite, die all unsere Unterhaltungsindustrie kennzeichnet: Die Darbietung allein entscheidet über Erfolg oder Misserfolg, der Inhalt hingegen ist zumeist absolut belanglos und bietet keinerlei Gewinn irgendwelcher Art für die

Menschheit. Nur der „*Kick*" zählt – und das kopieren wir immer stärker in unsere Gemeinden hinein.

Möglicherweise generieren wird dadurch sogar zunehmend eine theologische Verschiebung, die gravierende Auswirkungen auf unser Bibelverständnis haben könnte: Während früher, zu Zeiten der Apostel und der ersten Gemeinden, die Hauptanfechtungen für Gläubige darin bestanden, dass ehemalige Süchte, Fehlverhalten oder Charakterschwächen des „alten" Lebensstils vor der Bekehrung wiederkehren könnten, so haben wir heute offenbar die Situation, das die Quelle unserer Versuchungen nicht in alten Fehlern besteht, sondern in immer neuen, frisch aufkommenden Süchten und widerchristlichen Verhaltensdeformierungen.

Wir generieren laufend neue Versuchungen und Abhängigkeiten!

Das ist für unsere Bibelauslegung durchaus relevant, denn Jesus und vor allem die Apostel warnen schwerpunktmäßig immer wieder vor alten Verhaltensmustern! Jesus spricht beispielsweise in Lukas 11,24-26 vom „*unreinen Geist*", der wiederkehren könnte und gleich noch weitere Geister mit sich bringt, so dass es „*mit diesem Menschen danach ärger als zuvor*" würde. Oder wenn er Menschen mit „*Sündige hinfort nicht mehr*" (z.B. in Johannes 5,14 und 8,11), ermahnt, dann warnt er offensichtlich davor, dass sie nicht mehr in ihre althergebrachten falschen Verhaltensmuster zurückkehren sollten. Paulus wiederum weist die Galater darauf hin, dass sie sich „*nicht wieder das Joch der Knechtschaft*" auflegen lassen sollen (Galater 5,1), womit er offensichtlich das Joch einer bereits bekannten, also einer „ehemaligen" Knechtschaft meint. Und Petrus warnt seine Leser davor, sich „*nicht den Begierden hinzugeben, in denen ihr früher in eurer Unwissenheit lebtet!*" (1. Petrus 1,14) und verweist auf das damals offenbar bekannte Sprichwort „*Der Hund frisst wieder, was er ausgespien hat; und: Die Sau wälzt sich nach der Schwemme wieder im Kot!*" (2. Petrus 2,22).

Alles klare Warnungen vor dem Rückfall in altes Verhalten. Heute hingegen stehen Christen nicht nur in dieser Gefahr, sondern wir stehen momentan auch noch in der Daueranfechtung immer neuer Arten von Versuchungen. Es ist die Zeit der *„sieben anderen Geister"*, die laut Jesus zusätzlich wieder in unser Haus einkehren (Lukas 11,26).

Oder, um es mit den Worten von Petrus rustikal auszudrücken: *„Unsere Hunde fressen stets neue Kotze, und unsere Sauen wälzen sich in aufgefrischtem Kot!"*

***

Leider muss an dieser Stelle auch noch ergänzt werden, dass in unseren Reihen der im letzten Absatz erörterte „Spannungsabfall" nach einer Bekehrung inzwischen nicht mehr die Regel, sondern die Ausnahme ist. Aus dem einfachen Grund, weil dieser „klassische" Weg der Hinwendung zu Jesus, der geprägt ist von neuen Entdeckungen, überraschenden Einsichten und umwälzenden Erfahrungen, nur noch in der Biographie ganz weniger unserer Gemeindeglieder zu finden ist.

Deren Hinwendung zu Christus war nämlich in aller Regel durchaus nicht *„spannend"*, sondern vielmehr eine ziemlich unspektakuläre Aufnahme (wenn nicht sogar lediglich eine „Akzeptanz") eines *„Lebensstils mit integrierter religiöser Komponente"*. Denn viele von uns sind ganz einfach durch ihre Familie in die Gemeinde sozusagen „hineingewachsen": Ihre Eltern besuchten eine Kirche oder Gemeinde und waren im Idealfall dort auch noch Mitarbeiter - und diese Lebensweise haben sie dann an die Kinder weitergegeben. Sofern diese Kinder in der Pubertät keinen „spannenderen" alternativen Lebenskonzepten verfielen, blieben sie einfach in der Glaubensgemeinschaft ihrer Vorfahren und wurden ebenfalls Mitglieder in deren Gemeinde oder Kirche. Aber echte, „spannende" Nachfolge haben sie nie erlebt.

Und dann gibt es, ergänzend dazu, noch den nicht unerheblichen Teil unserer Gemeindeglieder, die auf irgendeine Art auf der Suche nach einem schlüssigeren Lebenskonzept für sich persönlich waren und schlussendlich bei uns gelandet sind, weil wir sie davon überzeugen konnten, dass wir das „Richtige" für wahr halten. Womit diese Christen also den „Glauben" angenommen haben, den wir bereits im vierten Kapitel unter *„Schwachstelle: glauben statt tun"* genauer betrachtet haben. Diese haben folglich ebenfalls eine spannungslose Hinwendung zu Jesus vollzogen, da sie ja von uns ausschließlich „glauben auf intellektueller Ebene" übernommen haben.

Beiden Gruppen fehlt also das Erlebnis, dass es ein herausfordernder, existentieller und das Leben völlig umkrempelnder, also eben ein überaus „spannender" Prozess darstellt, ein Nachfolger Jesu zu werden. Und die Erfahrung, dass es sogar ein spannender Prozess sein könnte, ein Nachfolger Jesu zu <u>bleiben</u>, dass also gelebte Nachfolge durchaus spannend wäre, etwa so, wie es beispielsweise die ersten Jünger zu biblischen Zeiten erlebt haben, wird ihnen ebenfalls unerreichbar bleiben. Denn sie leben ja inmitten einer breiten Mehrheit von *„Placebo-Christen"*, deren Engagement für die Sache Jesu durchaus überschaubar bleibt und die wegen fehlender innerer Motivation, begrenztem Einsatzwillen, mangelnder Risikobereitschaft und ausgeprägtem Hang zu persönlicher Wohlfahrt auch nie ein erhöhtes Spannungsniveau in ihren geistlichen Bemühungen erreichen.

Diesem biederen, unspektakulären und ereignisarmen Level werden also Christen, die Nachfolge ohnehin noch nie als „spannend" erlebt haben, logischerweise auf Dauer verhaftet bleiben. Und deren gelebtes Glaubensvorbild wird den „Spannungsabfall" bei all diejenigen, die im Zuge ihrer Bekehrung tatsächlich noch existentielle, lebensverändernde Erfahrungen gemacht haben, wieder enorm beschleunigen.

Und so werden über kurz oder lang immer ganze Gemeinden sich unisono einpendeln in diese skurrile Mischung von einerseits spannungslosem, ziemlich begrenzt attraktivem und nur marginal erfüllendem geistlichem Leben und andererseits möglichst vielen weltlichen „Kicks", die dem Alltag laufend beigemengt werden müssen, um unserem Leben die ansonsten fehlende Würze nachzuliefern.

Wobei letztere bei genauerer Betrachtung schon längst den Schwerpunkt unserer Lebensorientierung ausmachen. Denn eine „Würze" geistlicher Art, beispielweise durch gelingende Evangelisationsbemühungen nach dem Muster „der Herr fügte täglich hinzu" und eine dadurch wachsende Gemeinde, die tatsächlich Gottes „Wachstumswesen" widerspiegelt; oder durch eindeutige Bestätigungserweise unserer Heiligungsbemühungen durch den Heiligen Geist; oder durch motivierende Gebetserhörungen aufgrund unserer selbstlosen und Jesu Auftrag entsprechendem anhaltenden Gebete; oder durch eindeutige Anwesenheitsbekundungen Gottes durch reale Wunder; oder durch überraschende und herausfordernde neue Erkenntnisse direkt aus der Bibel; oder durch persönliche Horizonterweiterung dank intensivem geistlichem Austausch mit Glaubensgeschwistern; oder durch innige, erfüllende und von Nächstenliebe durchdrungene familiäre Gemeinschaft innerhalb der Gemeinde, an der sich unsere Seele regelmäßig entspannen kann usw. – solche „Würze" bietet unser Glaubensalltag leider nicht.

Stattdessen konsumieren wir halt dann weltliche „Kicks".

So sieht unsere selbstverständlich gelebte Nachfolge moderner Prägung aus. Aber wir merken es nicht.

Haben die Jünger bei Jesus eigentlich auch externe „Kicks" konsumieren müssen, um ihrem Leben genügend Würze zuzuführen?

***

Die Beeinflussung und Vereinnahmung unseres christlichen Verhaltenscodex' durch derzeit aktuelle Denk- und Verhaltensweisen unserer Kultur ist leider weit umfassender, als wir uns eingestehen wollen. Wir haben uns inzwischen in eine geistesgeschichtliche Position hineinmanövriert, in der wir uns nicht allein nur Rechenschaft darüber geben sollten, wie stark unsere Nachfolgeverwirklichung von weltlichem Denken und Kulturverhaftung beeinflusst sein könnte, sondern wir müssten uns darüber hinaus sogar die Frage stellen, ob wir nicht inzwischen einen Grad der Verweltlichung erreicht haben, wie er seinesgleichen in der bisherigen Kirchengeschichte sucht!

Gabe es das in der geistlichen Historie der vergangenen zweitausend Jahre jemals, dass sich die bewusst zu Jesus und der Bibel bekennenden Christen derart konturlos in ihrer Kultur aufgelöst haben, dass sie keinerlei Kontrast und so gut wie keine Unterscheidungsmerkmale mehr gegenüber ihrer unchristlichen Umwelt mehr aufzuweisen hatten, wie wir das bereits im Kapitel 4.2 feststellen mussten?

Wir sollten uns dringendst diesem Zusammenhang stellen!

Aber hier verweigern wir uns. Wir spielen stattdessen die „Ahnungslosen". Wobei die überwiegende Mehrheit von uns Nachfolgern das nicht nur spielt, sondern ihre eigene stupende Ahnungslosigkeit tatsächlich noch nicht einmal erkennt.

Allerdings ist unsere Ahnungslosigkeit eine, die nichts entschuldigt. Wir sind nicht deshalb „ahnungslos", weil wir keine Chance hätten, uns zu informieren, weil uns niemand aufgeklärt hat, weil uns Informationen vorenthalten worden wären oder weil wir von irgendjemand bewusst „dumm gehalten" würden.

Nein, unsere Ahnungslosigkeit ist durch und durch naiver Art. Sie ist selbstgemacht und deshalb nicht entschuldbar. Wir selbst halten uns in diesem unreflektierten Zustand: Durch Desinteresse an der Bibel und geistliche Lauheit, durch lustlose Naivität, stupide Gewöhnung und Verweigerung analytischer Selbsterkenntnis.

Und durch unsere Angst.

Und diese wollen wir uns jetzt etwas genauer anschauen.

5.2 Angst

Mit der breiten Masse mitzuschwimmen macht keine Angst.

Wann immer wir also in unserem Glaubensleben vor irgendeiner Entscheidung stehen, bei der es darum geht, entweder einen Glaubensschritt zu vollziehen oder aber alles beim Alten und Gewohnten zu belassen, entscheiden wir uns stets für zweiteres. Dabei muss der Glaubensschritt nicht mal ein besonders mutiger oder umfassender sein. Wir praktizieren das durchgängig, egal um welche Kategorie eines Schrittes, einer Veränderung, einer Herausforderung oder einer Verbesserung es geht.

Hier besteht Konsens; denn dies ist lediglich die jeweils konkrete Umsetzung unserer bereits erörterten allgemeinen Heiligungsverweigerung, auf die wir uns in unseren frommen Kreisen geeinigt und auf breiter Basis als „normales Christsein" etabliert haben.

Somit ist stetiges „*Weiter so wie bisher!*" nicht nur unabdingbarer Bestandteil unseres persönlichen Lebensstils, der schon bald nach unserer Bekehrung unsere Nachfolge charakterisiert, sondern auch das konsequente Mitschwimmen im allgemeinen frommen Level. Oder genauer gesagt: „*Treibenlassen*" im allgemeinen Level, denn diese Taktik benötigt noch nicht einmal die Initiative aktiver Schwimmbewegungen irgendwelcher Art.

Kollektive Heiligungsverweigerung, kollektiver Stillstand. Keiner bewegt sich, keiner tut einen Schritt, keiner entwickelt sich weiter. Hierin ist sich die evangelikale Christenheit stillschweigend einig.

Ich benenne dies hier nicht lediglich aufgrund intellektueller Erkenntnis, sondern habe diese Zusammenhänge bitter durchlebt. Genau deswegen habe ich nämlich mehrmals als Gemeinde-Pastor meine Stelle verloren.

Diese Gemeinden, die mich jeweils als Hirten berufen hatten, waren recht unterschiedlich, und genauso unterschiedlich war jeweils der Ablauf meiner Abgänge und die dazugehörenden Begleiterscheinungen. Aber übereinstimmend war immer, dass mein Ausscheiden erzwungen und ab einem bestimmten Punkt unvermeidlich wurde. Stets ging es erst einige Jahre gut, bis sich dann das Blatt nach und nach zu meinen Ungunsten wendete.

Natürlich habe ich mich fragen müssen, wie es jeweils dazu kommen konnte. Lag es an mir? Wenn ja: Was hatte ich falsch gemacht? Oder: Was war schiefgelaufen, dass es zwischen der Gemeinde und mir als Pastor längerfristig nicht geklappt hat?

Nicht nur die Gemeinden hätten es jeweils verdient, dass Ursachenforschung zu diesem unerfreulichen und auch für sie jeweils unvorteilhaften Geschehen betrieben wurde, sondern ich war es vor allem auch mir selber schuldig, Rechenschaft zu geben über eventuelle eigene Schwächen, Versäumnisse oder Fehler, die vielleicht dann zu meinem Scheitern führten oder zumindest beitrugen.

Was also war mein Problem? Eklatante und offensichtliche Fehler konnte ich mir nicht vorwerfen: Ich hatte meines Wissens keine Gemeindegelder veruntreut, keine Irrlehren verbreitet, keine unsittlichen Handlungen verübt, niemanden verbal oder gar körperlich attackiert und lag auch nicht auf der faulen Haut.

Ebenso halfen mir die allseits bekannten Allgemeinplätze, dass man eben nicht „jedermanns Pastor" sein kann, dass Stärken auch Schwächen sein können oder dass man auch als vielseitiger Gemeindehirte nicht alle Gaben hat, bei meiner Fehleranalyse nicht weiter.

Meine Fragestellung war deswegen diese: Was war übereinstimmendes Merkmal bei all diesen Fehlentwicklungen, die dann jeweils zu meinem Ausscheiden führten? Gab es da ein Muster, das sich wiederholte? Eines, das in allen Abgängen trotz ihrer Unterschiedlichkeit stets zu finden war?

Und tatsächlich, es gab eines. Es kostete einiges Nachdenken und Reflektieren, außerdem half dann auch genaueres Hinsehen bei anderen Pastorenkollegen, denen Ähnliches passierte, bis ich es endlich erkennen und benennen konnte: Übereinstimmend war jedes Mal, dass meine treuen Gemeindeschäfchen zunehmend beunruhigt wurden durch die wachsende Erkenntnis, dass ihr Pastor tatsächlich den einen oder anderen Schritt vorwärts gehen wollte. Und zwar nicht nur in seinem persönlichen Glaubensleben, sondern mit der ganzen Gemeinde.

Das war auch der Grund, warum in meinen Gemeinden immer erst einige Zeit verging, bis ich nach und nach an Beliebtheit einbüßte; bis dahin, dass ich schlussendlich den Hut nehmen musste: Es dauerte nämlich immer genau so lange, bis eine repräsentative Mehrheit begriff, dass ihr Pastor es tatsächlich ernst meinte mit Heiligung. Und dass er tatsächlich nicht lockerlassen würde, bis die Gemeinde sich wieder in Bewegung setzt.

Das hat mich dann jeweils meine Stelle gekostet.

Nicht, dass ich dabei meine Gemeindeglieder zu monströsen Glaubensschritten mit existentiellen Veränderungen gedrängt hätte, einen geistlichen Aufbruch mit völliger Neuorientierung gefordert oder das bisherige Gemeindeleben in Bausch und Bogen verurteilt und auf den Kopf gestellt hätte. Aber selbst kleinste Schritte, die ich vorsichtig angemahnt oder eventuell wiederholt als sinnvoll artikuliert hatte, waren schon zu viel. In allen Gemeinden war übereinstimmender Konsens: Keine Veränderung gewünscht, es sein denn, diese wären lediglich organisatorischer Art. Wobei selbst diese des Öftern verweigert wurden.

Hierin war man sich umfassend einig. Kollektive Heiligungsverweigerung, kollektiver Stillstand. Und wenn ein Pastor diese Verweigerungshaltung durchbrechen will, hat er schlechte Karten.

***

Hinter dieser Verweigerung stehen Ängste. Ängste, die sich im Halbschatten tummeln, die wir uns nicht wirklich vergegenwärtigen, denen wir uns nicht bewusst stellen.

Brauchen wir auch gar nicht, denn in unseren Kreisen tut das keiner. Niemand spricht über diese Ängste. Es ist eine weitere Tabuzone, und auch diese leben wir kollektiv in Form einer stillschweigenden Übereinstimmung: *„Darüber spricht man nicht!"* Denn das wäre ja unangenehm, dies könnte tote Hunde wecken, zeitigte vielleicht unerwünschte Eingriffe in unser höchst persönliches Glaubensverständnis und könnte irgendwelche unerwünschten Konsequenzen nach sich ziehen. Womit wir wieder bei unsern „Halbschatten"-Ängsten wären.

Aber diese Ängste sind da, auch wenn wir sie ziemlich erfolgreich aus unserem Bewusstsein verbannen. Es sind jedoch Ängste, die die Wirksamkeit des Heiligen Geistes unterbinden. Denn Gott hat uns bekanntlich *„nicht einen Geist der Furcht gegeben, sondern der Kraft und der Liebe und der Besonnenheit!"* (2. Timotheus 1,7). Lassen wir also diese Angst, diesen *„Geist der Furcht"* (wörtlich *„der Feigheit"* oder *„der Verzagtheit"*) zu, dann können sich wesentliche Kernelemente des Geistes Gottes, nämlich dessen Kraft, dessen Liebe und dessen Besonnenheit, nicht in unserem Leben ausbreiten.

Geist der *„Feigheit"*? Geist der *„Verzagtheit"*?

Wir sollten bei der folgenden Betrachtung unserer Ängste diese beiden wörtlichen Übersetzungsbedeutungen nicht aus den Augen verlieren, denn sie verdeutlichen sehr anschaulich die Art, den Charakter unserer Ängste.

Wenn wir jetzt versuchen, uns diesen mal zu stellen und sie aus unserer selbstinszenierten Vernebelungszone des Nichtwahrhabenwollens zu zerren, dann sind das im Wesentlichen wohl die folgenden Ängste:

- Die Angst, es könnte unbequem werden:

  Zur Zeit der paulinischen Briefe war die Irrlehre, dass Christen sich – wie bislang die Gottesfürchtigen des Alten Testaments – ebenfalls beschneiden sollten, noch nicht restlos ausgerottet. In den Galatergemeinden haben diejenigen, die solches forderten, diese Irrlehre offenbar genau aus dieser Angst vor Unbequemlichkeiten heraus verbreitet, denn Paulus stellt in Galater 6,12 fest: *„Sie zwingen Euch zur*

Beschneidung, nur damit sie nicht um des Kreuzes Christ willen verfolgt werden!" Das ist ein Muster genau dieses Zusammenhangs: Wenn aus Feigheit heraus die Vermeidung des „Kreuzes Christi" zur Leitprämisse wird, dann sind jeglichen Irrlehren Tür und Tor geöffnet. Insbesondere denjenigen, die auch noch geistlich klingen und pseudobiblisch begründet werden können! Denn zweifellos haben auch die Irrlehrer damals in Galatien nicht einfach simpel durchschaubare und unsinnige Forderungen gestellt, sondern haben intensiv und außerdem alttestamentlich fundiert „pro Beschneidung" argumentiert, so dass Paulus sich genötigt sah, ihnen einen ganzen Brief lang mit etlichen Gegenargumenten und theologischen Beweisketten aus dem Alten Testament heraus entgegentreten zu müssen!

Der Wunsch nach Vermeidung von Ausgrenzung, Ablehnung, Anfeindung oder gar Verfolgung ist dabei natürlich nicht nur menschlich, sondern auch absolut verständlich. Aber er ist für Christen ein denkbar schlechter Normgeber! Denn seinen Jüngern hat Jesus mehrfach und immer wieder verdeutlicht, dass dies bei echter Nachfolge nicht vermieden werden kann, beispielsweise in Johannes 15,19+20: *„Weil ihr nicht von der Welt seid, sondern ich euch aus der Welt erwählt habe, darum hasst euch die Welt!"*, ergänzt mit der Feststellung *„Haben sie mich verfolgt, so werden sie euch auch verfolgen!"* oder Matthäus 10,22: *„Ihr werdet gehasst werden von jedermann um meines Namens willen!"*; aber auch mit Aussagen wie etwa: *„Ich bin nicht gekommen, Frieden zu bringen auf die Erde, sondern das Schwert. Denn ich bin gekommen, den Menschen zu entzweien mit seinem Vater und die Tochter mit ihrer Mutter und die Schwiegertochter mit ihrer Schwiegermutter!"* (Matthäus 10,34+35) oder auch: *„Wer nicht sein Kreuz trägt und mir nachfolgt, der kann nicht mein Jünger sein!"* (Lukas 14,27).

Mit solchen und etlichen weiteren, ähnlich lautenden Aussagen machte Jesus immer wieder klar, dass es eine problemfreie und unangefochtene Jüngerschaft bei ihm nicht geben wird! Seine Nachfolger und seine Gemeinden werden immer wieder von der Umwelt unter Druck gesetzt werden!

Sich dem *„verzagt"* und *„feige"* entziehen?

Auch von den Aposteln wird dies in den neutestamentlichen Briefen immer wieder thematisiert, etwa wenn Paulus die Korinther darauf aufmerksam macht, dass *„die Leiden Christi reichlich über uns kommen werden"* (2. Korinther 1,5), den Philippern darlegt, dass es ihnen *„um Christi willen gegeben sei, nicht allein an ihn zu glauben, sondern auch um seinetwillen zu leiden"* (Philipper 1,29), den Römern erklärt, dass sie doch *„mit ihm leiden, um auch mit ihm zur Herrlichkeit erhoben zu werden"* (Römer 8,17) oder Timotheus darauf hinweist, dass *„alle, die fromm leben wollen in Christus, Verfolgung leiden müssen"* (2. Timotheus 3,12). Und Johannes ergänzt in seinem ersten Brief: *„Wundert euch nicht, meine Brüder, wenn euch die Welt hasst!"* (1. Johannes 3,13).

Können *„verzagte"* und *„feige"* Nachfolger dem ausweichen?

Wenn also Jesus ganz klar den *„Hass der Welt"* für seine Nachfolger prophezeit, wir aber unser „Wohlfühl-Evangelium" dadurch kultivieren, dass wir uns jegliche Konfrontation, ja sogar jegliche Aufmerksamkeit unserer Umwelt von Leibe halten dadurch, dass wir uns in unserer frommen gemeindlichen Subkultur möglichst unauffällig abschotten und sorgsam darauf achten, nach außen möglichst „in Ruhe gelassen" zu werden und mit jedermann „lieb Freund" zu spielen (und das auch noch landesweit, kongregationsübergreifend und über Jahrzehnte hinweg schaffen!), dann könnte das – bei aller Freude über ausbleibende Ablehnung, Unterdrückung oder gar Verfolgung - schon auch nachdenklich machen! Wann, wenn nicht jetzt, wäre ein spürbarer Gegenwind eben auch ein Zeichen unseres provokativ alternativen Lebensmodells, eine logische Folge unseres jesusgemäßen Lebensstils, der unsere Kultur gegen den Strich bürstet?

Bei Jesus schien mir genau das, nämlich „Gegenwind wegen provokativem Lebensstil", gegeben. Und genau zu diesem Sachverhalt erklärt er seinen Nachfolgern ausdrücklich, dass *„der Jünger nicht über seinem Meister steht"* (Matthäus 10,24)!

Wir schon? Wegen *„Verzagtheit"* und *„Feigheit"*?

Wer sich also von der Angst leiten lässt, dass seine Frömmigkeit eventuell Ablehnung, soziale Ausgrenzung oder gar Repressalien einbringen könnte und deshalb die Vermeidung jeglicher Unbill zu seiner Nachfolge-Prämisse erhebt, der befindet sich ganz schnell weitab dessen, was Jesus sich eigentlich für seine Nachfolger vorgestellt hat.

Dann hat nämlich eindeutig dieser *„Furcht-Geist der Verzagtheit und Feigheit"* die Führung unseres Lebens übernommen!

- <u>Die Angst vor Nachteilen:</u>

Da wir uns angewöhnt haben, dass sich unsere materiell ausgerichtete Lebensform des Überflusses trotz „Jesus-Nachfolge" in keinerlei Hinsicht vom jedermanns Wohlstandsalltag hierzulande unterscheidet, möchten wir von dieser angenehmen Gewöhnung nicht mehr lassen. Oder anders ausgedrückt: Wir klammern uns – genauso wie der Rest der Welt – an unseren erarbeiteten Reichtum und Wohlstand. Wir können nicht mehr loslassen; etwas davon abzugeben schaffen wir nur noch im Rückgriff auf unser überflüssiges Luxussegment: Allenfalls da etwas weggeben, wo es uns nicht wehtut, weil es die Substanz unseres gehobenen Lebensstils in keiner Weise ankratzt.

Darüber hinaus sind wir keinesfalls bereit, Nachteile irgendwelcher Art zuzulassen. Wir sind typische Kinder (um nicht zu sagen: *„Nachfolger"*!) unserer „Konsum- und Spaßgesellschaft". Hier werden keine Abstriche gemacht; wir wollen „dabeisein" und „mithalten" können.

Die derzeit im Zusammenhang mit Sozialinvestitionen grassierende Wortneuschöpfung „Teilhabe" praktizieren wir auf überaus hohem Niveau.

Unser Christsein darf uns eben nichts kosten. Und das gilt durchaus auch im wörtlichen Sinne ...

Dabei wird offenbar ziemlich ausgeblendet, dass Jesus betreffend Geld und Reichtum eine ziemlich klare Position bezogen hat. Zwar predigte er kein „Armutsideal" (wie später einige Mönchsorden), aber er lebte zusammen mit seinen Jüngern stets ziemlich mittellos und mit völlig geldunabhängiger Gesinnung. Und wie wir schon gesehen haben, hat er sich durchgehend und ohne Ausnahme stets nur kritisch zu Wohlstand und Reichtum geäußert.

Indem wir uns allerdings dieser kritischen Haltung zum „Mammon" und dem daraus resultierenden und vorgelebten Lebensstil unseres Vorbilds (dem wir eigentlich ja *„nachfolgen"*!) ziemlich komplett verweigern, werden wir jeden Impuls, der unseren Wohlstand oder unser Geld antasten könnte, strikt unterdrücken. Nur schon der Gedanke versetzt uns in Angst!

Wenn denn überhaupt. Denn de facto wird ja diese Angst gar nicht ausgesprochen. Wir gestehen sie uns selbst nicht ein – und müssen es auch gar nicht, weil weit und breit niemand von uns erwarten oder gar fordern würde, dass wir Abstriche an unserem Überfluss machen oder uns gar von unseren durchgehend materiell ausgerichteten Lebensstrategien verabschieden müssten.

Natürlich mit Ausnahme von Jesus und der eindeutigen biblischen Überlieferung dazu. Die würden das eigentlich schon erwarten – aber das haben wir eben erfolgreich und flächendeckend ausgeblendet. Das überlesen wir derart konsequent, dass es unseren Luxuslebensstil nicht in Frage stellen kann, und unsere Mitgeschwister, die hier allesamt synchron mitignorieren, tun das ohnehin nicht.

Also kann hier gar keine „Angst" entstehen. Die „Angst" besteht bei uns allenfalls aus einer Art diffuser Ahnung im Hintergrund: *„Solche Kosten möchte und würde ich keinesfalls tragen!"*, jeweils sofort gefolgt vom beruhigenden Gefühl: *„Wie gut, dass sie offenbar auch nicht erwartet werden!"*

Es herrscht auch hier eindeutig der *„Geist der Verzagtheit und Feigheit"*!

- Die Angst, was andere sagen könnten:

Vieles, was uns der Heilige Geist eigentlich aufs Herz legen und Jesus uns ausführen sehen möchte, wird durch diese Form der Menschenfurcht abgeblockt. Diese Angst ist nun allerdings nicht mehr absolut unterschwellig, sondern oft schon durchaus greifbar.

Und zwar geht es bei dieser Angst noch nicht einmal in erster Linie darum, was unsere Umwelt sagen könnte, sondern wir haben Angst vor unseren eigenen Glaubensgeschwistern! Eigentlich paradox und schier unglaublich, aber wahr: Wir fürchten uns vor den eigenen Reihen!

Mal angenommen, wir hätten tatsächlich den Mut, uns einen alternativen Lebensentwurf anzueignen und zu leben beginnen wie damals die Jünger bei Jesus, also mit deutlichem Unterschied zu unseren bisher gelebten Wertevorstellungen durch Umsetzung konsequenter Jüngerschaft nach Vorbild der damaligen Jünger sowie der ersten Gemeinden: Was würden unsere Glaubensgeschwister davon halten?

Kein Zweifel: Wenn einer von uns das nicht nur versuchen, sondern tatsächlich auf Dauer verwirklichen würde, dann würde er gemeindeintern ganz schnell als Außenseiter, Quertreiber und besserwisserischer Provokateur deklariert und müsste nicht nur um seinen Ruf, sondern auch um seine Zugehörigkeit zur Gemeinde fürchten (wie bereits beschrieben, habe ich das selbst schon einmal im Bereich

„Reichtumsverzicht" ausprobiert und damit genau solche diffamierenden Resultate eingefahren). Und wenn es uns sogar gelänge, dies nicht nur als einzelne Christen, sondern gleich als komplette Gemeinde erfolgreich in Angriff zu nehmen, dann ist es nicht unwahrscheinlich, dass unsere Gemeinde in der eigenen Kongregation oder im Gemeindeverband sehr schnell in Verruf geraten würde. Und je nachdem, wie konsequent und nachhaltig wir das tatsächlich leben würden, könnte das sogar derart hohe Wellen schlagen, dass wir im gesamten evangelikalen Raum zu ungern gesehenen Extremisten mutieren und auf breiter Basis nicht nur abgelehnt, sondern regelrecht verurteilt würden.

Eine derartige Ausgrenzung hat uns Jesus allerdings angekündigt. Für seine damaligen (jüdischen) Jünger bildeten noch nicht die Gemeinde, sondern die jeweilige Synagoge die Referenzgemeinschaft, zu der sich die Gläubigen hielten. Deshalb prophezeite ihnen Jesus nach Johannes 16,2: *„Sie werden euch aus der Synagoge ausstoßen!"*

Ausschluss aus der Gemeinschaft der Gläubigen ist also für ernsthafte Jesus-Jünger nicht Neues; und schon gar nicht für solche, die es wagen, in irgendeiner Weise konsequent oder sogar „radikal" nachfolgen zu wollen.

Und auch hier ist festzuhalten: Jesus sowie seine damaligen Jünger wurden tatsächlich und teilweise sogar handgreiflich aus den Synagogen entfernt, und zwar deshalb, weil sie es ernst meinten und den Sendungsauftrag (Jesus) beziehungsweise Nachfolge (Jünger) konsequent umsetzten. Genauso hätten auch wir Adäquates zu gewärtigen, wären wir in unserem Lebensstil ebenso zielstrebig und unbeirrt wie damals Jesus und die ersten Christen.

Und davor graust uns. So sehr, dass wir uns noch nicht mal getrauen, wenigstens in Ansätzen mal den einen oder anderen mutigen Schritt weiterzugehen, sofern sich dieser in irgendeiner Art und Weise etwas vom allgemeinen frommen Mainstream unterscheiden und von der generellen Gemeindeerwartung abheben könnte. Schon von einer möglicherweise hochgezogenen Augenbraue, einem Kopfschütteln hinter unserem Rücken oder einem Getuschel über uns in der anderen Ecke des Raumes haben wir Angst. Diese allerdings vermeiden wir elegant mit der innerlichen Behauptung, dass es selbstverständlich dem Frieden und der Einheit innerhalb der Gemeinde schaden würde, wenn wir aus der Reihe tanzen und uns nicht in allem absolut konform und kompatibel zur Lebensphilosophie unserer Glaubensgeschwister verhalten würden. Damit beruhigen wir unsere Ängste und transferieren gleichzeitig unsere Nachfolgeverweigerung in die Sphäre der gebotenen Zurückhaltung, wenn nicht sogar zu den geistlich unabdingbaren, weil gemeindedienlichen Notwendigkeiten.

Elegant, aber nicht jesuskonform. Dieser hat sich bekanntlich nicht davor gescheut, anzuecken. Dabei war es ihm zwar nicht egal, was die Leute über ihn dachten (*„Wer, sagen die Leute, dass ich sei?"*, Markus 8,27), aber Gottes Auftrag war ihm wichtiger. Und den hat er konsequent umgesetzt, egal, was die Frommen um ihn herum davon hielten.

Als wir als junge, neugegründete Gemeinde uns trauten, einige Gottesdienstformen und -gewohnheiten anders zu definieren als die Gemeinden in unserer Stadt dies gewohnt waren, meldeten meine Gemeindeglieder ziemlich bald, dass in ihrem frommen Freundeskreis das Gerücht zirkuliere, dass unsere Gemeinde *„etwas Besseres"* sein wolle.

Genau das ist gemeint. Ein Ausscheren wird in unseren evangelikalen Zirkeln nicht gerne gesehen und auf längere Frist wohl auch nicht geduldet.

Meine Gemeinde hat denn auch mit dem Pastor, der auf mich folgte, ihre Gottesdienste ziemlich bald wieder absolut stromlinienförmig den üblichen freikirchlichen Gepflogenheiten angepasst. Leider, wie ich befürchte, wohl nicht aus geistlich gewirkter Überzeugung, sondern eben aus genau dieser Angst heraus: *„Was würden sonst die Leute sagen?"*

Wohlgemerkt: „Unsere" Leute, also die frommen Mitgeschwister ...

Es herrschte also erneut wieder der *„Furcht-Geist der Verzagtheit und Feigheit"*!

***

So blockieren unsere Ängste jegliche Weiterentwicklung, jegliche Rückbesinnung auf die originalen, jesusgemäßen Bibel-Basics und deren Umsetzung. Denn wenn der Geist der *„Verzagtheit"* und der *„Feigheit"* herrscht, dann setzt er sich auch durch. Daran ändert auch nichts, dass wir ihn mehrheitlich nicht wahrnehmen, weil wir ihn aus unserem rationalen Bewusstsein verdrängt und ausgeschlossen haben. Wir lassen nicht zu, dass er in unser Denken, in unsere Selbstwahrnehmung und in unsere Selbstreflexion hineinmischen darf. Aber er herrscht, auch wenn wir das nicht wahrhaben wollen. Dann herrscht er eben im Hintergrund - aber er herrscht.

Wir hingegen flüchten uns in Ausreden, die unsere unterschwellige Feigheit und Verzagtheit kaschieren sollen.

Beispielsweise in diese: *„Die Korinthergemeinde damals war doch auch nicht besser!"* oder wenigstens in die Hebräerbrief-Beschwichtigung *„Obwohl wir so reden, sind wir doch überzeugt, dass es besser mit euch steht und ihr gerettet werdet!"* (Hebräer 6,9).

Aber: Welche Maßstäbe sollen für uns gelten? Reicht es wirklich, uns am unteren Level der gerade noch tolerierbaren Nachfolge zu orientieren und auszuloten, welches Mängelchristsein noch knapp akzeptabel sein könnte?

Ganz abgesehen davon, dass wir uns in den zwielichtigen Bereich der Vermutungen begeben müssen beim Versuch, eine eventuelle himmlische Akzeptanz unserer „Defizit-Nachfolge" konstatieren zu können und auszuloten, wo genau denn die „Rote Linie", hinter der Jesus dann resigniert die Schultern zucken muss, verläuft.

Meines Wissens hat Jesus in diese Richtung – „nach unten" - nie etwas Belastbares geäußert! Vielmehr ist zu vermuten, dass er ganz einfach eine mängeldurchtränkte Nachfolge für seine Jünger generell nie geplant hat, noch nicht mal als eine mögliche Option in Krisenzeiten.

Und falls doch: Wir haben momentan gar keine „Krisenzeiten", ganz im Gegenteil!

Auch die Ausrede *„Wir sind doch aber keine Apostel; für uns gelten deshalb die strengen Nachfolgeanweisungen Jesu an seine zwölf engsten Mitarbeiter, die nach seiner Himmelfahrt sein Werk hauptverantwortlich weiterführen sollen, nicht in dieser Schärfe und Härte!"* zählt nicht, denn Jesus hat mit keinem Wort jemals angedeutet, dass irgendein Nachfolge-Unterschied zwischen seinen engsten Vertrauten und allen anderen, auch den nachfolgenden Jünger-Generationen, bestehen könnte!

Die Bergpredigt beispielsweise galt – wie die meisten seiner Reden - ja durchaus nicht nur den zwölf Auserwählten! Hätten die zwölf Apostel tatsächlich einem wesentlich höheren Nachfolge-Standard genügen müssen wie „normale" Jünger, dann hätte doch, wenn nicht Jesus, dann immerhin Paulus oder einer der anderen neutestamentlichen Schreiber das irgendwo durchblicken lassen.

Wir finden aber nichts davon in der Bibel.

Und selbst wenn wir nicht dem Qualitätsniveau der zwölf engsten Vertrauten Jesu entsprechen müssten, dann sollten wir doch aber zumindest dem Nachfolge-Standard *„Sie blieben aber beständig in der Lehre der Apostel und in der Gemeinschaft und im Brotbrechen und im Gebet"* sowie *„sie waren täglich einmütig beieinander ... und brachen das Brot hier und* *dort in den Häusern, hielten die Mahlzeiten mit Freude und lauterem Herzen und lobten Gott!"* (Apostelgeschichte 2,42+46-47), den die ersten dreitausend Gemeindeglieder kennzeichnete und den Gott nachdrücklich durch *„tägliches Hinzufügen zur Gemeinde, die gerettet wurden!"* bestätigte, Genüge leisten, oder?

„Nachfolge" ist eben nur als „Nachfolge" tauglich. Und die ist biblisch definiert. Es gibt nicht nur bloß einen Jesus, es gibt auch nur bloß eine Nachfolge.

Davor Angst zu haben, ist eine ganz schlechte und völlig untaugliche Ausgangsbasis.

5.3 Verunsicherung

Noch ein Faktor, der authentische Nachfolge verhindert, sei hier ergänzend aufgeführt. Es ist eine erst seit kurzem auftretende Verunsicherung, die der Zeitgeist uns momentan zusätzlich aufdrängt.

Inzwischen macht sich nämlich in unserer Kultur ein Klima breit, das sich dem allgemeinen Vorurteil *„Fanatische Religiosität ist immer gefährlich!"* verpflichtet fühlt.

Obwohl Religion in unserer westlichen Gesellschaft inzwischen eine beschämend untergeordnete Rolle spielt, wird trotzdem bei allem menschlichen Versagen und insbesondere bei Hass-Eskalationen, Gewaltausbrüchen, Terror-Anschlägen oder Amokläufen immer wieder nach dem Glauben und der religiösen Orientierung des Täters oder der Täter nachgefragt.

Das kommt nicht von ungefähr, denn tatsächlich gibt es ja Religionen und Glaubensbekenntnisse, die Gewalt, bis hin zu Mord und Totschlag, ausdrücklich gutheißen. Allen voran ist uns natürlich ein extrem korangläubiger Islam gewärtig, dessen Religionsstifter Mohammed tatsächlich das Todesurteil für (in seinen Augen) *„Ungläubige"* für rechtens hält. Aber auch für einige andere Religionen trifft das leider – zumindest teilweise – immer wieder zu, beispielsweise bei den momentan zunehmenden gewalttätigen Übergriffen von Hindus auf andere Glaubensbekenntnisse in manchen Gegenden Indiens, beim nicht endenden innerislamischen Konflikt zwischen Sunniten und Schiiten, beim Kampf der singhalesischen Buddhisten gegen die tamilischen Hinduisten in Sri Lanka oder sogar beim Dauerkonflikt zwischen Evangelischen und Katholischen in Nordirland. Obwohl es bei genauerem Hinsehen dabei oftmals nicht so sehr um Religion, sondern um Macht und Besitzansprüche, um Einfluss oder um Zugang zu Ressourcen geht, werden solche Konflikte immer wieder unter dem Titel der Religionskriege subsummiert, so dass „Religion" im Bewusstsein der Bevölkerung hierzulande zwangsläufig zu einer suspekten Angelegenheit mutiert, der man sinnvollerweise grundsätzlich misstrauen sollte.

Diese Vorverurteilung jeglicher Glaubensbekenntnisse findet natürlich perfekten Nährboden in unserer atheistischen Gesellschaft, die sich dank ihres fehlenden Gottbewusstseins sicher zu sein wähnt, dass religiöse Motive niemals ihr Denken oder Handeln beeinflussen könnten und sie somit zum Vornherein über jeglichen Verdacht von Glaubens- und Religionsmissbrauch erhaben seien. Der moralische Zeigefinger auf alles, was mit „Religion" zu tun hat, ist dadurch vorprogrammiert; er gehört dann folgerichtig auch automatisch zum selbstverständlichen Repertoire jeglichen gesellschaftlichen, humanistischen und soziologischen Urteilens.

Wenn nun derzeit also durch Massenmedien immer wieder erneut die Behauptung in den Mittelpunkt gerückt wird, dass Konflikte, Kriege oder Terrortaten „religiösem Fundamentalismus und Extremismus" entsprungen seien, dann ist nicht nur die grundsätzliche Ablehnung jeglicher Religiosität eine logische Folge davon, sondern insbesondere die Verurteilung jeglichen religiösen Verhaltens, das betont ernsthaft, also konsequent, konkret und expressiv, gelebt wird. Diese religiöse Ernsthaftigkeit wird dann postwendend als „fundamentalistisch" und „extremistisch" gebrandmarkt und damit einer absolut negativen Problemverursacher-

Kategorie zugeordnet: destruktiv, gesellschaftszerstörend und außerdem völlig unnötig. Diese generell ablehnende Haltung gegenüber jeglicher ernsthaften Religionsausübung kulminiert dann im Schlagwort: *„Fanatische Religiosität ist immer gefährlich!"*

Was folgt für uns Christen daraus?

Um diesem Vorwurf zu entgehen, bleibt uns wohl nichts anderes übrig, als aller Welt zu demonstrieren, dass wir zwar ein „kleines bisschen gläubig", aber durchaus nicht wirklich nachdrücklich, umfassend und konsequent (also nicht *„fundamentalistisch"* oder *„extremistisch"*) gläubig sind, sondern lediglich in angepasster und wohlgefälliger Form: Völlig harmlos, sozialverträglich und bieder.

Und siehe da: Wir werden von unserer Umwelt tatsächlich weitgehend in Ruhe gelassen! Solange wir unseren Glauben nur innerhalb gleichgeschalteter christlicher Kreise etwas „ernsthafter" betreiben und die Konsequenzen einer existentiellen Verbundenheit mit Jesus und die daraus resultierende Lebenshaltung nicht nach außen tragen, sondern nur innergemeindlich – und auch da noch reichlich zurückhaltend! - leben, haben wir Frieden!

Aus diesem Grund igeln wir uns derzeit immer stärker ein, gehen zunehmend nur noch zaghaft und mit Vorsicht an die Öffentlichkeit, vermeiden dabei jegliche Provokation und veröffentlichen keine deutlichen Statements, die irgendjemanden stören oder gar deren Gefühlslage verletzten könnten. Unsere Unauffälligkeit ist uns aber inzwischen nicht nur zur Gewohnheit, sondern gleich schon zum unumstößlichen Gebot geworden. Klartext vermeiden wir, wenn immer es geht: So wird beispielsweise die Existenz einer *„Hölle"* nicht mehr thematisiert, *„Bekehrung"* wird nicht mehr öffentlich propagiert oder gar erwartet, und dass Gott seinen Sohn *„geopfert"* haben könnte, stellen inzwischen bereits evangelikale Theologen medienwirksam zur Disposition.

So angepasst, wie wir uns inzwischen öffentlich präsentieren, kann uns tatsächlich keiner mehr „*Extremismus*" oder „*Fundamentalismus*" vorwerfen.

Allerdings haben das unser „Väter im Glauben" durchaus noch gewagt; noch vor einigen Jahrzehnten wurde wesentlich offensiver evangelisiert und nachdrücklicher zum Glauben eingeladen. Unsere geistlichen Vorfahren hatten offenbar noch weniger Furcht davor, in den „Extremisten-Topf" geworfen zu werden wegen geistlicher Klarstellungen oder etwas provokativen Ansagen in der Öffentlichkeit. Damit waren sie mit Sicherheit wesentlich näher an der Verkündigungsstrategie Jesu, der bekanntlich nie zurückgezogen hat, wenn es darum ging, Klartext zu reden.

Wir hingegen scheinen die allgegenwärtige Floskel „*Fanatische Religiosität ist immer gefährlich!*" bereits so sehr verinnerlicht zu haben, dass wir nicht nur zurückschrecken vor jeglicher konsequenter Glaubensausübung, sondern dieses Vorurteil sogar bereits selber glauben!!!

Wir selber halten diesen vorurteilstriefenden Satz inzwischen für korrekt, denn wir sind mittlerweile tatsächlich weitgehend der Meinung, dass wir es durchaus nicht übertreiben sollten mit konsequenter Nachfolge und unserem Glauben keinesfalls zu ernsthaft Ausdruck verleihen sollten. „*Dann würden wir doch tatsächlich „fanatisch" und das ist deshalb strikt abzulehnen, oder etwa nicht?* Wir haben längst unser „inneres Einverständnis" zu diesem warnenden und vorverurteilenden Religionsverständnis gegeben.

Damit hat uns die Verunsicherung, ob ernsthafte und konsequente Religionsausübung (eben diese „*fanatische Religion*") nicht „Zuviel des Guten" sein könnte, voll im Griff. Was für ein raffinierter Schachzug des Teufels!

Und wir fallen voll drauf rein. Wasser auf die Mühle des „*Geistes der Verzagtheit und Feigheit!*"

6. Ausblick

Was könnte uns retten? Wie können wir die Blockierung durch unseren allgemein praktizierten *„Placebo-Glauben"* wieder aufheben? Was sollen wir tun, um aus dieser misslichen Lage herauszukommen?

Ich bekenne: Dieses letzte Kapitel des Buches fällt mir am Schwersten. Denn es ist nicht damit getan, abschließend noch ein paar gute Tipps hinzuwerfen, wie man dies auf den letzten Seiten frommer Bücher üblicherweise zu tun pflegt.

Es wäre beispielsweise eben absolut nicht ausreichend, einfach einmal mehr darauf hinzuweisen, dass wir uns wieder *„etwas mehr anstrengen"* und unseren Glauben wieder *„etwas ernster nehmen"* sollten oder zu überprüfen, an welcher Stelle wir Nachfolge wieder *„etwas konsequenter anpacken"* könnten. Das Drehen an der einen oder anderen frommen Stellschraube wird uns nicht weiterbringen.

Denn das tun wir bereits. Punktuelle Verbesserungen, die das Niveau unseres evangelikalen Glaubens wieder etwas anheben sollen, werden uns laufend empfohlen, und den einen oder anderen Versuch machen wir dann auch hoffnungsfroh mit. Selbst dann, wenn wir bereits schon ahnen, dass er zumeist doch mittelfristig wieder verpuffen wird.

„Etwas weniger auf sich selbst schauen und stattdessen wieder den Nächsten ins Blickfeld nehmen?" Durchaus christlich und gut gemeint. *„Nicht dauernd nur wehklagen, sondern auf das bereits Erreichte*

schauen!" Wahrlich zu beherzigen. *„Lobpreis bewusster pflegen, um Gottes Größe ins Bewusstsein zu rücken!"* Ein wohlgemeinter Tipp. *„Öfter mal am Programm des nächstgelegenen «Gebetshauses» teilnehmen, denn man kann nie genug beten!"* Wohl wahr.

Aber mal ehrlich: Bei aller Aufgeschlossenheit für gute Vorsätze und Tipps dieser Kategorie bringen uns diese nicht wirklich weiter. Unsere Heiligung stagniert trotzdem, und mutige Glaubensschritte mit langfristigen Auswirkungen entstehen daraus nicht. Und alle bisherigen Versuche in dieser Richtung haben in uns lediglich die resignative Erkenntnis verstärkt, dass unser geistliches Leben dadurch leider auch nicht wirklich erfüllender oder gar *„spannend"* wird.

Und auch auf gemeindlicher Ebene funktionieren die gutgemeinten Zurüstungsprogramme meist nicht mehr. Besucht werden sie sowieso nur von wenigen, oder aber sie müssen professionell aufbereitet und von einem prominenten Stargast dargereicht werden, um ein breiteres Publikum anzulocken. Aber selbst dann verliert sich eine erhoffte Tiefenwirkung meist unmittelbar nach Ende der Veranstaltung. Die Themen können noch so treffend, tiefgründig und durchdacht präsentiert werden – sie generieren bei genauer Betrachtung bestenfalls gute Unterhaltung und breite Zustimmung, aber keinen nachhaltigen Heiligungsprozess.

Und wenn dann durch abflachende Heiligung eine Gemeinde irgendwann kurz vor dem finalen Gemeindecrash steht, werden notfallmäßig sogenannte „Mediatoren" eingeflogen. Deren vorbildlicher Einsatz und guter Wille will ich keinesfalls in Zweifel ziehen, aber trotzdem erlaube ich mir den ungeschminkten Blick auf dadurch generierte Erfolge: In den allermeisten Fällen gelingt dabei höchstens eine Oberflächenbehandlung. Der sichtbare „Lackschaden" kann vielleicht noch behoben werden, aber in der Tiefe wird nichts erreicht, das eigentliche Problem wird nicht erkannt und kann somit auch nicht bearbeitet und gelöst werden.

Und was ist das „eigentliche Problem"?

Placebo-Glauben.

Den erkennt auch der Mediator in aller Regel nicht. Sei es, weil er selber davon infiziert ist (was mehrheitlich der Fall sein dürfte, er ist ja „einer von uns"), und selbst wenn er es erkennen könnte, würde er tunlichst die Finger davon lassen und dieses Grundproblem keinesfalls ins Spiel bringen, geschweige denn brandmarken. Denn dadurch würde er in die verbotene Tabuzone eindringen und wäre seinen Job in unserer Gemeinde ganz schnell los. Und würde zudem als „Mediator" dann auch nicht mehr von irgendwelchen anderen Gemeinden angefragt werden.

Solange also das Grundübel *„Placebo-Glauben"* nicht angegangen wird, scheitern nicht nur Mediatoren in ihren Hilfsbemühungen, sondern auch Gemeinde-Events zur nachhaltigen Vertiefung des Glaubens sowie gutgemeinte geistliche „Zurüstungs"-Tipps von der Kanzel oder vom Seelsorger.

Heiligungsblockade auf der ganzen Linie. Denn das Placebo hat keinerlei Wirkkraft, die durch solche Aktionen und Interventionen erweckt werden könnte.

***

Also nochmals: Was kann uns wirklich weiterhelfen? Was könnte uns noch retten?

Ich habe dieses Buch geschrieben mit doppelter Zielsetzung: Ich möchte damit auf ein Grundmanko in unserer Glaubenspraxis hinweisen, aber gleichzeitig auch eine Art „heilige Unzufriedenheit" oder „Sehnsucht nach mehr" wecken.

Zweiteres ist mir vermutlich als junger Pastor bereits einmal gelungen. Leider jedoch mit einer völlig untauglichen Auswirkung: Die *„heilige Unzufriedenheit"*, die ich offenbar in meiner Gemeinde erfolgreich generiert habe, ist nämlich einem meiner besten Mitarbeiter in den falschen Hals geraten. Dieser hat sich durch seine dadurch neu gewonnene (Über-)Motivation zu seelsorgerlichen und verkündigenden Handlungen innerhalb der Gemeinde hinreißen lassen, die uns als Gemeindeleitung zum sofortigen Einschreiten und einer ernsthaften Ermahnung zwangen. Dies wiederum hat er nicht akzeptieren können und verließ die Gemeinde im Unfrieden, zusammen mit seiner darüber außerordentlich unglücklichen Ehefrau. Zwei gute Mitarbeiter verloren, vermutlich eben durch das Aufwecken einer *„heiligen Unzufriedenheit"*.

Diese unerfreuliche Entwicklung hat mich ernüchtert und gelehrt, *„Sehnsucht nach mehr"* nur kontrolliert und nicht um jeden Preis zu wecken. Denn in den Folgejahren habe ich mehrfach beobachtet, dass dies durchaus zu einem Motivationsfaktor mutieren kann, der nicht unbedingt in Heil und Hilfe ausmündet, sondern vielmehr auch Schaden anrichten kann.

Das Schema dabei ist traurigerweise ein wiederkehrendes: Wenn eine *„heilige Unzufriedenheit"* in einer Gemeinde geweckt wird, dann manifestiert sie sich stets zuerst und am markantesten bei den besten Mitarbeitern. Also bei denen, die es ohnehin schon ernst meinen, ihre Nachfolge mit persönlichem Einsatz leben und denen Heiligung am Herzen liegt. Aber dann führt sie diese Unzufriedenheit leider oft zu Reaktionen, die der Gemeinde nicht weiterhelfen, sondern sie in eine Krise stürzen.

In einer befreundeten Gemeinde gab es eine Gruppe von sehr ernsthaften Christen, die „mehr" wollten und sich mit dem gelebten Glaubensstatus der Gemeindeglieder-Mehrheit nicht zufriedengaben. Das Instrumentarium, das sie zum Aufbruch in eine „geistlichere Sphäre" anwandten, war allerdings nicht aufbauend, sondern abschreckend: Sie interpretierten die Bibel zunehmend streng gesetzlich; sie ließen andere Glaubensverständnisse nicht gelten; sie übten nicht nur Kritik, sondern Zensur und ließen sich auch nicht auf einen fairen und offenen Austausch von Argumenten mit Andersdenkenden ein.

Erschreckend dabei war, dass es sich einmal mehr um absolut ernsthafte Christen handelte, also um Nachfolger, die die Notwendigkeit von Heiligung betonten und diese fördern wollten. Allerdings habe sie in ihrer Ernsthaftigkeit die Heiligung nicht nur fördern, sondern auch von ihren Geschwistern nachdrücklich, ja sogar unerbittlich einfordern wollten.

Die Gemeinde wurde dadurch aber nicht heiliger, sondern sie leerte sich.

In einer anderen Gemeinde versuchte eine Gruppe wohlmeinender und vorwärtsstrebender Christen, durch die Installation einer regelmäßig tagenden „Traumdeutungsgruppe" ihren Geschwistern auf die Sprünge zu helfen. Dass sie die Praxis des Traumdeutens biblisch begründen konnten, überrascht dabei nicht. Allerdings stellte sich zunehmend heraus, dass die Mehrheit der Gemeindeglieder durch die Traumdeuterei in ihrer Spiritualität eher verwirrt als gefestigt wurde.

Erneut waren es ernsthafte Christen, die offensichtlich ein untaugliches Mittel zur Behebung ihrer *„Sehnsucht nach mehr"* anwandten!

Dieses „mehr wollen", die an sich berechtigte Unzufriedenheit mit dem persönlichen und gemeindlichen geistlichen Ist-Zustand hat eben immer auch eine gefährliche Seite: Sie kann zu unüberlegten Handlungen führen! Und diesbezüglich sind – leider – zumeist diejenigen am stärksten gefährdet, die ihren Glauben ernst nehmen; die ohnehin schon guten und einsatzwilligen Mitarbeiter, die Zugpferde und „Alpha-Typen" unter uns.

Deswegen sollte man klug und weise vorgehen, wenn man aufgrund der Erkenntnis eines grundlegenden Problems unruhig wird und sich nach Lösungsansätzen zu sehnen beginnt. Übereifer dürfte auch hier – wie in den allermeisten Fällen – nur Schaden anrichten.

Das Problem des *„Placebo-Glaubens"* gehört nämlich genau in diese Kategorie, die gutgemeinte Schnellschüsse verbietet. Denn wenn das Problem grundlegend ist, dann muss auch ein möglicher Lösungsansatz „grundlegend" erfolgen und kann folglich nicht mit ein paar schnellen Tipps abgehandelt werden.

***

Wir sollten also tiefer und umfassender ansetzen und dabei behutsam und überlegt vorgehen. Radikales Umdenken und sorgfältiges Vorgehen muss sich ja durchaus nicht widersprechen.

Folgende Schritte wären dazu möglicherweise hilfreich:

1. Heilsame Verunsicherung zulassen!

Wir sollten aufhören, uns permanent gegenseitig unsere Rechtgläubigkeit zuzusichern, solange wir gleichzeitig nicht willens sind, diese auch immer mal wieder zu hinterfragen. Kategorische Behauptungen generiert keine Wahrheit! Unsere arrogante Selbstsicherheit bezüglich unseres Glaubensstils, die wir dann oft noch, leider ziemlich blauäugig, zur „Heilsgewissheit" hochstilisieren, ist diesbezüglich nicht nur unangebracht, sondern auch ungeistlich!

Paulus ermahnt in 2. Korinther 13,5: *„Erforscht euch selbst, ob ihr im Glauben steht; prüft euch selbst!"*. Er meint damit sicherlich nicht nur die Analyse einiger Randbereiche unseres Glaubensspektrums, sondern eine generelle, eine fundamentale Glaubensprüfung. Eine, die bis in den Kern eindringt und die Substanz, das „Eigentliche" unseres Glaubens ans Licht bringt!

Sind wir dazu bereit? Auch auf die Gefahr hin, dass wir uns dabei – hoffentlich dann mit einer gewissen Bestürzung! – eingestehen müssten, dass wir tatsächlich weitgehend einem *„Placebo-Glauben"*, basierend auf Selbstsuggestion, verfallen sind statt echte, jesusgemäße Nachfolge zu praktizieren?

2. Heiligungswillen entwickeln!

Das Problem zu erkennen und es sich selber einzugestehen, kann nur ein Anfang sein. Aber um das Problem dann auch anzugehen und tatsächlich von unserem lediglich eingebildeten Glauben wegzukommen, ist eben auch die Einsicht einer Veränderungsnotwendigkeit vonnöten sowie unser Wille und die innere Bereitschaft, etwas in diese Richtung zu unternehmen. Es wird uns nichts in den Schoß fallen, ohne dass wir bereit sind, eigene Schritte zu tun!

Die Bereitschaft, sich wieder auf einen Heiligungsprozess einzulassen, beinhaltet natürlich gleichzeitig auch die Kapitulation gegenüber unserer bisherigen, untauglichen Nachfolgeverwirklichung! Die *„Sehnsucht nach mehr!"* muss logischerweise einhergehen mit der Einsicht *„Bisher wars zu wenig!"*; und unsere *„heilige Unzufriedenheit"* darf sich nicht nur auf irgendeinen „allgemeinen Zustand der Christenheit" beziehen, sondern muss sich primär an unsere eigene, höchstselbst gelebte Nachfolge richten. Wir müssen mit uns selbst und nicht mit *„den Evangelikalen"* unzufrieden werden!

Petrus beschreibt in seinem zweiten Brief einen geistlichen Defizitzustand, der sehr treffend auch unseren *„Placebo-Glauben"* charakterisiert: *„Wer dies aber nicht hat, der ist blind und tappt im Dunkeln und hat vergessen, dass er rein geworden ist von seinen früheren Sünden!"* (2. Petrus 1,9). Was genau meint er mit *„Wer dies nicht hat"*?

Zuvor beschreibt Petrus unter der Einleitung *„Wendet alle Mühe daran, dass ..."* eine ganze Reihe von heiligungsfördernden Schritten, die im Glauben getan werden und *„reichlich bei euch sein"* sollten (2. Petrus 1,5-8), und danach doppelt er gleich noch nach mit *„bemüht euch desto mehr ..."*, gefolgt von mehreren Verheißungen, die verdeutlichen, dass nur so geistliches Leben gelingen kann (2. Petrus 1,10+11). Eine klare und konkrete Aufforderung zur Heiligung also: *„Wer dies nicht hat ..."*! Petrus würde es offenbar niemals dulden, wenn die ihm anvertrauten Christen sich auf einer „Placebo-Heiligungsstufe" der Kategorie „blind", „im Dunkelnd tappend" und „vergesslich" ausruhen und damit zufriedengeben würden!

3. Sich tatsächlich auf den Weg machen!

Das heißt: Erste konkrete Schritte einleiten, wobei diese Schritte vermutlich den Charakter von „Umkehrschritten" tragen werden. Denn wir werden in vielerlei Hinsicht wohl „zurückkrebsen" müssen: Gewohnheiten aufgeben, Gepflogenheiten überarbeiten, Fehlentwicklungen stornieren und Stoßrichtungen ändern.

Hier kann und will ich nicht ins Detail gehen – was das konkret bedeutet, muss individuell und im Einzelfall geprüft und entschieden werden. Und zwar am besten bei sich selbst beginnend!

Wichtig ist, dabei konsequent biblisch, konsequent jesusgemäß vorzugehen! Nur eine vertiefte Sicht und Einsicht in die Stoßrichtung der Bibel darf uns veranlassen, einzelne Schritte zu gehen. Jeder neue Schritt muss sozusagen „jesusaffin" sein, jede Veränderung muss aus geistlicher Erkenntnis neutestamentlicher Nachfolgeerfordernisse heraus angegangen werden.

Es hilft uns nämlich nichts, wenn wir die Fehler anderer Christen nachzuahmen versuchen, selbst wenn sich diese irgendwie vorbildlich zu präsentieren verstehen. Mitchristen, die offenbar geistliche „Erfolge" vorweisen können, dürfen uns allenfalls als Motivation dienen – die echte geistliche Erkenntnis, welche Schritte jetzt bei uns selber dran sind, kann uns allerding nur ein vertieftes biblisches Verständnis vermitteln. Denn die Bibel ist „Gottes Wort", also sein Reden zu uns. Der Heilige Geist wird sich über diesen Kanal entfalten. Und nur so sind wir vor neuen Fehlschlägen gefeit und werden keine Schritte einleiten, die lediglich in die nächste Sackgasse führen!

4. Sich Jesus komplett anvertrauen!

Wir glauben, erkannt zu haben, dass Jesus unser Retter ist. Und bitten demzufolge gerne *„Jesus, befreie mich!"* – aber die „Tarifhoheit" über unser Leben wollen wir trotzdem behalten: Wir bestimmen immer noch selbst, was es uns kosten darf und was nicht (wobei ja dann zumeist rauskommt, dass es uns eigentlich möglichst gar nichts kosten sollte ...)!

Jesus aber hat immer wieder klargestellt, dass Nachfolge bei ihm durchaus Kosten beinhaltet. Beispielsweise, wenn er betont: *„Wer sich nicht lossagt von allem, was er hat, der kann nicht mein Jünger sein!"* (Lukas 14,33) oder *„Will mir jemand nachfolgen, der verleugne sich selbst und nehme sein Kreuz auf sich und folge mir!"* (Matthäus 16,24). Und mit der provokativ herausfordernden Frage *„Was nennt ihr mich aber Herr, Herr, und tut nicht, was ich euch sage?"* (Lukas 6,46) stellt er zudem klar, dass es dazu keine Alternative gibt!

Nachfolge mit „Kostenkontrolle" ist demzufolge keine Nachfolge, die Jesus ernst nimmt. Ihm kann man nur komplett und allumfassend, sozusagen *„mit Haut und Haaren"*, angehören. Abstriche können hier keine gemacht werden, weniger ist immer zu wenig. Daran lässt Jesus keinen Zweifel.

Folglich muss unsere persönliche Buße, unser *„umkehren"*, genau an dieser Stelle ansetzen: Wir müssen uns – genauso wie die ersten Jünger damals - ohne irgendwelche Vorbehalte und in vollem Umfang Jesus anvertrauen. Nur komplette und rückhaltlose Lebensübergabe macht bei Jesus Sinn.

5. Gemeinsam aufbrechen!

Hierin bin ich völlig illusionslos: Im Alleingang kann ein solcher Neuaufbruch niemals gelingen! Denn es geht hier um einen solch umfassenden Neuanfang auf grundlegend konstituierender Ebene, dass

Einzelgänger mit Sicherheit scheitern werden! Und sei es nur schon deshalb, weil sie von ihren Glaubensgeschwistern genauso konsequent ins Abseits gestellt würden, wie sie konsequente Schritte vorwärtsgehen! Darüber haben wir ja schon nachgedacht: Alleingänger würden umgehend ihre Gemeinde verlieren, denn *„Placebo-Christen"* werden kein Verständnis für diese Andersartigkeit - und sei sie noch so richtig und „heilig" - mitten unter ihnen entwickeln!

Zwar kann das Erkennen seines untauglichen Glaubens und der Wille zur Umkehr beziehungsweise zu erneuerter Heiligung durchaus von jedem Einzelnen individuell geleistet werden. Dieses Manko dann aber auch konsequent anzugehen und den notwendigen neuen Nachfolgestil tatsächlich zu leben beginnen kann jedoch ausschließlich im Kollektiv gelingen!

Keine erfreuliche Nachricht, ich weiß. Aber die einzig realistische!

Nochmal die Bibel dazu: Der bekannte „Umkehr-Vers" aus der Johannes-Offenbarung *„Siehe, ich stehe vor der Tür und klopfe an"* (Offenbarung 3,20) ist bei genauerem Hinsehen nicht an einzelne Christen gerichtet, sondern an eine ganze Gemeinde! Jesus steht vor der Tür der gesamten Gemeinschaft! Die Gemeinschaft – bei Johannes war es damals, wie bereits schon einmal erwähnt, die Gemeinde in Laodizea - ist in ihrer Gesamtheit aufgefordert, den ausgesperrten Jesus hereinzulassen!

Man darf sich nämlich bei der Auslegung dieser Bibelstelle nicht verleiten lassen durch den in der Einzahl (Singular) formulierten Rest des Verses: *„Wenn jemand meine Stimme hören wird und die Tür auftun, zu dem werde ich hineingehen und das Abendmahl mit ihm halten und er mit mir!"* Diese Aufforderung gilt weiterhin der Gesamtgemeinde, denn in allen sieben „Sendschreiben" im 2. und 3. Kapitel der Offenbarung werden die jeweiligen Aufforderungen, was die Gemeinde jetzt zu tun habe, stets in Einzahl formuliert;

beispielsweise erhalten sämtliche Gemeinden ihre Verheißung mit der singulären Redewendung *„Wer überwindet, dem/den will ich ...".*

Und dass Jesus bei unserem Text an die Gemeinde in Laodizea gerne *„Abendmahl halten"* möchte, ist ein zusätzlicher Hinweis darauf, dass dieser Vers der Gesamtgemeinde gilt, denn das Abendmahl ist bekanntlich stets ein Gemeinschaftsmahl.

Wenn also dieser Vers einer ganzen Gemeinde gilt, dann spiegelt er genau die Situation von uns *„Placebo"*-Christen wider: Jesus ist draußen vor, und zwar außerhalb der Gemeinde! Wenn wir uns kollektiv den Glauben in die Tasche lügen, zieht sich Jesus auch von Kollektiv zurück! Er ist dann eben nicht mehr *„in"* der Gemeinde, sondern *„vor der Tür"* der Gemeinde!

Folglich sollten wir auch gemeinsam, als Kollektiv, als Gemeinschaft, Jesus wieder die Tür öffnen und ihn zu uns in die Gemeinde hereinbitten. Alle gemeinsam, als Gesamtgemeinde, oder, im Idealfall, gleich als kompletter Gemeinde- oder Kirchenbund; sozusagen als eine Art „innere Erweckung", wenn nicht sogar als eine Runderneuerung des evangelikalen Glaubens in Sinne einer erneuten "Reformation".

Genau zu einer solchen gemeinschaftlichen Erneuerung fordert der prophetische Text von Johannes an die Laodizea-Gemeinde auf. Offensichtlich hatte eben diese Gemeinde, ganz ähnlich wie wir, ebenfalls ein *„Placebo"*-Problem: *„Du sprichst: «Ich in reich und habe genug und brauche nichts!» und weißt nicht, dass du elend und jämmerlich bist; arm, blind und bloß!"* (Offenbarung 3,17). Kollektives Schönreden des eigenen Glaubensstils, aber in Wahrheit untauglicher Glaube - und keiner hat's gemerkt!

Bei denen damals wie bei uns heute also dasselbe: Bei lediglich eingebildetem Glauben ist Jesus draußen. Aber immerhin: Er *„klopft an"*, er hat also die Hoffnung noch nicht aufgegeben und sich noch nicht final abgewendet. Wichtig wäre aber, dass jetzt *„jemand hört"*, dass also durch Studium der Bibel und das Reden des Heiligen Geistes wahrgenommen wird, dass Jesus bei *„placebobasiertem"* Glaubensleben nicht mehr präsent, sondern ausgezogen ist. Wobei *„hören"* allein natürlich noch nicht ausreicht. Darum wird die Gemeinde aufgefordert, nun auch aktiv zu werden, denn *„die Tür auftun"* ist als unsere Aufgabe formuliert! Es ist also unsere gemeinsame Obliegenheit; das aktive Handeln der gesamten Gemeinde ist gefordert!

Ich befürchte, billiger ist eine Reformation unseres Glaubens nicht zu haben! Wir müssen wieder lernen, uns unseres Glaubens verunsichern zu lassen; wir müssen uns wieder für einen Lebensstil der permanenten Heiligung öffnen; wir müssen ernsthaft biblisch fundierte Schritte vorbereiten und dann auch gehen und unsere persönliche Hingabe an Jesus endlich konsequent zu leben beginnen. Und das alles geht nur gemeinsam. Nur so könnten wir es schaffen, denn wir haben es – wie schon mehrfach erwähnt – mit einer grundsätzlichen Neuorientierung, ja sogar einer Neudefinierung unseres Glaubens zu tun.

Aber diese Neuausrichtung ist zwingend geboten und alternativlos. Wir dürfen keinesfalls weiterhin in unserem *„Placebo-Status"* verharren!

***

In alle Überlegungen hinein, was wir nun tun könnten beziehungsweise auch sollten, müssen wir uns eines immer wieder vergegenwärtigen: Besser als die Bibel können wir es nicht wissen! Denn Gott weiß mit Sicherheit nicht nur am besten, wie uns zu helfen ist, sondern auch, wie uns wieder aufzuhelfen wäre!

Er hat ja nicht nur Johannes beauftragte, einer Gemeinde wie Laodizea, die offenbar eine vergleichbare Schräglage aufwies wie wir, in Briefform klare Anweisungen zu geben, sondern auch dafür gesorgt, dass dieser Brief danach in der Bibel festgehalten wird.

Festgehalten für uns!

Und so gibt es im Neuen Testament durchaus noch weitere Texte, an denen wir uns orientieren können, weil sie punktgenau in unsere missliche Lage hineinsprechen.

Deswegen will ich zum Schluss dieses Buches noch einmal die Bibel zu Wort kommen lassen, und zwar mit einem Abschnitt aus dem Brief von Jakobus:

„Naht euch zu Gott, so naht er sich zu euch.
Reinigt die Hände, ihr Sünder,
und heiligt eure Herzen, ihr Wankelmütigen.
Klagt, trauert und weint; euer Lachen verkehre sich in Weinen und eure Freude in Traurigkeit.
Demütigt euch vor dem Herrn, so wird er euch erhöhen"
(Jakobus 4,8-10).

Dieser Text ist nicht spektakulär. Aber er fasst noch einmal präzise zusammen, was Sache ist. Und zwar aus der Sicht Gottes, der eben auch diese wegweisenden Aufforderungen in seinem Wort, der Bibel, festgehalten haben wollte.

Wir sollten Jakobus hier also absolut ernst nehmen.

Die erste Zeile weist uns auf ein simple Gegenstrategie gegen die Abwesenheit Gottes hin: *„Naht euch zu Gott, so naht er sich zu euch."* Jakobus kennt offenbar eine Wechselwirkung zwischen Gott und uns: Wenn wir uns von Gott entfernen, dann entfernt sich auch Gott von uns. Als „Placebo-Christen" ist uns das bereits passiert: Gott hat sich entfernt, weil wir uns entfernt haben.

„Diese Wechselwirkung muss umgedreht werden", sagt uns Jakobus, *„und zwar durch Euch! Genauso, wie sich Gott von Euch entfernt, wenn ihr euch von ihm entfernt, so kann das auch umgekehrt nochmals gelingen.*

Aber dazu muss jetzt nicht Gott, sondern müsst ihr tätig werden: Naht euch zu Gott!" Denn nur so wird die Wechselwirkung erneut, aber in umgekehrter Richtung, wirksam: Gott wird sich parallel zu unserem „Nahen" ebenfalls wieder uns zuwenden, wieder in unsere Mitte kommen.

Das ist durchaus keine Selbstverständlichkeit, sondern eine neue Verheißung, die allein auf seiner Gnade beruht. Denn Gott ist uns ja bereits schon einmal nahegekommen: In der Sendung seines Sohnes Jesus Christus hat er von seiner Seite aus die Distanz aufgehoben. Damals ohne Wechselwirkung, sondern allein von sich aus, ohne dass wir von der Gegenseite aus etwas hätten tun oder beisteuern können.

Dass wir uns durch unsere Lauheit, Vernachlässigung, Verweltlichung und Uneinsichtigkeit jetzt wieder von ihm entfernt haben, hat unnötigerweise erneut eine Distanz zwischen ihm und uns hergestellt. Statt dass wir Jesus also tatsächlich unsere ganze Existenz anvertraut hätten und unser Leben, durchdrungen von Heiligen Geist, mit ihm zusammen meistern, haben wir es wieder selbst in die Hand genommen, indem wir uns anderen Einflüssen geöffnet und dadurch wieder in "autonomes", also selbstbestimmtes Fahrwasser geraten sind. Die Folge: *„Gott weg!"* (Jakobus) beziehungsweise *„Jesus draußen vor eurer Tür!"* (Johannes in Offenbarung 3,20)!

Hier nun hat es Gott durchaus nicht mehr nötig, noch einmal die Distanz zu uns aufzuheben. Er muss nicht ein zweites Mal zu uns kommen! Denn wir sind ja diejenigen, die sich mal wieder aus seiner Gegenwart, sprich: dem Leben mit Jesus und den Heiligen Geist, aktiv entfernt haben!

Aber hier setzt seine Gnade erneut ein: Er bietet nicht nur der Gemeinde in Laodizea eine zweite Chance an: *„Öffnet doch Jesus die Tür, denn dann kommt er wieder zu euch hinein!"* (nach Johannes) sondern auch uns: *„Naht euch zu Gott, so naht er sich zu euch!"* (Jakobus). Das ist eindeutig ein Angebot aus Gnade, denn Gott ist dazu absolut nicht verpflichtet! Aber um das Angebot anzunehmen, müssen wir diesmal selbst aktiv werden, uns auf den

Weg machen, uns „*ihm nahen*"! Es ist jetzt unsere Entscheidung, ob es nochmal klappt zwischen uns und Gott, er legt es diesmal in unsere Hände.

Allerdings aufgepasst: Dieses erneute, überaus gnädige Angebot seiner Zuwendung auszuschlagen, wäre außerordentlich fahrlässig!

Und wie nehmen wir nun dieses Angebot wahr, dass wir uns ihm nochmal nähern dürfen, worauf er sogar die (unverdiente!) Verheißung legt, dass er sich dann nämlich von seiner Seite aus ebenfalls (nochmals!) zu uns hin aufmacht?

Jakobus sagt: Zweierlei ist zu tun. Die erste Aufforderung ist ein Beispiel richtigen <u>Handelns</u>: „*Reinigt die Hände!*"; die zweite Aufforderung gilt unserer Art des <u>Glaubens:</u> „*Heiligt euere Herzen!*".

Jakobus weist damit genau auf die beiden Kernpunkte ernsthafter Nachfolge hin: „*Glauben & Tun*" oder „*Vertrauen & Handeln*"! Beides muss Hand in Hand gehen. Es ist weder damit getan, lediglich das „Richtige zu glauben", also einen rein intellektuellen „Glauben" aufzubauen, noch in emsiges Herumwursteln ohne geistlichen Auftrag zu verfallen! Auf keiner Seite des Pferdes soll runtergefallen werden!

Oder, um es auf einen noch einfacheren Nenner zu bringen: Jakobus gibt schlicht und ergreifend den Rat, Nachfolge Jesu wieder aufzunehmen, und zwar nicht irgendwie einseitig, sondern umfassend! Konsequent und existenziell!

Und dann setzt Jakobus noch einmal an und erinnert eindringlich daran, wie dieser Start in eine erneuerte Nachfolge angepackt werden muss: Durch „*Buße tun*"; wörtlich: „*Umkehren*"!

Wiederum: Keine Überraschung für Bibelkenner. Denn wie wir bereits erörtert haben, haben dies ja nicht nur die alttestamentlichen Propheten bis hin zu Johannes dem Täufer zum Mittelpunkt ihrer Verkündigung erhoben, wann immer sie Missstände im Volk Gottes anzuprangern hatten, sondern auch Jesus selbst hat seinem Volk dies immer wieder ans Herzen gelegt. „*Buße tun*", ist sowohl alt- wie auch neutestamentlich immer die Bezeichnung des Vorgangs, der eine ernsthafte Umkehr von falschem Verhalten und Denken einleitet.

Jakobus benutzt zwar das Wort „*Buße*" beziehungsweise „*Umkehr*" hier nicht, er beschreibt aber im Wesentlichen genau diesen Vorgang. Erstmal sollte man seine (erneute) Verlorenheit erkennen: „*Klagt, trauert und weint; euer Lachen verkehre sich in Weinen und eure Freude in Traurig-keit.*" Das nämlich ist die logische Folge, wenn wir endlich die Augen öffnen und unsere Lage wahrnehmen. Beispielsweise eben die Abwesenheit Gottes, provoziert durch unseren untauglichen „*Placebo-Glauben*"!

Und auf das bestürzende Erkennen folgt dann im Prozess der „*Buße*" hoffentlich auch diese angemessene Reaktion: „*Demütigt euch vor dem Herrn!*" Wobei diese Demut bei uns wohl vor allem darin bestehen wird, dass wir all unsere eigenen und selbstsüchtigen Ambitionen begraben, Gott wieder vollumfänglich recht geben und erneut unsere innere Bereitschaft herstellen, Jesus tatsächlich nachzufolgen. Und zwar genau auf die Art und Weise, wie es uns der Heilige Geist durch Gottes Wort lehren will!

Worauf uns dann Jakobus noch eine weitere Verheißung weitergeben kann: „*So* [dadurch] *wird er* [Gott] *euch erhöhen!*"

Darauf legt Gott seinen Segen. Wie er es immer, sowohl im Alten wie auch im Neuen Testament, immer genau dort tat, wo echte „*Buße*" vollzogen wurde! Auch diesbezüglich bleibt Gott derselbe.

Er wird uns „*erhöhen*", verspricht Jakobus. Genau das brauchen wir.

Ein Glaube, der gar kein Glaube, sondern nur der Schein eines Glaubens – eben ein „*Placebo*" - ist, generiert nämlich einen absolut tiefen und untauglichen Glaubenslevel. Wir liegen glaubenstechnisch am Boden, abge-brannt und geistlich ruiniert. Auch wenn wir es nicht wahrhaben wollen und jeglichen Verdacht in diese Richtung sofort und kollektiv zurückweisen möchten.

Eine „*Erhöhung*" auf ein Niveau des Glaubens, wie er biblisch dargestellt und von uns erwartet wird und der dann dem Ehrentitel eines „*Nachfolgers*

Jesu", also eines Mitarbeiters des alles überragenden und universal sowie ewig herrschenden Königs entspricht und uns in den Rang eines Familienmitglieds an dessen Hofe erhebt: Eine solche „*Erhöhung*" ist gemeint.

Und die wird angeboten.

Aber nur, wenn wir unseren „*Placebo-Glauben*" begraben: Indem wir umkehren, wieder aufbrechen, uns erneut „*Gott nahen*".

Persönliches Nachwort

Ich bin keinen Deut besser. Indem ich dieses Buch schreibe, wird mir gleichzeitig auch wieder mein eigener, unzureichender Glauben bewusst. Denn auch ich bin ein Kind (oder genauer: Ein *„Untertan"*) unserer evangelikalen Unart der *„placebomäßigen"* Glaubensverwirklichung.

Und auch ich werde nicht alleine davon loskommen. Ich kann die Probleme zwar erkennen und auch benennen. Ich kann sie sogar – wie in diesem Buch versucht – darstellen.

Aber Aussteigen kann ich nicht. Dazu bräuchte auch ich die Gemeinschaft: Meine geistliche Umgebung, meine Gemeinde, meine Glaubensschwestern und Brüder in meinem Umfeld müssten gleichzeitig mit mir aufbrechen, damit ich eine Chance erhalte. Es müsste erst zu einer gemeinsamen Bewegung innerhalb der evangelikalen Welt, und zwar einer Bußbewegung, kommen. Zu einer Umkehr- und Aufbruchbewegung. Und es müssten viele sein, die die Notwendigkeit eines grundlegenden Neuanfangs erkennen und sich zusammenschließen, um gemeinsam aufzubrechen.

Nur so wäre ein Durchbruch zu schaffen. Nur im Kollektiv hätten wir eine Chance. Solange in unserem Lager derart dominant der *„Placeboglaube"* regiert, werden Einzelvorstöße keinesfalls akzeptiert werden.

Das ist übrigens auch einer der Gründe, warum ich meine Bücher unter einem Künstlernamen veröffentliche. Ohne Pseudonym würde mir als Autor eines solchen Buches mancherorts mit Sicherheit „Gemeindebann" drohen!

„*Placebochristentum*" ist leider nicht harmlos, sondern eine Doktrin, ein Zwangsdogma, dem man sich zu unterwerfen hat, wenn man dazugehören will. Kanzel- und Lehrverbote, vermutlich auch Ausschluss aus der „Gemeinschaft der Rechtgläubigen", egal ob nur psychisch (neudeutsch „*Mobbing*" genannt) oder aber durch vollzogenen Gemeinde-Ausschluss, dürften deshalb keine überzogenen Befürchtungen von mir sein. Ich habe in frommen Kreisen schon zu viel erlebt, um mir diesbezüglich Illusionen zu machen. *

> * Viele meiner diesbezüglichen Erfahrungen habe ich in meinem ersten Buch „**Erbärmliche Gemeinden**" (siehe Anhang) geschildert.

Ob dieses Buch nun tatsächlich eine gemeinsame Bußbewegung auslösen kann, ist äußerst fraglich. Oder anders gesagt: Noch fehlt mir weitgehend die Hoffnung, dass ein Umdenken in größerem Umfang stattfinden könnte.

Aber ich habe zumindest versucht, einen Anfang zu machen.

Vom selben Autor sind bisher erschienen:

Stefan Michaeli

Erbärmliche Gemeinden
Warum's nix wird in Deutschland
Ein Pastor packt aus

Die ungeistlichen Missstände in freikirchlichen Gemeinden sind ein weitgehendes Tabu.

Zunehmend quittieren dort Pastoren ihren Dienst. Nicht aus Unfähigkeit oder Desinteresse. Sie verschwinden frustriert von der Bildfläche, weil sie's nicht mehr aushalten. Was sie erlebt haben und was sie verzweifeln ließ, behalten sie für sich.

Diejenigen Pastoren, die ebenfalls leiden, aber es noch aushalten, die behalten's ebenfalls für sich. Andernfalls riskieren sie ihren Job. Aber auch das sind inzwischen etliche.

Erfolgreiche Pastoren schreiben Bücher. Erfolglose nicht.

Hier schreibt mal einer dieser Abgekämpften, Frustrierten, Desillusionierten. Schonungslos, authentisch und ohne Blatt vor dem Mund. Er gibt all denen eine Stimme, die erlebt haben: *„Da stimmt was hinten und vorne nicht im frommen Lager!"*

Paperback | 316 Seiten
ISBN: 9 783 753 495 279

Erhältlich über seine homepage ***www.stefanmichaeli.com***, beim „BoD"-Verlag ***www.bod.de/buchshop*** oder im Buchhandel. Auch als E-Book erhältlich!

Stefan Michaeli

Leib Jesu
Die verlorene Theologie der Gemeinde

Evangelikale Gemeinden sind hierzulande viel zu oft alles andere als eine Erfolgsgeschichte! Ein paar wenige blühen zwar noch, die Mehrzahl jedoch serbelt dahin oder geht gleich ganz unter. Wollen wir – sehenden Auges - dieses Elend ewig so fortsetzen?

Könnte es sein, dass wir womöglich das Gemeindeverständnis, welches Jesus den Aposteln mit auf den Weg gab, nicht kapiert haben?

Könnte tatsächlich!

Absolut erstaunlich: Wir haben einen wesentlichen, ja sogar unverzichtbaren Aspekt von „Gemeinde" bisher einfach nicht zur Kenntnis genommen, obwohl er an vielen Stellen im Neuen Testament klar und deutlich beschrieben wird. Wie konnten wir dies bloß fortwährend übersehen?

Es wird Zeit, jetzt endlich mal richtig hinzuschauen. Unsere Gemeinden sollten es uns wert sein! Denn nur ein komplettes Gemeindeverständnis, das vollumfänglich der biblischen Vorgabe entspricht, kann gesunde, wahrhaft „biblische" Gemeinden generieren!

Paperback | 352 Seiten
ISBN: 9 783 769 376 227

Erhältlich über seine homepage *www.stefanmichaeli.com*, beim „BoD"-Verlag *www.bod.de/buchshop* oder im Buchhandel. Auch als E-Book erhältlich!

Stefan Michaeli

Hundertachtzig Grad verkehrt
Zehn Grundsatzfehler in der Jesus-Nachfolge

Machen wir „Frommen" etwas falsch?

Es ist nicht zu übersehen: Das „christliche Abendland" hat abgewirtschaftet, wir hierzulande sind theologisch und geistlich nicht mehr tonangebend und Jesus ist längst in anderen Erdteilen wirksam, aber nicht mehr bei uns.

Woran liegt's? Liegt's an uns? Machen wir etwas falsch?

Ja, machen wir. Und zwar ohne es zu merken.

Der Autor benennt dazu zehn Bereiche, in denen wir Nachfolge grundsätzlich falsch anpacken. Und nimmt dabei kein Blatt vor den Mund. Darum ist dieses Buch nicht ausgewogen und wohltemperiert, sondern aufrüttelnd, wachmachend und provokativ.

Weil wir eine ungeschönte Bestandsaufnahme dringend brauchen.

Paperback | 262 Seiten
ISBN: 9 783 753 445 571

Erhältlich über seine homepage ***www.stefanmichaeli.com***, beim „BoD"-Verlag ***www.bod.de/buchshop*** oder im Buchhandel. Auch als E-Book erhältlich!

Stefan Michaeli

Jesus provoziert!
Predigten über den „ganzen" Jesus

Wir haben uns Jesus bequem gemacht und passend zurechtgelegt.

Ausgehend von unseren vermeintlichen oder tatsächlichen Lebensdefiziten haben wir uns einen Jesus zusammengebastelt, der unsere Bedürfnisse zu befriedigen, unsere Wünsche zu erfüllen und möglichst sämtliche unserer Probleme mit göttlicher Macht zu beheben hat. Ist das nicht sein Job? Schließlich ist er der „Erlöser" - also soll er uns bitteschön auch laufend „erlösen"... Und weil uns dazu auch immer gleich noch die eine oder andere passende Bibelstelle dazu einfällt, glauben wir, dies sei tatsächlich der „biblische" Jesus.

Aber: Jesus als König? Jesus, der regiert? Jesus, der einen Anspruch an uns haben könnte? Jesus, in dessen Dienst wir stehen? Davon bleibt in unserem Jesusverständnis reichlich wenig übrig.

Der biblische Jesus ist aber nicht einfach nur bequem. Oftmals sogar ganz und gar nicht. Ganz im Gegenteil. Er kann auch ganz anders. Er ist anders!

Wir müssen wieder den „ganzen" Jesus entdecken. Nur das ist der echte Jesus.

Und es gibt nur den.

Paperback | 372 Seiten
ISBN: 9 783 753 496 542

Erhältlich über seine homepage *www.stefanmichaeli.com*, beim „BoD"-Verlag *www.bod.de/buchshop* oder im Buchhandel. Auch als E-Book erhältlich!

Stefan Michaeli

Weihnachten, wie's im Buche steht
Wie uns die Bibel Weihnachten schildert

Was steht eigentlich in den biblischen Weihnachtsgeschichten, die uns Matthäus und Lukas überliefern?

Beide wollen uns zu Beginn ihres Evangeliums einen ersten Eindruck der Person Jesus vermitteln. Aber der ist uns weitgehend abhandengekommen. Denn unsere Kultur hat die Weihnachtszeit auf ein Lichterfest mit Geschenksorgien und zusätzlichen Feiertagen reduziert, und auch für bekennende Christen besteht der Geburtstag ihres Erlösers im Wesentlichen nur noch aus besinnlich-emotionaler Krippenfigurenromantik.

Das entspricht mit Sicherheit nicht der Intension der ursprünglichen Weihnachtsberichte.

Also: Was steht denn nun tatsächlich über das Kommen des „Heilands" in der Bibel?

Paperback | 106 Seiten
ISBN: 9 783 757 819 323

Erhältlich über seine homepage *www.stefanmichaeli.com*, beim „BoD"-Verlag *www.bod.de/buchshop* oder im Buchhandel. Auch als E-Book erhältlich!

Stefan Michaeli

Nur die Bibel!
Das ist nicht zu glauben.

Wie vertrauenswürdig ist die Bibel? Worauf gründet die Annahme ihrer göttlichen Urheberschaft und Autorität?

Viele Christen "glauben" an die Bibel. Erstens, weil sie es so gelernt haben; zweitens, weil das ja alle Christen tun; und drittens, weil sie persönlich

oder gute Freunde schon mal die eine oder andere gute Erfahrungen mit "Vertrauen zu Bibel" gemacht haben. Das ist gängige christliche Praxis und wird als konstituierend für den christlichen Glauben angesehen.

Darüber hinaus gilt derzeit als unbestreitbare Maxime, dass man die göttliche Inspiration der Bibel "leider nicht beweisen" könne.

Aber: Wenn man Gottes Urheberschaft der Bibel mit unabhängigen und nachweisbaren Fakten oder sogar mit belastbaren historischen Tatsachen belegen könnte, dann wäre unsere fromme Behauptung, dass sie von Gott stamme, weit mehr als nur eine geistliche Hypothese, die die Christenheit unabdingbar zur Rückversicherung ihres Glaubens mühsam aufrecht erhalten muss!

Paperback | 88 Seiten
ISBN: 9 783 758 313 400

Erhältlich über seine homepage *www.stefanmichaeli.com*, beim „BoD"-Verlag *www.bod.de/buchshop* oder im Buchhandel. Auch als E-Book erhältlich!